Carmen Druyen

Dem Lernen auf die Sprünge helfen

Kooperatives Lernen und kognitive Aktivierung

Klett | Kallmeyer

Bibliografische Information der Deutschen Nationalbibliothek
Die Deutsche Nationalbibliothek verzeichnet diese Publikation in der Deutschen Nationalbibliografie; detaillierte bibliografische Daten sind im Internet über http://dnb.d-nb.de abrufbar.

Impressum

Carmen Druyen
Dem Lernen auf die Sprünge helfen
Kooperatives Lernen und kognitive Aktivierung

1. Auflage 2021

Redaktion: Daniela Brunner, Korschenbroich
Realisation: Stefan Zielasko
Druck: BELTZ Grafische Betriebe GmbH, Bad Langensalza
Printed in Germany

ISBN: 978-3-7727-1484-9

Carmen Druyen

Dem Lernen auf die Sprünge helfen

Kooperatives Lernen und kognitive Aktivierung

Klett | Kallmeyer

Vorwort

In diesem Buch wird abgesetzt durch eine eigene Schrifttype die pädagogische Reise einer fiktiven Lehrergruppe dargestellt. Die ebenso fiktiv gewählten Akteure repräsentieren meine Erfahrungen und die von Kolleginnen und Kollegen. Wir haben nicht gleichzeitig an einer Schule unterrichtet, jedoch hätte es so sein können.

Die Lehrerinnen und Lehrer dieser Gruppe wollen sich nicht mehr mit dem Satz „Mit meinen Schülerinnen und Schülern geht das nicht" zufriedengeben und nach Wegen suchen, ihre Lernenden aktiver in Unterricht einzubeziehen. Sie arbeiten sich mithilfe von Fortbildungen und gegenseitiger Unterstützung in *Kooperatives Lernen* ein. Dargestellt werden ihre Erfahrungen, Erfolge und Misserfolge, Fortschritte und Rückschritte und ihr stetes Ringen um Verbesserung. Die Gedanken und Probleme, die anhand dieser Gruppe dargestellt werden, kennt vermutlich jede Lehrkraft, die sich die aktive Beteiligung aller Schülerinnen und Schüler zum Auftrag gemacht hat.

Denn in der Praxis stehen Lehrkräfte häufig vor der Frage, wie sie diese Ideen umsetzen können vor dem Hintergrund der von ihnen wahrgenommenen Verhältnisse: stark heterogene Schülerschaft, zu große Klassen, mangelhafte Ausstattung der Schulen, Leistungsdruck, starre Unterrichtsstrukturen etc. Vieles klingt als Idee plausibel und ist doch so schwer umzusetzen. Daher zeigt dieses kleine Beispiel für Schulentwicklung auf, wie Veränderung stattfinden könnte. Das positive Ende ist meiner Hoffnung geschuldet, dass es an Schulen gelingen möge, Schulentwicklung so oder so ähnlich in Gang zu bringen oder aufrechtzuhalten. An einigen Schulen funktioniert es tatsächlich, aber auch sie sind immer noch auf dem Weg, da Lernen niemals endet.

Dieses Buch soll aufzeigen, wie Lehrerinnen und Lehrer aktives und Kooperatives Lernen mit ihren Gruppen aufbauen können, um von gelenkten zu freien Unterrichtsverfahren zu gelangen. Kooperatives Lernen scheitert häufig daran, dass Lehrkräfte zu früh komplexe Verfahren in ungeübten Lerngruppen einsetzen. Meist überfordern sie dabei sich und ihre Lernenden. Bestenfalls nutzen sie danach nur noch einfache Methoden für Sammelphasen und Kooperatives Lernen kann nicht seine Kraft entfalten. Schlimmstenfalls ist ungekonnte Gruppenarbeit ebenso lernunwirksam wie schlechter Frontalunterricht. Kooperative Lernformen müssen gezielt verwendet werden und erlangen ihre Kraft in der Regel erst durch herausfordernde Aufgaben.

Lehrkräfte müssen wissen, was sie wie und warum tun müssen, um lernwirksam zu unterrichten. Daher gibt es neben den „Praxiskapiteln" und -beispielen Erkenntnisse aus der Wissenschaft, die die Begründungen für das

Vorgehen liefern. Hierbei wird der Blick auf Hintergrundwissen zum Einsatz von Kooperativem Lernen, aber auch auf Informationen zur Konstruktion von kognitiver Aktivierung oder auf notwendige Elemente von Differenzierung gelenkt. Auch für diese Abschnitte wurde im Buch eine eigene Schrifttype gewählt.

Der gezielte und überlegte Einsatz kooperativer Lernformen kann nachweislich dazu beitragen, alle Lernenden aktiv an Unterricht zu beteiligen, ihre Persönlichkeit zu stärken, demokratisches Handeln einzuüben und lernwirksam zu unterrichten. Jedoch soll das Buch auch deutlich machen, dass der Weg lang und auch beschwerlich sein kann – manchmal leider auch länger, als die Schulpolitik es zulässt.

Das Zustandekommen dieses Buchs ist im Wesentlichen das Verdienst von drei Personen: Norm Green (verst.), Kathy Green und Professor Barrie Bennett. Ihrer Expertise und freundschaftlichen Verbundenheit gilt mein aufrichtiger und tief empfundener Dank. Ihr Wissen und ihre Sicht auf Menschen, Lernen und Unterrichten waren mir Quelle, Ansporn und Vorbild, mich in meinem Beruf bis zum Schluss voller Freude und Neugier zu engagieren und zu entwickeln.

Zwei Botschaften meiner drei Mentoren liegen mir bezogen auf Unterrichten und Arbeit mit Schülerinnen und Schülern besonders am Herzen: 1. Wir wissen nicht in letzter Konsequenz, was gut ist, aber wir können Unterricht jeden Tag besser machen, indem wir bereit sind, Neues wahrzunehmen, auszuprobieren und in Bestehendes zu integrieren, damit Lernen gelingen kann. 2. Es gibt nicht den einen Weg zu gutem Unterricht – nicht alles passt zu jedem –, aber es gibt Kriterien, die uns helfen, einen geeigneten Weg zu finden.

Und so wünsche ich mir, dass die Leserinnen und Leser dieses Buch in genau diesem Sinne nutzen. Es ist keine Bibel, sondern ein Angebot, das Rahmenbedingungen für Lernen definiert, das Anregungen geben und Lust am Ausprobieren machen will. Ich habe dieses Buch geschrieben, um vor dem leichtfertigen Einsatz von kooperativen Methoden mit ungeübten Schülerinnen und Schülern zu warnen, gleichzeitig aber auch, um all denjenigen Mut zu machen, die daran glauben, dass kooperatives Arbeiten und Unterrichten allen Beteiligten Spaß machen kann und trotzdem – nein, gerade deshalb – lernwirksam ist.

Carmen Druyen
Krefeld, Februar 2021

1 Jedem Anfang wohnt ein Zauber inne

Pädagogische Konferenz. Wir sitzen beisammen und alle sind sich einig, dass die 6b mit Abstand die dümmste Klasse ist. Die Schülerinnen und Schüler sind träge, machen nicht mit. Unsere beiden ADHS-Kinder halten uns ständig auf Trab und Laura, die Autistin, verweigert im Mathemathikunterricht jede Mitarbeit.
Kollegin Margret (Sozialwissenschaften und Erdkunde) beklagt, dass selbst ihre lebendigsten Demonstrationen des Sonnensystems unter Einbeziehen einer Orange und einer dritten Hand keine intelligenten Reaktionen hervorlocken konnten. Kollege Stefan (Deutsch und Religion) nickt. Er hat es auch schwer, denn die vielen Kinder mit Migrationshintergrund verstehen kaum etwas, sie lesen seine sorgsam ausgewählten Geschichten nicht – Grammatikunterricht ist ein Graus, Diktate gehen gar nicht. Ständig muss er für sie alles noch einmal erklären, aber stören, ja stören, das können sie. Kollegin Delia (Biologie und Mathematik) weiß zu berichten, dass sie in der Klasse gar keine Experimente mehr durchführt, es werde nur Blödsinn gemacht und ständig sei Unfallgefahr im Raum, weil die Schülerinnen und Schüler irgendwas anstellten. In Mathematik stoße sie auf blankes Unverständnis, da könne sie noch so viele Beispiele an die Tafel schreiben, so Kollegin Gaby (Chemie und Mathematik). Kollege Pierre (Sport und Geschichte) kann auch für Sport nur wenig Gutes berichten: „In beiden Fächern bekomme ich weder Körper noch Geist bewegt. Die wollen einfach nichts lernen." – „Das ist die Pubertät, da sind sie doch alle verrückt, da kann man nur warten", erklärt die Kunstlehrerin.
Ich (Englisch, Pädagogik und Psychologie) bin die Klassenlehrerin dieser lahmen und unbegabten Truppe und Kollege Pierres Satz stimme ich zwar irgendwie zu, aber er macht mich auch traurig. Was für ein dunkler Zauber liegt da nur auf meiner Klasse? Und ist das alles so richtig, was wir über unsere Lernenden sagen? Wollen sie wirklich nicht lernen? Wir alle unterrichten überwiegend frontal, da wir mit Projektarbeit, Gruppenarbeit oder Stationenlernen weitgehend gescheitert sind. Mit unseren Schülerinnen und Schülern geht das einfach nicht. Aber so wie jetzt geht es offenbar auch nicht. Vielleicht sind wir aber auch einfach nur Unwissende oder unerfahrene Zauberlehrlinge?

2 Lernwirksamer Unterricht in kooperativen Lernsettings

Wenn Lehrkräfte nach Wegen suchen, ihren Unterricht lernwirksam zu machen, kann ein Blick auf Forschungsergebnisse hilfreich sein. Aus Forschung und Wissenschaft gibt es deutliche Hinweise und Belege, dass Lernen eine angeborene Reaktionsweise ist und selbst Kleinkinder zu komplexen Denkvorgängen in der Lage sind. Aus den wissenschaftlichen Erkenntnissen lassen sich Schlussfolgerungen für die Gestaltung von lernwirksamem Unterricht ziehen.

Dieses Kapitel gibt einen Überblick über eine Reihe von pädagogischen und psychologischen Erkenntnissen zu menschlichem Lernen und seiner Förderung sowie dem Beitrag kooperativer Lernsettings zur kognitiven Aktivierung und Gestaltung lernwirksamen Unterrichts.

2.1 Ein Blick auf die Lernforschung

Vertreter der **Individualpsychologie** (vgl. Dreikurs 2013) gehen davon aus, dass der Mensch sich im Laufe seiner individuellen Entwicklung immer in dem Spannungsfeld von „Ich kann nicht", „Ich will" und „Ich kann" bewegt. Seine Umwelt gibt ihm Impulse, die ihm sowohl seinen Mangel als auch seine Möglichkeiten aufzeigen. Der Mensch will seine Umwelt erforschen und verstehen. Und je nach Unterstützung durch die Gemeinschaft, in der der Mensch sich bewegt, ist er in der Lage, sich aus dem Zustand der erlebten „Minderwertigkeit" zu befreien und zu „Selbstwert" durch Wissen und Können zu gelangen.

Aus dieser Perspektive sind Lernprozesse so anzulegen, dass der Einzelne an Problemen wachsen kann, indem er Ermutigung zum Lernen erfährt und ihm die Möglichkeit des Sich-Erprobens gegeben wird. Aus diesem Verständnis heraus werden Fehler als unvermeidlich und auch willkommen betrachtet. Herausgestellt wird das Moment des Gelingens, nicht das des Scheiterns.

Im Rahmen ihrer **Selbstbestimmungstheorie** benennen E. L. Deci und R. M. Ryan (1993) das Bedürfnis nach *Zugehörigkeit*, *Kompetenz* und *Autonomie* als wesentlichen Motor für Entwicklung und Lernen. Menschen wollen zu einer Gemeinschaft gehören und Anerkennung erfahren. Hierzu müssen sie Kompetenzen entwickeln, die es ihnen erlauben, ihre eigenen Bedürfnisse und die ihrer Gemeinschaft zu befriedigen. Diese Kompetenzen erwerben sie vom Augenblick ihrer Geburt an durch die Unterstützung Anderer. Gleichzeitig ist zu beobachten, dass Menschen bei zunehmenden Kompetenzen danach streben, unabhängig zu sein. Aufbauend auf Gelerntem sind sie in der Lage, selbsttätig und selbstbestimmt zu lernen. Die Fähigkeit zur Selbststeuerung bildet sich im Laufe der Zeit aus.

Für schulisches Lernen ergibt sich daraus, dass alle drei Grundbedürfnisse zu berücksichtigen sind, indem die Lernenden, integriert in eine Gemeinschaft, als Individuen wahrgenommen, gefördert und gefordert werden.

Aus Sicht der **Gehirnforschung** ist das *Bedürfnis* zu lernen genetisch angelegt. Diese Programmierung ist verantwortlich für die Entwicklung unseres Gehirns. Damit ein Lernvorgang in Gang gesetzt wird, müssen allerdings einige Faktoren gegeben sein. So erfolgt die Selektion und Aufnahme von Informationen über das Auslösen von *Gefühlen* und Vorhandensein von *Anschlussmöglichkeiten*. Emotional besetzte Inhalte werden eher wahrgenommen und besser behalten als neutrale Informationen. Inhalte, die wir mit Bekanntem assoziieren, werden schneller im Gedächtnis verankert. Weitere gehirnfreundliche Faktoren zur Förderung von Lernprozessen sind die Möglichkeit zu *Interaktion*, *Eigeninitiative* und *Aktivierung*, die Darbietung von *Neuem* und hinreichende *Wiederholung* des Lernstoffs (vgl. Scheunpflug 2001, Spitzer 2006, Damasio 2004).

Konstruktivistische Ansätze, die sowohl auf die eigenständige Konstruktionsleistung der Lernenden beim Aufbau von Wissen verweisen als auch auf die Bedeutsamkeit des Austauschs mit Anderen, entsprechen den Erkenntnissen der Gehirnforschung.

Als Schüler von **Jean Piaget** (1932) entwickelte **David P. Ausubel** die **Theorie des bedeutungsvollen verbalen Lernens** (Ausubel 1960, 1963, 1967). Dabei stellte er heraus, dass neues Wissen an vorhandene Wissensstrukturen anknüpfen muss. Ausubel war der Auffassung, dass bedeutsames Lernen immer einen Kontext und eine Organisation des Wissens um Bedeutungen und Konzepte herum erfordert, wodurch Lernende neue Informationen in ihre bestehenden Wissens- und Denkstrukturen integrieren. Wenn bekannte Sachverhalte ins Gedächtnis gerufen werden, können Lernende erkennen, welche Bedeutung neue Informationen für vorhandenes Wissen haben und umgekehrt.

Um dies zu erreichen, war es für Ausubel wichtig, dass Lernende bei Einführung in neuen Stoff einen Überblick darüber erhalten, was sie mit welchen Methoden und welchen Zwecken lernen sollen. Dieser Überblick muss eine Metaperspektive einschließen. Dadurch, dass die Lernenden zu Beginn des Lernprozesses das größere Bild sehen, können sie Kontexte assoziieren und den Lernstoff insgesamt besser vielfältig verankern und mit bisherigem Wissen verknüpfen. Ausubel nennt diese einführenden Informationen

Advance Organizer, weil sie Denken im Voraus strukturieren und organisieren sollen. Ihr Merkmal ist die abstrahierende Reduktion.

Organizer sind z. B. strukturierte Visualisierungen (Lernlandkarten), die die Aufmerksamkeit der Lernenden lenken sollen. Lernen wird dadurch zum intentional organisierten Prozess, der auf Kenntniserwerb und dessen Anwendung abzielt. Visualisierungen sind an das Alter, die Vorkenntnisse und Fähigkeiten der Lernenden und das Lernmaterial anzupassen. Organizer sind in der Regel am durchschnittlichen Wissensstand der Lerngruppe orientiert. Sie zeigen die kognitiv relevanten Kontexte auf.

Kritiker weisen allerdings darauf hin, dass solche Organizer bereits ein kognitives Konstrukt darstellen und damit das Denken der Lerner beeinflussen können. Gute Organizer sind daher multiperspektivisch, indem sie verschiedene Sichtweisen ermöglichen und Beobachtungen aus unterschiedlichen Sichtweisen einbringen und zulassen. Sie können multimodal sein und unterschiedliche Zugänge ermöglichen und multiproduktiv sein, indem sie unterschiedliche Ergebnisse ermöglichen.

Zur Erfassung und Strukturierung von Vorwissen können Vortests, Interviews, Befragungen oder Mind Maps dienen. Weitere Organizer sind Plakate mit Grafiken, Strukturelementen und mit kurzen Texten. Die ersten Ergebnisse aus der Erfassung des Vorwissens sollen dazu führen, dass in der Folge Wissen erweitert wird. Neu erworbenes Wissen wird den zuvor erstellten „kognitiven Landkarten" hinzugefügt.

Mit seinem Ansatz **A Study of Thinking** (1956) setzt **Jerome S. Bruner**, ebenfalls ein Schüler von J. Piaget, an anderer Stelle an. Er geht davon aus, dass das Hauptproblem des menschlichen Gedächtnisses nicht das *Speichern* von Informationen, sondern das *Abrufen* ist. Der Gedächtnisprozess ist für ihn ein **Prozess des Problemlösens**. Hierbei gehen Menschen von bestimmten Erwartungen über Ordnungen und Beziehungen aus, suchen in ihrer Umwelt danach und finden sie bestätigt oder nicht.

Für Bruner basieren Wahrnehmung und Entscheidungsprozesse auf **Kategorisierung**. Demnach ordnet jeder Mensch Objekte oder auch Ereignisse anhand spezifischer Attribute bestimmten Klassen (Kategorien) zu. Wenn ein Objekt oder Sachverhalt einer bestimmten Kategorie zugeordnet wird, entscheidet diese Zuweisung über zukünftige Reaktionen auf dieses Objekt. Neue Informationen werden in die bestehenden Kategorien aufgenommen. Wenn dies nicht möglich sein sollte, werden neue Kategorien gebildet. Bei Piaget finden sich diese Prozesse unter den Begriffen **Assimilation** und **Akkommodation**.

Auf der Basis von **Kategorien** können komplexere Ereignisse vorhergesagt werden. Die Kategorien werden zu Kodierungssystemen, denen Unterkategorien zugeordnet werden. Ist ein Mensch in der Lage zu erkennen, dass bestimmte Objekte einer Kategorie angehören und andere nicht, hat er das **Konzept** dieser Kategorie gebildet. Er hat die kritischen Attribute für diese Kategorie erfasst. Bruner spricht bei diesem Vorgang von **Konzepterwerb**.

Für Bruner hat Lernen **drei Merkmale**: Die *Aneignung neuer Information*, die *Umwandlung (Transformation)* und *die Bewertung (Evaluation)*. Diese drei Merkmale realisiert er in seinem pädagogischen Modell des **entdeckenden Lernens** (Bruner 1974). Darunter versteht Bruner die selbsttätige Erschließung eines Wissensgebietes durch die Lernenden. Der Lehrkraft kommt dabei eine beobachtende und helfende Funktion zu. Die Lernenden werden mit einer Problemstellung konfrontiert. Um sie zu lösen, benötigen sie Techniken. Diese Problemlösetechniken müssen eingeübt werden. Die Lernenden gehen mit erlerntem Wissen induktiv um, das heißt, sie suchen bei jeder neuen Wissenseinheit nach Gemeinsamkeiten in ihrer bereits vorhandenen Wissensstruktur und formulieren daraufhin Definitionen, Hypothesen oder Regeln, um sich diese Gemeinsamkeiten erklären zu können. Je mehr Einzelfälle sie kennen lernen, umso präziser werden ihre Kategorien, so dass sie zu einer Bewertung ihrer Erkenntnis gelangen können. Bestätigen sich ihre Annahmen, sind sie nun in der Lage, vom Allgemeinfall auf den Einzelfall zu schließen (deduktives Vorgehen). Beim entdeckenden Lernen wird Neugier gegenüber einem Wissensgebiet aufgebaut, in dem nur Bruchstücke bekannt sind, und die Gesamtheit der Informationen von den Lernenden entdeckt wird. Über die Fähigkeit, Problemstellungen zu analysieren, Hypothesen zu formulieren und zu überprüfen, erwerben die Lernenden Problemlösekompetenz.

In seinem Buch „Toward a Theory of Instruction" (1966; 1974) weist Jerome S. Bruner auch auf die **soziale Seite des Lernens** hin. Er benennt ein tiefes menschliches Bedürfnis, auf Andere einzugehen und mit ihnen gemeinsam an einer Aufgabe zu arbeiten. Dieses Bedürfnis bezeichnet er als „Gegenseitigkeit" (Reziprozität). Er sieht darin eine Motivationsquelle, die Lernen stimuliert.

> „Dort, wo gemeinsames Handeln von Nöten ist, wo Gegenseitigkeit notwendig ist, um als Gruppe ein Ziel zu erreichen, scheinen Prozesse am Werk zu sein, die den Einzelnen geradezu in das Lernen hineintragen, die ihm eine Kompetenz verleihen, die in Gruppensituationen nötig ist." (Bruner 1966, 1974)

Um die Ansätze von Ausubel und Bruner herum bestanden in Wissenschaft und Praxis lange rivalisierende Lager. Mittlerweile geht man jedoch davon aus, dass beide Lernwege sinnvoll sind. Einsatz und Wirksamkeit werden durch eine Reihe von Faktoren bestimmt, wie z. B. den Lerngegenstand selbst, individuelle Dispositionen und Kompetenzen der Lernenden, situative Bedingungen etc.

2.2 Vom Mythos der homogenen Lerngruppe

Frontalunterricht speist sich vielfach aus der Annahme, dass die Lernenden sich alters- und schulformbedingt mehr oder minder ähnlich sind und daher auch ähnlich lernen. Abweichungen von Schülerleistungen nach oben oder unten werden entweder als erfreuliche Leistungen bezeichnet oder als unzureichende Ergebnisse kritisiert. Lernende versagen, weil sie an einer Norm, die sich meist an einer vermuteten oder diagnostizierten mittleren Leistungsfähigkeit der Lerngruppe orientiert, scheitern. Anders zu sein führt meist zur Besonderung oder gar Aussonderung. Lernende, die „anders" sind, behindern häufig Frontalunterricht, indem sie unkonventionelle Gedanken einbringen, Instruktionen missachten, Lernstoff nicht verstehen oder sich der Mitarbeit durch Stören entziehen.

Gruppenarbeit scheitert häufig an der Annahme, dass alle Lernende Freude an der Zusammenarbeit haben und alle gleichermaßen Freiräume des Arbeitens als Lernchance begreifen. Zusammenarbeit wird meist wieder schnell unterbunden, wenn Lernende Arbeitsprozesse behindern, vermeiden oder an sich reißen. Bei Gruppenarbeit versagen Lernende, weil sie den Sinn von Kooperation nicht verstehen, weil sie keine Kompetenzen zur Zusammenarbeit mitbringen, sie ihre individuellen Stärken nicht einbringen können oder ihre individuellen Schwächen nicht berücksichtigt werden.

Mittlerweile ist es gut belegt, dass zielgleiches Unterrichten in frontalen Unterrichtsstrukturen den unterschiedlichen Persönlichkeiten und Lernausgangslagen von Lernenden nicht gerecht wird (vgl. Fürstenau, 2009). Um Unterricht lernwirksam zu machen, muss die Idee der Existenz einer „homogenen" Lerngruppe aufgegeben werden. Lernende sind nicht nur in ihrer Leistungsfähigkeit unterschiedlich, sondern bringen auch eine Vielzahl individueller Haltungen, Eigenschaften oder Reaktionsmuster mit sich. Der bewusste Blick auf unterschiedliche Verhaltensmuster von Lernenden kann Lehrkräfte befähigen, ihre Lernenden besser zu verstehen und Unterricht so zu gestalten, dass ihre Stärken genutzt und ihre Schwächen gestärkt werden.

Genau genommen haben Lehrkräfte von jeher mit heterogenen Lerngruppen zu tun gehabt. Unter dem Begriff „Lerntypen" wurde versucht, Verhaltensmuster zu kategorisieren und zu polarisieren. Bei den daraus entstandenen Typologien handelt es sich allerdings nicht um wissenschaftlich überprüfte Konstrukte. Die nachfolgend vorgestellten Typologien entstanden im Wesentlichen über die Beobachtung und Beschreibung von Lernenden und sind idealtypisch zu verstehen. Menschen repräsentieren mehr als einen dieser Typen und bewegen sich auf einem Spektrum der dargestellten Extreme. Es handelt sich ebenfalls nicht um manifeste Persönlichkeitsmerkmale. Die Zuschreibungen können als eine „Brille" dienen, durch die Lehrkräfte ihre Lernenden betrachten. Keinesfalls dürfen sie als Mittel zur Etikettierung von Lernenden genutzt werden.

Typus ähnlichkeitsorientierte versus differenzorientierte Lernende:
Ähnlichkeitsorientierte Lernende suchen bei neuen Informationen nach Bekanntem, an das sie ihr Wissen andocken können. Sie suchen nach vorhandenen Mustern und sammeln ähnliche Beispiele. Sie lieben Beständigkeit und Kontinuität. Diesen Lernenden helfen Advance Organizer zur Strukturierung ihres Wissens. Bei problemlösenden Aufgaben gehen sie immer von bekannten Strategien aus. Dadurch gelangen sie weniger schnell zu lateralem Denken, d.h., sie suchen nicht nach Lösungen, die außerhalb des bisher Bekannten liegen (Outside the Box Thinking). In sozialen Kontexten arbeiten sie gerne in bekannten und überschaubaren Lernformen und befolgen Instruktionen.

Differenzorientierte Lerner achten auf Unterschiede. Sie suchen nach neuen Wegen Aufgaben zu bearbeiten und widersetzen sich dabei häufig Instruktionen. Ihre Stärken liegen im Vergleichen und Kontrastieren. Sie finden schnell Fehler. Formen des entdeckenden Lernens entsprechen ihrem Lernverhalten. Beim Problemlösen können sie wertvolle Beiträge leisten, wenn es darum geht, neue Lösungen zu finden. Oft ist es schwierig, sie in gemeinsamen Unterricht oder Kooperationskontexte einzubinden, weil sie ihre individuellen Vorgehensweisen durchsetzen wollen. Sie benötigen Arbeitsanweisungen, die ihnen Freiräume eröffnen.

Typus impulsiv versus reflexiv Lernende:
Impulsiv Lernende lesen Arbeitsanweisungen häufig nicht vollständig durch, bevor sie anfangen. Sie rufen Antworten in die Klasse, melden sich lautstark, sind bewegungsintensiv und arbeiten schnell und flüchtig. Sie brauchen klare Regeln und Anleitung zum sorgfältigen Arbeiten.

Reflexiv Lernende sind gute Beobachter. Sie lieben Details und arbeiten sorgfältig. Es sind meist stille Schülerinnen und Schüler, die oft in Gedanken verloren scheinen. Sie fangen spät mit der Arbeit an und brauchen viel Zeit. Sie benötigen Denkzeit in frontalen Arbeitskontexten und klare Zeitvorgaben zur Aufgabenbearbeitung.

Typus global versus analytisch Lernende:
Global Lernende benötigen den Überblick. Sie wollen sehen, in welchem Zusammenhang Informationen stehen, und was diese mit ihnen selbst zu tun haben. Allzu feine Details frustrieren sie. Ihre Stärke besteht darin, das große Ganze zu sehen und Informationen miteinander zu verbinden. Hierin ähneln sie den ähnlichkeitsorientierten Lernern. In Diskus-

sionen können sie Argumente verknüpfen und auf ihre Relevanz für das Leben von Menschen überprüfen. Ihre Schwäche besteht darin, oberflächlich zu denken, weil sie nicht genügend Details berücksichtigen. Sie müssen angehalten werden, Argumente, Hypothesen oder hergestellte Zusammenhänge durch Fakten oder Zahlen zu belegen.

Analytisch Lernende lieben Details, Fakten und Zahlen. Sie suchen nach der Logik und arbeiten sich systematisch Schritt für Schritt voran. Die Relevanz des Gelernten für ihr eigenes Leben spielt für sie eine untergeordnete Rolle. Manchmal verlieren sie sich in Details und sehen nicht mehr das große Ganze. Ihnen können Mind Maps oder Concept Maps helfen, den Überblick zu bewahren und ihr Detailwissen einzuordnen. In Diskussionen liefern sie Faktenwissen und können Argumente versachlichen.

Typus konkret versus abstrakt Lernende:
Konkret Lernende benötigen Beispiele aus dem Leben und möchten die Dinge am liebsten ausprobieren oder zumindest wissen, wozu man sie benutzen kann. Sie sind handlungsorientiert und schnell frustriert, wenn sie keinen konkreten Sinn in Gedankenspielen sehen oder sie keinen unmittelbaren Nutzwert in dem Gelernten entdecken können. Daher lieben sie häufig Naturwissenschaften, können jedoch höherer Mathematik oder Philosphie nur wenig abgewinnen. Den Erwerb von Fremdsprachen sehen sie eher unter dem Anwendungsaspekt, während sie Literaturunterricht vielfach langweilt.

Abstrakt Lernende benötigen keine Beispiele, sondern können mit Ideen, Begriffen und Definitionen operieren. Sie befassen sich gerne mit abstrakten Problemen und deren Lösung und denken lieber, als zu handeln. Sie lieben Denkspiele und sind gute Planer, entziehen sich aber gerne der realen Umsetzung. Rollenspielen oder dem Herstellen von konkreten Produkten stehen sie eher ablehnend gegenüber.

Typus gewissheitsorientierte versus ungewissheitsorientierte Lernende:
Diese wissenschaftlich erforschte Typologie (vgl. Huber 1999) beschreibt *Gewissheitsorientierte* so, dass sie die Sicherheit brauchen, eine zu bewältigende Aufgabe lösen zu können. Je geringer sie ihre eigene Selbstwirksamkeit einschätzen, desto zögerlicher lassen sie sich auf offene und unbekannte Lern- und Arbeitsprozesse ein. Sie benötigen klare Rahmenbedingungen. Sie müssen die Kontexte, in denen sie sich bewegen, kennen und Konsequenzen für ihr Denken oder Handeln einschätzen können. Offene Aufgabenstellungen oder Zusammenarbeit mit ihnen weniger vertrauten Personen verunsichern sie. Konstante Arbeitszusammenhänge und begleitendes Feedback helfen ihnen, Zuversicht zu entwickeln. Sie müssen sich sicher mit

dem Gelernten fühlen, bevor sie den nächsten Schritt wagen. Sie tendieren manchmal dazu, sich und ihre Fähigkeiten zu unterschätzen. In Kontexten von Zusammenarbeit sind sie die Bewahrer von Bestehendem. In dieser Hinsicht gleichen sie dem ähnlichkeitsorientierten Typus.

Ungewissheitsorientierte Lernende lieben Herausforderungen und stürzen sich ohne lange nachzudenken auf neue Aufgaben und Arbeitszusammenhänge. Sie lieben das Risiko und alles Unbekannte und trauen sich zu, Probleme lösen zu können. Rollenspiele, Befragungen und Experimente üben auf sie eine große Faszination aus. Sie tendieren dazu, Dinge zu überstürzen und ihre eigenen Fähigkeiten und Konsequenzen falsch einzuschätzen. Bei Projekten stehen sie für Veränderung und Aufbruch.

Schülerinnen und Schüler mit *diagnostizierten Lern- und Verhaltensdefiziten* stellen häufig „nur" extreme Varianten der vorgestellten Typen dar. Die Idee der fähigkeitsgleichen Beschulbarkeit hat leider lange den Blick auf Differenzierung und Integration verstellt und dadurch auch viel Leid bei Lernenden verursacht sowie Potenziale unbeachtet gelassen.

2.3 Elemente lernwirksamen Unterrichts

Viele der oben angeführten Erkenntnisse fließen in Überlegungen zur Gestaltung lernwirksamen Unterrichts ein. Ziel der daraus entstehenden pädagogischen und didaktischen Modelle ist das Schaffen von Bedingungen, die es Lernenden ermöglichen, aktiv und selbstbestimmt an ihrem eigenen Lernprozess teilzuhaben.

Mit Blick auf die Wirksamkeit von Unterricht werden im Modell der **drei Basisdimensionen der Unterrichtsqualität** *unterstützendes Unterrichtsklima, effektives Classroom Management* und *kognitive Aktivierung* als Grundbausteine für schulisches Lernen betrachtet (vgl. Klieme, Lipowsky, Rakoczy & Ratzka 2006, Kunter & Trautwein 2013, Lipowsky 2015, Reusser, Pauli & Waldis 2009).

Ein **unterstützendes Lernklima** liegt dann vor, wenn die Lernbedürfnisse von *allen* Lernenden nach Möglichkeit berücksichtigt werden, d.h. Mittel und Wege zum Erwerb von Wissen und Fähigkeiten bereitgestellt werden und gemäß Alter und Fähigkeiten angepasst sind. Es bedeutet aber auch, dass sich die Einzelnen angenommen und sicher fühlen, in eine Gemeinschaft integriert sind und der Lehrkraft und ihren Mitlernenden vertrauen.

Unter **Classroom Management** versteht man alle Tätigkeiten, die die Lehrkraft vornimmt, um Unterricht in Gang zu bringen, aufrechtzuerhalten und zum Gelingen zu bringen. Sie nutzt dazu pädagogisches, didaktisches

und methodisches Wissen sowie entsprechende Fertigkeiten. Beispiele für Fertigkeiten zum Classroom Management sind z. B.: Denkzeit gewähren, Arbeitsanweisungen formulieren, Arbeitsprozesse organisieren und strukturieren, für Ruhe sorgen, die Aufmerksamkeit der Schülerinnen und Schüler lenken, Lerntypen berücksichtigen und ein positives Lernklima herstellen.
Kognitive Aktivierung erfolgt, wenn Lernende zu vertieftem Nachdenken und einer „elaborierten Auseinandersetzung" (Lipowsky, 2015) angeregt werden und zu einem „Aufbau von konzeptuellem Verständnis und anwendbarem Wissen" (vgl. Kunter u. a., 2005) gelangen. Unterricht versteht sich als *Angebot* von Lerngelegenheiten.

> „Lehrerhandeln ‚verursacht' daher nicht Schülerlernen, sondern erschafft eine Lernumgebung als *Raum* von Lerngelegenheiten, die von den Beteiligten gemeinsam geformt und im Sinne eines Angebots je individuell genutzt werden." (Klieme 2006, S. 765)

Kognitive Aktivierung
- vertieftes Nachdenken
- elaborierte Auseinandersetzung
- Aufbau von konzeptuellem Verständnis und anwendbarem Wissen

In die Vorstellungen dieses Modells fließen die Ideen der Selbstbestimmungstheorie (Deci & Ryan) wie auch konstruktivistische Sichtweisen ein. Zielsetzung von Lernen ist der Erwerb von Kompetenzen für lebenslanges selbstgesteuertes Lernen.

2.4 Classroom Management und kognitive Aktivierung in kooperativen Lernsettings

Kooperative Lernarrangements sind dazu geeignet, Schülerinnen und Schüler an selbsttätiges und selbstbestimmtes Lernen heranzuführen. Selbstständiges Lernen erfordert eine Reihe von Kompetenzen, über die Lernende nicht ohne Weiteres verfügen. Zu viel Offenheit des Unterrichts, wie z. B. beim entdeckenden Unterricht, kann Lernende schnell überfordern. Je ungewohnter freies Arbeiten ist, desto klarere Strukturen und Aufgaben sind notwendig, um es herbeizuführen. Beim Vergleich zweier konstruktivistisch orientierter Lernumgebungen fand man heraus, „dass die Schüler in der strukturierteren Lernumgebung belastbarere Konzepte entwickelten als die Schüler in der weniger strukturierten Lernumgebung und dass von der strukturierteren Lernumgebung insbesondere die Schüler mit den schwächeren Vortestwerten profitierten" (Lipowsky 2006, S. 57). *Kooperative Lernsettings* können die erforderlichen Strukturen liefern und damit helfen, Kompetenzen zum selbstgesteuerten Arbeiten aufzubauen. Allerdings ist dabei vieles zu beachten. Kooperatives Lernen ist kein Allheilmittel und erfordert vonseiten der Lehrkräfte neben inhaltlichem Wissen Kenntnis der zugrunde liegenden Prozesse, der Methoden, der Lernenden und deren Eigenheiten und Kompetenzen im Bereich des Classroom Managements. Darüber hinaus kann Kooperatives Lernen nur lernwirksam werden, wenn kooperative Lernformen schrittweise eingeübt werden und der Zweck und Nutzen der Zusammenarbeit für die Lernenden transparent und erlebbar gemacht wird.

3 Beginn einer pädagogischen Reise

Eine Fortbildung wird angeboten: „Wege zu besserem Classroom Management durch aktivierende Unterrichtsmethoden". Ja, das ist es doch, das brauchen meine 6b und ich. Ich will nicht akzeptieren, dass die Kinder meiner Klasse dumm und träge oder bereits Opfer der drohenden Pubertät sind. Und da **sie** offenbar nicht an einer Änderung ihres Verhaltens interessiert sind oder sich nicht ändern können, muss vielleicht **ich** mich bzw. meinen Unterricht verändern. Neue Impulse, mehr Aktivierung im Unterricht?
Ich zeige einigen Kolleginnen und Kollegen das Angebot und schließlich besuchen Kollegin Margret und ich den Workshop. Wir beide und die anderen Teilnehmerinnen und Teilnehmer sind einen Tag lang sehr aktiv, haben Spaß. Wir haben uns mit der Bedeutung von **Denkzeit** beschäftigt, Möglichkeiten der **Arbeitsorganisation** kennen gelernt und die Wirkung von **Austausch** mit einem Partner bzw. einer Partnerin erlebt. Auf dem Heimweg sehen wir goldene Zeiten auf uns zukommen, wenn wir die 6b erst mit diesen Methoden wachrütteln werden. Ist das der Zauber, den wir brauchen? Margret träumt sogar von einem großflächigen Einsatz in allen ihren Klassen.
Voller Enthusiasmus berichten wir den Kolleginnen und Kollegen meiner Klasse von der Fortbildung und schildern die einfachen und doch so wirkungsvollen Methoden, die wir erfahren haben. Gaby, Delia, Stefan und Pierre zeigen sich interessiert, während die Kunstlehrerin bei ihrer Pubertätstheorie bleibt und andere erklären, dass solch ein Unfug doch nicht wirklich was bringen könne – nein, danke. Der Physiklehrer brummt etwas von immer wieder neuen Säuen, die man durch das Dorf treibe.
Aber 6 Kolleginnen und Kollegen wollen sich das dann doch einmal näher ansehen. Das ist immerhin ein Anfang. Wir beschließen, uns einmal im Monat zu einem Erfahrungsaustausch zu treffen.

3.1 Innehalten

Da wir uns aus unserem bewährten bzw. bewahrten Unterrichtskonzept noch nicht lösen wollen, einigen wir uns für den Anfang auf EINE Maßnahme, mit der wir in möglichst vielen Klassen Erfahrungen sammeln wollen: **Denkzeit**. Dieses Verfahren ist leicht in frontal durchgeführten Unterricht einzubauen, leistet aber offenbar einen großen Beitrag zum Classroom Management und zur Aktivierung von Schülerinnen und Schülern.

M

Methode: Denkzeit
Die Zeit, die Lehrkräfte den Lernenden geben, nachdem sie ihnen eine Frage oder Aufgabe gestellt haben.

Uns alle haben die Ergebnisse der DESI-Studie von A. Helmke nachdenklich gemacht. Im Durchschnitt warten Lehrkräfte nicht länger als 30 Sekunden auf eine Schülerantwort, nachdem sie eine Frage gestellt haben. Wir ahnen, dass die meisten Schülerinnen bzw. Schüler keine Chance haben, in dieser Zeit eine vernünftige Antwort zu geben. Kein Wunder, wenn sie „träge" sind.
Wir nehmen uns vor, zuerst einmal zu überprüfen, ob wir ebenfalls zu dieser Art von Lehrkräften gehören. Zu unserer Erschütterung geben auch wir unseren Schülerinnen und Schülern nur wenig Zeit zum Nachdenken. Stefan stellt sogar durch sorgfältige Erhebungen durch seine Lehramtsanwärterin fest, dass seine Wartezeit sich umgekehrt proportional zur Komplexität seiner gestellten Fragen verhält. Insbesondere sprachlich weniger kompetente Schülerinnen und Schüler haben dadurch überhaupt keine Chance, sich in den Unterricht einzubringen.
Da nicht jeder eine Lehramtsanwärterin hat, die die Zeit überwachen kann, zählen wir langsam bis 10, bevor wir Schülerinnen und Schüler aufrufen. Es ist erstaunlich schwierig, diese Zeitspanne auszuhalten, vor allem wenn eine Anzahl von eifrigen Schülerinnen und Schülern ungeduldig mit den Armen wedelt. Margret erinnert uns daran, dass der Trainer empfohlen hat, den Schülerinnen und Schülern zu erklären, dass sie Zeit zum Nachdenken bekommen sollen, wenn wir eine Frage gestellt haben, und deshalb niemand aufzeigen soll, bis wir ein Signal geben. Nachdem wir dies eingeführt haben, ist es leichter, den Schülerinnen und Schülern Zeit zu gewähren. Wir stellen fest, dass sich nun mehr Schülerinnen und Schüler beteiligen. Erste kleine Erfolge!?

3.2 Paarweise einsteigen und durchzählen

Wir beobachten aber auch, dass ein Teil unserer Schülerinnen und Schüler trotz unserer Intervention immer noch passiv bleibt. Daher nehmen wir zwei weitere Methoden hinzu: **Austausch im Paar** und **Numbered Heads.**
Kollege Pierre beobachtet im Geschichtsunterricht der 6c eine Reihe von Schülerinnen und Schülern, die kaum etwas zum Unterricht beitragen. Julia, Tobias, Amina und Maria antworten selbst bei Aufforderung nicht, obwohl sie gute Tests schreiben. Simon, Sascha und Dilara brauchen viel Zeit zum Nachdenken, Khalid und Ayshe verstehen meistens nicht einmal die Frage, die gestellt wird. Das sind 9 Lernende von 28, die sich nicht oder kaum in den Unterricht einbringen.

B

Umsetzungsbeispiel

Geschichte: Austausch im Paar – Denkzeit

Pierre beschließt also, die Denkphase durch den **Austausch mit dem Partner/der Partnerin** zu intensivieren. Dies teilt er seinen Schülerinnen und Schülern mit. Er erklärt ihnen, dass sie so ihre Gedanken mit anderen austauschen können, mehr Ideen und Hilfe bekommen können. Die Reaktionen der Schülerinnen und Schüler sind trotz seiner Erklärungen unterschiedlich. Einige tauschen sich tatsächlich ernsthaft und sachbezogen miteinander aus, aber nicht wenige reden immer noch nicht miteinander oder wenn, dann über völlig andere Themen. Nach der Austauschphase melden sich wieder dieselben Schülerinnen und Schüler wie vorher. Pierre teilt den Schülerinnen und Schülern seine Beobachtung mit und sagt ihnen, dass die Zusammenarbeit durch eine weitere kleine Maßnahme noch besser werden könne.

Jetzt führt er **Numbered Heads** ein. Beginnend mit A teilt er von rechts nach links die Paare in A und B ein. Er erklärt den Schülerinnen und Schülern nochmals, dass die Austauschzeit dazu dient, dass alle die Chance erhalten, die Frage oder Aufgabe zu verstehen, indem sie ihren Partner bzw. ihre Partnerin fragen und sie sich gegenseitig bei der Beantwortung helfen können. Nach dem Austausch sollte dann aber auch jedes Paarmitglied in der Lage sein, Pierre eine Antwort zu geben. Deshalb werde er nach der Austauschzeit nicht nur die Paare für die Vorstellung des gemeinsam Erarbeiteten auslosen, sondern auch bestimmen, ob Partner A bzw. Partnerin B die Antwort gibt. Durch das Auslosen will er empörten Protesten in Form von „Warum soll denn ausgerechnet ich antworten?" begegnen und vermeidet Diskussionen, die zu Unterrichtsunterbrechungen führen. Es dauert ein wenig, bis sich die Schülerinnen und Schüler an dieses für sie merkwürdige System gewöhnt haben, aber es hilft. Manchmal schummelt Pierre auch, wenn er möchte, dass z. B. Julia, Tobias oder Ayshe antworten, da er gesehen hat, dass sie sich gut mit ihren Partnern bzw. Partnerinnen verständigt haben und er sie zur Mitarbeit ermutigen will.

M

Methode: Numbered Heads

Die Methode ermöglicht eine klare Strukturierung von Arbeitsvorgängen. Den Partnern werden zur Organisation des Arbeitsprozesses Buchstaben (oder Zahlen) zugewiesen. Diese können z. B. zur Zuweisung von Arbeitsaufträgen dienen (Arbeitsblätter holen oder nach vorne bringen, auf die Zeit achten, Reihenfolge der Teilnahme etc.).

Trotzdem ist Pierre noch nicht ganz zufrieden. Er konnte beobachten, dass sich die meisten Schülerinnen und Schüler keine Zeit nehmen, alleine nachzudenken, sondern gleich mit dem Partner/der Partnerin reden. Pierre erinnert sich an die Denkzeit. Bevor die Schülerinnen und Schüler sich austauschen dürfen, bekommt nun jeder bzw. jede Einzelne Gelegenheit zum Nachdenken. So erhalten langsamere oder bedächtigere Schülerinnen und Schüler einen geschützten Raum, ihre Gedanken zu sammeln und zum Ergebnis beizutragen. Impulsive und oberflächlich denkende Schülerinnen und Schüler erwerben Selbstkontrolle und die Chance zum Überdenken ihres ersten Impulses. Die Maßnahme erhöht die Wahrscheinlichkeit, dass alle Schülerinnen und Schüler mit besseren und eigenen Beiträgen in den Austausch einsteigen. Pierre stellt fest, dass sich die Partnerarbeit tatsächlich qualitativ steigert.

M

Methode: Think-Pair (Square)-Share

Think: eine stille „Denkphase", bei der jede Schülerin bzw. jeder Schüler, ohne zu kommunizieren über eine Antwort nachdenkt. **Pair:** gegenseitiger Austausch mit dem Partner oder der Partnerin. **Square:** die Ergebnisse werden dem gegenübersitzenden Paar mitgeteilt. **Share:** Austausch mit der gesamten Lerngruppe.

Mit Think-Pair-Share und Numbered Heads hat er zwei Methoden eingesetzt, die man aus dem Kooperativen Lernen kennt.

3.3 Reisejournal 1 – Reflexion

Ende des Schuljahres. Zeit für einen Zwischenstopp, sich zu besinnen und neue Perspektiven zu entwickeln. Im letzten Schuljahr haben wir viel ausprobiert und der anfängliche Überschwang ist mehr als einmal durch die Realität in seine Grenzen verwiesen worden. Nicht alles klappte überall, vor allem nicht in der 6b, wie die Zeugniskonferenz zeigt. Nicht wenige von uns sind im Schulalltag auch wieder in alte Muster verfallen. Die Begeisterung für die Idee und die Methoden ist gedämpft. Wir sind frustriert.

Andererseits war aber auch nicht alles schlecht, einiges ist sogar besser geworden. Sollen wir da einfach so aufgeben? Unser Schulleiter wirbt für eine Fortbildung im kommenden Schuljahr, zu der er bis zu vier Kollegen schicken möchte: „Kooperatives Lernen – ein dreitägiges Training für Lehr- und Führungskräfte mit Norm und Kathy Green (Kanada)". Interessanterweise wird gefordert, dass mindestens ein Mitglied der Schulleitung zusätzlich an dem Training teilnimmt.

Mit Schulleiterinnen und Schulleitern zusammen eine Fortbildung machen? Der Gedanke ist doch recht befremdlich für viele und der Enthusiasmus bei den Kolleginnen und Kollegen hält sich in Grenzen. Und dann soll auch noch alles auf Englisch ablaufen? Verrückt müsste man sein! Margret, Delia, Pierre und ich sind verrückt und melden uns. Sollte Kooperatives Lernen uns unserem Ziel vielleicht näher bringen?

4 Lernwirksam unterrichten durch erfolgreiches Kooperatives Lernen

Wie der Streifzug durch wissenschaftliche Theorien und Modelle gezeigt hat, kann sich der Mensch als Gruppenwesen nur durch die Zugehörigkeit zu einer Gruppe zu einem selbstständig handelnden und denkenden Wesen entwickeln, indem er die zum Überleben in einer Gesellschaft notwendigen Fähigkeiten und Fertigkeiten im Zusammenspiel mit Anderen entwickelt. Kooperation bedeutet, dass Menschen zusammenarbeiten, um gemeinsam erfolgreich Ziele zu erreichen, die sie alleine nicht oder nur mit mehr Aufwand erreichen können (vgl. Johnson, Johnson & Holubec 2005).

Kooperation findet in allen Bereichen menschlichen Zusammenlebens und -arbeitens statt. Daher gibt es keinen Grund, sie ausgerechnet in der Schule nicht zu nutzen. Menschen, die kommunizieren, sind auf kognitiver, sozialer und emotionaler Ebene involviert und damit aktiv. Befriedigende Zusammenarbeit erfordert allerdings Haltungen und eine Vielzahl von Kompetenzen, die Kinder und Jugendliche in Familie und Schule erwerben müssen.

Das nachfolgende Kapitel stellt einige Forschungsbefunde zum Kooperativen Lernen und die Grundlagen des Kooperativen Lernens dar, zeigt auf, welchen Beitrag Kooperatives Lernen zu Classroom Management und kognitiver Aktivierung leistet und welche Bedeutung der Unterrichts- und Schulentwicklung in diesem Kontext zukommt.

4.1 Befunde aus der Forschung

Kooperatives Lernen ist international die am besten und meisten erforschte Unterrichtsform. Untersuchungen aus vielen Bereichen des Lernens haben positive Effekte gezeigt. Ergebnisse langjähriger Forschung, vornehmlich aus den USA, Kanada, Australien und Israel, zeigen, dass Kooperatives Lernen die *kognitive, emotionale* und *soziale* Entwicklung von Schülerinnen und Schülern fördern kann (vgl. Druyen, 2017). Doch auch in Deutschland wurden Nachweise zu Zusammenhängen zwischen Kooperativem Lernen und positiven Lernleistungen erbracht (vgl. Gut, Reinmann & Grob 2012; Jurkowski & Hänze 2011).

Meta-Analysen haben übereinstimmend ergeben, dass die Zusammenarbeit in Gruppen sich insgesamt positiv auf *Leistung und Produktivität* von

Lernenden, auf ihr *psychisches Wohlbefinden*, ihre Selbstwerteinschätzung und ihre *Einstellungen* zu Gruppenarbeit und Lernen auswirkt. Peer-Tutoring (vgl. Dansereau 1988) und reziprokes Lehren (vgl. Palincsar & Brown, 1984) unterstützen Leistungen. Schülerinnen und Schüler, die gerne lernen und sich beim Lernen wohlfühlen, sind motivierter (vgl. Schunk 1991) und eher bereit, unliebsame Aufgaben anzugehen.

Johnson, Johnson & Stanne (2000) stellten fest, dass beim Kooperativen Lernen viele Förderziele gebündelt und gleichzeitig angestrebt werden. Insbesondere in Lerngruppen mit heterogenen kognitiven Voraussetzungen hat Kooperatives Lernen dazu beigetragen, die **Leistungsmotivation** von *lernschwachen* Kindern positiv zu verändern (vgl. Saleh, Lazonder & de Jong 2005), die Ausdauer bei der Aufgabenbearbeitung zu erhöhen (Jordan & Le Métais 1997) und die Anzahl der bearbeiteten Aufgaben zu steigern.

Weitere Meta-Analysen zeigen, dass Kinder mit *schwachen Leistungen* besser in leistungsheterogenen Gruppen lernen (vgl. Gillies & Ashman 2004). Sie profitieren von kooperativen Verfahren am meisten in den Bereichen Mathematik, Naturwissenschaften (vgl. Shachar, 2004), aktive Mitarbeit im Unterricht (vgl. Shachar & Sharan 1994) und beim Gefühl von Akzeptiertsein und der Verbundenheit mit der Schule (vgl. Shachar 2004). *Leistungsstarke* Lernende können sowohl in leistungshomogenen als auch -heterogenen Gruppen lernen (vgl. Lou et al. 1996).

Aus dem Blickwinkel des Konstruktivismus betrachtet sind Kooperative Lernsettings dazu geeignet, Lernende bei der Konstruktion von Wissen zu unterstützen (vgl. Helmke 2006; Hattie 2012). Sie können sich gegenseitig anregen und durch unterschiedliche Perspektiven und Zugehensweisen zur Erkenntnisbildung beitragen (vgl. Ashman & Gillies 1997). Der Austausch mit anderen führt zu Wissenserwerb durch Beobachtung, Fragen und Dialog (vgl. Parry & Gregory 1998), Perspektiven der Einzelnen erweitern und vertiefen sich, neue oder bessere Lösungen werden geschaffen.

Aus der Sicht der **Kognitionstheorie** fördert Kooperatives Lernen Elaboration und Metakognition durch die Vermittlung von Wissen an Andere. Wissen wird kognitiv umstrukturiert und elaboriert verarbeitet (vgl. Renkl 1995), was zu besseren Behaltensleistungen führt (vgl. Slavin 1996).

4.2 Grundlagen des Kooperativen Lernens im Überblick

Ein bedeutendes Merkmal kooperativen Arbeitens in der Schule besteht darin, dass fachliches Lernen mit sozialem Lernen verbunden wird. Der Erwerb von sozialen Fertigkeiten wird in inhaltliche Kontexte integriert und nicht isoliert betrieben.

Zum Kooperativen Lernen gibt es eine Reihe von Ansätzen mit unterschiedlichen Schwerpunkten (vgl. Slavin 1995, Kagan 1994, Sharan 1980, Johnson & Johnson 1993, Gibbs 1995). Norm Green & Kathy Green (2005) und Barrie Bennett (2006) führen in ihren Ansätzen unterschiedliche Strömungen des Kooperativen Lernens zusammen. Ihr Modell umfasst *drei Dimensionen des Kooperativen Lernens:* die **sichere Lernumgebung** (vgl. Gibbs 1995), **Prozesse**, z.B. die *5 Grundprinzipien bzw. Basiselemente* mit den 9 Elementen der positiven Abhängigkeit (vgl. Johnson & Johnson 1993) und die jeweils im Unterricht eingesetzten **Methoden**, wie z.B. Think-Pair-Share oder Expertenpuzzle (vgl. Kagan 1994, Aronson & Patnoe 1997, Bellanca 1990, 1992, de Bono 1986).

Abbildung 1: Drei Dimensionen Kooperativen Lernens

Das sorgfältige Gestalten und Einüben **sozialen Miteinanders** ist die *Voraussetzung* für die Entwicklung von Fertigkeiten zum kritischen Denken in kooperativen Kontexten. Schülerinnen und Schüler erreichen höherrangige Lernziele nur, wenn sie sich in ihrer Lernumgebung sicher fühlen und Unterstützung erfahren. Sie entwickeln Vertrauen in Andere und sich selbst und können ihre Fähigkeiten angstfrei entwickeln. Die Zusammenarbeit mit Anderen stärkt die Teamfähigkeit der Einzelnen, wobei das *erfolgreiche Erstellen eines gemeinsamen Produkts* zum Gefühl der Zugehörigkeit und Leistungsfähigkeit der Einzelnen führt.

Die **5 Basiselemente** bilden die grundlegenden Strukturprinzipien des Kooperativen Lernens. Diese Elemente sind es, die Gruppen arbeitsfähig machen und gemeinsame Lernerfolge ermöglichen. Arbeit in Kleingruppen wird erst lernwirksam, wenn Lehrkräfte sich an diesen Elementen orientieren und sie umsetzen.

Die 5 Basiselemente des Kooperativen Lernens
- positive Abhängigkeit
- individuelle Verantwortungsübernahme
- Sozial- und Teamkompetenz
- direkte Interaktion
- Gruppenreflexion

Positive Abhängigkeit stellt gegenüber anderen Lernformen das Alleinstellungsmerkmal von Kooperativem Lernen dar und gilt daher als zentrales Prinzip (vgl. Johnson und Johnson 1995). Sie kann allerdings nur erreicht werden, wenn jedes Teammitglied **individuelle Verantwortung** für das eigene Lernen und das der Anderen übernimmt.

Individuelle Verantwortung
Jedes Teammitglied muss zum Zustandekommen des gemeinsamen Ergebnisses bzw. zur Zielerreichung beitragen.

Positive gegenseitige Abhängigkeit
Eine Gruppe erreicht nur dann ein Ziel, wenn alle Mitglieder dieser Gruppe das Ziel erfolgreich erreichen.

Positive (gegenseitige) Abhängigkeit kann durch 9 **Elemente** realisiert werden:
- **Ziel** – meist vorgegeben durch die Aufgabenstellung
- **Rollen** – Zuweisung von Aufgaben an einzelne Gruppenmitglieder (Zeitnehmer, Protokollant, Prozessbegleiter, kritischer Nachfrager etc.)
- **Material** – unterschiedliche Materialien für Teammitglieder
- **Umfeld** – Tischgruppen, Felder
- **Anreiz** – zu erwartende Konsequenzen bei erfolgreicher gemeinsamer Arbeit
- **Gruppenidentität** – gemeinsamer Name, Gruppenlogo oder -motto
- **Simulation** – fiktiven Szenarien, die Kooperation erfordern
- **Abfolge** – Abläufe beim praktischen Arbeiten / Experimentieren

- **Außenkraft** – Vergleich mit anderen Gruppen außerhalb der Lerngruppe, Wettbewerb

Kooperative Methoden dienen sowohl der Vermittlung von Lerninhalten als auch der Organisation sozialer Interaktion und damit der Schaffung einer sicheren Lernumgebung. Sie tragen durch ihre strukturierten Schritte zum Classroom Management bei. Viele kooperative Verfahren implizieren bereits Aspekte der 5 Basiselemente (vgl. Think-Pair-Share, Numbered Heads). Mithilfe der Verfahren können unterschiedliche Denkebenen (vgl. Bloom et al. 1971, Anderson & Krathwohl 2002) angesprochen werden.
Lehrkräfte können auf eine Vielzahl von Verfahren insbesondere aus dem englischsprachigen Raum zurückgreifen (vgl. Bennett 2006). Auch in Deutschland werden viele Methoden in Methodenkarteien oder Methodenbüchern publiziert. Eine Reihe von Methoden hat mittlerweile Eingang in Schulbücher gefunden.

Die Literatur zu Verfahren des Kooperativen Lernens teilt Bennett (2006) in drei Gruppen:

1. Methoden zur Gruppenbildung und Herstellung einer sicheren Lernumgebung (vgl. Gibbs 1995, zit. in Bennett 2006)
2. Methoden zur Organisation von Zusammenarbeit (vgl. Johnson & Johnson 1993, zit. in Bennett 2006)
3. Methoden (von wenig stark bis stark wirksam) zur Realisierung unterschiedlicher Lernebenen (vgl. Aronson & Patnoe 1997; Kagan 1994, zit. in Bennett 2006).

Verfahren aller drei Bereiche in sinnvoller Kombination tragen zum Gelingen von Gruppenarbeit bei. Ihre Anwendung bedarf allerdings der Übung und der Schaffung von Rahmenbedingungen, wenn sie tatsächlich lernwirksam werden sollen.

4.3 Kooperatives Lernen und lernwirksamer Unterricht

Die drei Dimensionen des Kooperativen Lernens zeigen Parallelen zu den drei *Basisdimensionen der Unterrichtsqualität* (vgl. Kapitel 2). Beide Modelle stellen die Bedeutung eines positiven Unterrichtsklimas heraus. Die Prozesse zur Gestaltung von effektiver Gruppenarbeit korrespondieren mit Aspekten effektiver Klassenführung und Unterrichtsgestaltung. Die Autoren beider Modelle weisen ausdrücklich darauf hin, dass kognitive Aktivierung erst dann stattfinden kann, wenn die anderen Dimensionen beachtet und realisiert werden.

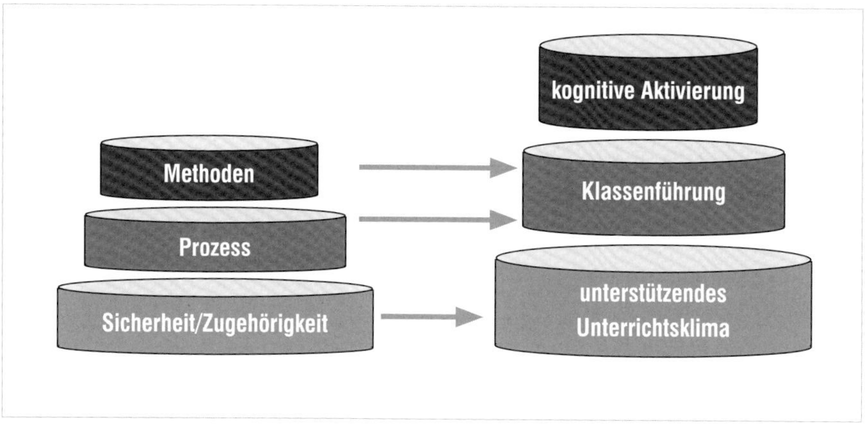

Abbildung 2: Kooperatives Lernen und kognitive Aktivierung

Leider glauben viele, dass der Einsatz von kooperativen Methoden bereits Kooperatives Lernen sei. Sie ignorieren dabei die notwendigen Prozesse und die sichere Lernumgebung. Methoden werden schnell wahllos, wenig überlegt und ungeübt eingesetzt. Es wird übersehen, dass Lernende entsprechende soziale und kommunikative Fertigkeiten benötigen und vertieftes Denken durch Austausch erst dann erreicht werden kann, wenn diese nebst Fertigkeiten zum kritischen Denken eingeübt wurden.

Die Lernwirksamkeit einer Vielzahl von kooperativen Methoden und Lernstrategien wurde untersucht (vgl. Johnson & Johnson 2008, Hattie 2012) und bestätigt. Als besonders wirksam wird z. B. das *Expertenpuzzle* (Lazarowitz 1985, 1991) herausgestellt. Es zeigt sich jedoch in der Praxis, dass die positiven Ergebnisse aus *kontrollierten* Untersuchungssituationen bei einem eher zufälligen und wenig reflektierten Einsatz von Methoden nicht repliziert werden können.

Da viele Methoden auf den ersten Blick einfach handhabbar scheinen, greifen Lehrkräfte gerne zu dem einen oder anderen Verfahren, um ein wenig Abwechslung in ihren Unterricht zu bringen. Lehrkräfte, die mit Kooperativem Lernen ihren Unterricht dauerhaft verbessern wollen, müssen sich jedoch auf einen längeren Lernprozess für sich selbst und ihre Lernenden einstellen. Johnson & Johnson (1998) setzen acht Jahre bei kontinuierlich begleitender Fortbildung dafür an, bis Lehrkräfte Kooperatives Lernen sicher und damit auch lernwirksam einsetzen können. Es gibt keine Abkürzungen auf dem Weg zur *kompetenten* Nutzung. Kooperatives Lernen verwenden heißt auch, eine veränderte Haltung zu Lernenden und Lernprozessen einzunehmen. Es geht darum, Vertrauen zu entwickeln, dass Schülerinnen und Schüler selbsttätig mit- und voneinander lernen können.

Vor dem Hintergrund eines humanistischen Menschenbildes vom selbstbestimmten Individuum, das eigenverantwortlich unter Berücksichtigung seiner sozialen Verantwortung handelt, wird individuelles Lernen durch gemeinsames Lernen gefördert und gefordert.

4.4 Kooperatives Lernen und individuelle Förderung

Im Zuge der Umsetzung von individueller Förderung ist immer wieder zu beobachten, dass kooperative Lernformen in den Hintergrund treten. Individuelle Förderung ist jedoch nicht gleichzusetzen mit „alleine arbeiten". Es bedeutet, dass jede Person die Unterstützung erfährt, die sie zur Entfaltung ihrer Fähigkeiten und Persönlichkeit braucht. Diese Unterstützung kann durch Lehrkräfte, Materialien oder auch Mitschülerinnen und -schüler erfolgen. Gerade das Peerlearning hat sich als besonders wirksam in dieser Hinsicht erwiesen (vgl. Renkl 1997, Hattie 2012). Durch das Lernen mit Anderen bekommen Schülerinnen und Schüler Anregungen und Rückmeldungen, die ihr individuelles Lernen voranbringen. Voraussetzung ist allerdings, dass Lehrkräfte kooperative Lernprozesse überlegt einsetzen und somit die Kraft von Kooperation nutzen.

Individuelle Förderung gilt für alle Schülerinnen und Schüler gleichermaßen. Das ideale Ergebnis von Erziehung ist der selbstbewusste und selbsttätige Mensch, der seine Fähigkeiten konstruktiv in die Gesellschaft einbringen kann und die Mechanismen und Spielregeln der Demokratie beherrscht. Kompetenzen zum kritischen Denken, zu Diskursfähigkeit und sozialem Handeln und Eigenschaften, wie Respekt vor dem Anderen, Frustrationstoleranz und Offenheit für Andersartigkeit, müssen Lernende allerdings erst erwerben. Im Idealfall lernen sie dies im täglichen Miteinander und durch Modelle in ihrem schulischen Umfeld. Auf diesem Weg erlangen sie das Gefühl der Einbezogenheit und Mitverantwortung.

Zu selbstständigem Handeln gehört die Fähigkeit zur *Selbstregulation*. Über strukturierte Anleitung der Zusammenarbeit im Unterrichtsgeschehen werden Lernende *allmählich* an selbstreguliertes Lernen herangeführt. Die Lernenden unterstützen sich nicht nur gegenseitig beim Auffinden von Lösungen, sondern können in kooperativen Zusammenhängen ihre Lernprozesse auch gemeinsam überwachen, bewerten und reflektieren. Insbesondere impulsive Kinder können über Vorbilder lernen, ihr Verhalten zu steuern. Auf diesem Weg erreichen Schülerinnen und Schüler bessere Lernergebnisse und erwerben notwendige Kompetenzen zur Selbstregulation (Spörer et al. 2008).

5 Ein Silberstreifen am Horizont

Das neue Schuljahr hat begonnen. Die Fortbildung mit Norm und Kathy Green zum Kooperativen Lernen hat stattgefunden. Es war ein großartiges Erlebnis und wir sind wieder einmal motiviert und voller Optimismus, das Gelernte sofort anwenden zu können. Unser kleines Team ist durch Thomas (Geschichte, Sozialwissenschaften und Religion) ergänzt worden. Er ist zu unserer Schule gewechselt. Wir haben ihn bereits in der Fortbildung kennen gelernt.
An einem Nachmittag bringen wir gemeinsam unsere Mitstreiter auf Stand. Drei weitere Kollegen haben sich spontan angeschlossen, weil sie aufgrund unserer Gespräche im Lehrerzimmer neugierig geworden sind. Wir hatten uns nämlich angewöhnt, in Anwesenheit anderer Kollegen nur noch über Momente des Gelingens zu reden, anstatt zu klagen. Das war anfangs ziemlich schwierig, denn wir hatten uns jahrelang nur beklagt.
Besonders wichtig erscheint uns bei unserem Austausch der Blick auf die Umsetzung der fünf Basiselemente und wir setzen dort an. Wir überlegen an diesem Nachmittag gemeinsam, wie man die Basiselemente im Unterricht realisieren kann.

5.1 Basiselemente für die Reise

Vor dem Hintergrund der Erfahrungen mit meiner Klasse beginne ich beim Einüben von Gruppenarbeit mit der Übernahme von individueller Verantwortung. Diese Leistung muss jeder Schüler grundsätzlich in allen Unterrichtsformen erbringen. Durch den konsequenten Einsatz von **Think-Pair-Share** möchte ich erreichen, dass meine Schülerinnen und Schüler lernen, dass zu ihrer individuellen Verantwortung auch die Übernahme **sozialer** Verantwortung gehört.

B

Umsetzungsbeispiel

Vorbereitung einer Klassenfeier: Partner-Place-Mat

Da wir nun schon eine Weile Think-Pair-Share in Form von mündlichem Austausch machen, beschließe ich, das Partner-Place-Mat, eine visualisierte Form von Think-Pair-Share, einzusetzen. Damit beginne ich, als die Planung einer Klassenfeier ansteht. Zu diesem Thema wird jeder Schüler einen Beitrag leisten können, d. h. die Aufgabe wird niemanden überfordern, so dass die präzise Durchführung der Methode im Vordergrund stehen kann. Ich sage also den Schülerinnen und Schülern, dass wir die Klassenfeier planen wollen und dass wir zur Vorbereitung eine neue Methode benutzen wollen, die allen die Gelegenheit geben wird, ihre Ideen aufzuschreiben und mit Ideen ihrer Partnerin/ihres Partners zu vergleichen. Damit die Schülerinnen und Schüler genau wissen, was sie tun sollen, projiziere ich die Aufgabenstellung an die Wand. Da sich alle auf die Klassenfeier freuen, lassen sie sich schnell auf die Methode ein. Durch T-P-S sind sie schon in die grundlegende Vorgehensweise eingeübt. Neu sind lediglich die Verschriftlichung und der „stumme“ Austausch, bevor sie miteinander reden dürfen.

Da es das erste Mal ist, dass wir das Partner-Place-Mat benutzen, demonstriere ich die Anfertigung für alle an der Tafel. Damit die Schülerinnen und Schüler die vorgegebenen Zeiten einhalten, werde ich sie vorgeben.

Pair Share – Partner-Place-Mat

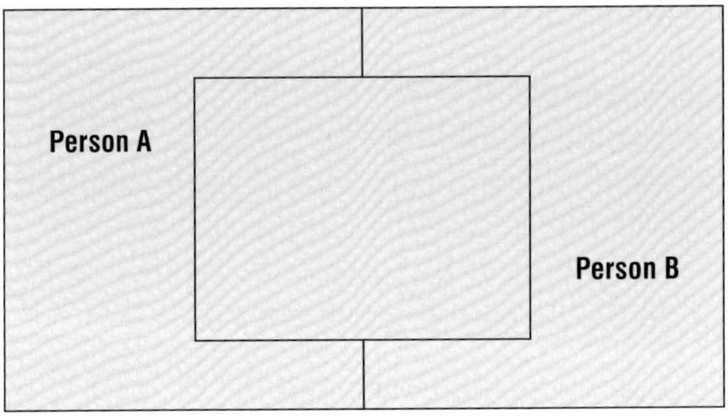

Abbildung 3: Vorlage für das Format eines Partner-Place-Mats

Aufgabe

Vorbereitung: 3 Minuten
Partner A holt ein leeres Blatt (DIN A3).
Partner B zeichnet das Place Mat. Achte darauf, dass das Feld in der Mitte so groß wie ein DIN-A4-Blatt ist.

Arbeitsphase: 17 Minuten

Bearbeitet bitte alleine die Aufgabe: Schreibt eure Ideen in euren Teil des Place Mats.
4 Minuten
Dreht nun das Place Mat so, dass ihr die Antwort eures Partners lesen könnt. **3 Minuten**
Tauscht euch jetzt über eure Ideen aus und einigt euch auf die vier besten. Überlegt bitte auch, *warum* ihr diese Ideen für besonders gut haltet. **10 Minuten**
Jeder von euch muss das Ergebnis **vorstellen** können. Ich werde bestimmen, wer das Ergebnis vortragen wird.

Wenn die Schülerinnen und Schüler ihre Ideen oder Ergebnisse in ihre Ecken schreiben, wird individuelle Verantwortungsübernahme für mich als Lehrkraft und für den Arbeitspartner sichtbar.

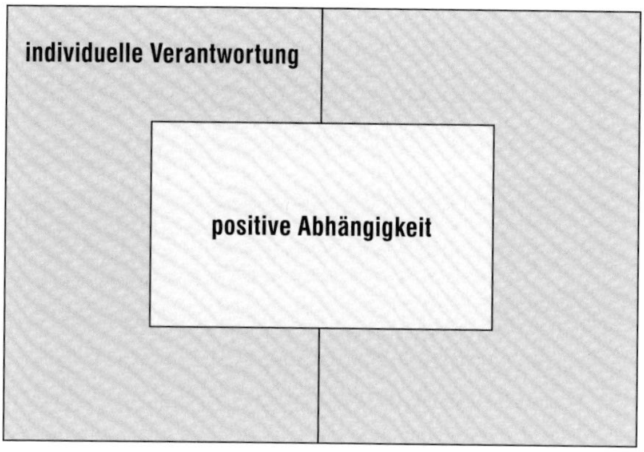

Abbildung 4: Realisierung der Basiselemente im Partner-Place-Mat

Sobald die Paare ein *gemeinsames* Ergebnis in der Mitte festhalten, fließen im Idealfall Gedanken von beiden ein. Da die Schülerinnen und Schüler nicht wissen, wer das Ergebnis vorstellen wird, müssen beide verstehen und vertreten, was in der Mitte steht. Sie müssen sich also gegenseitig helfen, das gemeinsame Ergebnis zu verstehen und darzustellen **(soziale Verantwortung)**. Je komplexer die Anforderung für die Mitte ist, desto mehr müssen sie kooperieren. Die Präsentation des *gemeinsamen* Ergebnisses beinhaltet **positive Abhängigkeit**, denn beide müssen das gemeinsam erzielte Ergebnis vertreten können.

B

Umsetzungsbeispiel

Pädagogik: Place Mat

In meinem Pädagogikkurs benutze ich das Place Mat, um Definitionen erarbeiten zu lassen. Die Schülerinnen arbeiten hier zu viert. Entsprechend wird das Place Mat angepasst.

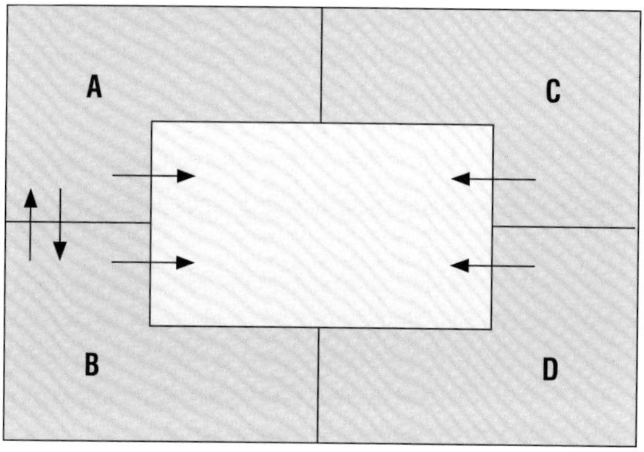

Abbildung 5: Interaktionsschema der Gruppenmitglieder beim Place Mat für Vierergruppen

Aufgabe

Seht euch die Beispiele an und notiert in eurer Ecke des Place Mats, welche Merkmale für Lernen ihr identifizieren könnt. Arbeitet bitte alleine. **8 Minuten**
Tauscht euch mit euren Schulterpartnern aus. Einigt euch auf max. 4 wichtige Merkmale. Überlegt auch, weshalb ihr sie für besonders wichtig haltet. **5 Minuten**
Partnerin A stellt jetzt das Ergebnis eurer gemeinsamen Arbeit Partnerin C vor, Partnerin B stellt es Partnerin D vor. **2 Minuten**
Jetzt stellen Partnerin C und D ihr Ergebnis jeweils Partnerin A oder B vor. **2 Minuten**
Erstellt in der Mitte eine Definition von Lernen, indem ihr die Merkmale, die ihr identifiziert habt, verwertet. Überlegt auch, welche Funktion Lernen hat, und arbeitet diese Überlegung in die Definition ein. **10 Minuten**

Dadurch, dass die Schülerinnen beim Paaraustausch Merkmale reduzieren und sich **einigen** müssen, versuche ich zu verhindern, dass sie sich die Merkmale nur vorlesen und unreflektiert aneinanderreihen. Im Sinne von kognitiver Herausforderung durch Steigerung der Anforderungen ist es mir wichtig, dass die Aufgabe für die Mitte eine neue Herausforderung darstellt.
Während die Aufgabe für die Ecken eine Analyseaufgabe ist, sind die Anforderungen des Abgleichs, der Auswahl und des Erstellens einer Definition anspruchsvoller (Bewertung und Synthese). Während die Schülerinnen arbeiten, kann ich beobachten, dass sich fast alle an der Arbeit beteiligen. Wie der Abgleich mit wissenschaftlichen Definitionen zeigt, sind die Ergebnisse erstaunlich gut.

Kollege Stefan ist nicht zufrieden mit der Place-Mat-Methode. Er hat festgestellt, dass häufig nur die Ergebnisse eines leistungsstarken oder dominanten Teammitglieds in der Mitte stehen und von dem schwächeren nur „nachgeplappert" werden. „Woher weiß ich, dass Laura überhaupt mitgemacht hat? Ist doch klar, dass Leon sich gerne an Alexander dranhängt, und Erhan kann seine Ideen sprachlich nicht richtig vermitteln. Dennis und Miro bringen gar nichts in die Mitte und sie reden auch nicht miteinander, wobei Dennis auch noch alle, die um ihn herum sind, stört."
Mit solchen Beobachtungen steht Stefan nicht alleine. Bei unserem Treffen berichten Gaby, Margret und Delia von ähnlichen Vorfällen. Hatte ich mich also getäuscht? Wir sehen uns die Beispiele also einmal genauer an.
Laura ist eine zurückhaltende Schülerin, die sich selten in den Unterricht einbringt, aber ordentliche schriftliche Leistungen zeigt. Sie arbeitet mit drei Schülern zusammen, die schnell die Führung übernehmen. Stefan wird daher in Zukunft die Namen der Gruppenmitglieder in die Ecken schreiben lassen, die Place Mats einsammeln und sich zu Hause ansehen. Auf diese Weise kann er besser nachvollziehen, welche Ideen von Laura in der Mitte angekommen sind, und gegebenenfalls ein Gespräch mit den Arbeitspartnern füh-

ren, um herauszufinden, weshalb Lauras Ideen nicht genommen wurden und wie die Gruppe das ändern kann. Vielleicht muss er die Gruppe auch entsprechend umbesetzen. Leon lässt gerne andere für sich arbeiten. Stefan beschließt, ihn in den Stunden besser zu beobachten, seine Ergebnisse genauer anzusehen und dann ein Gespräch mit ihm zu führen. Erhan ist wegen seiner Sprachprobleme schwach in Deutsch und wir schlagen Stefan vor, sich vorerst damit zufriedenzugeben, wenn Erhan hin und wieder die Gedanken von Mark *sachlich* richtig wiedergeben kann. Er braucht Zeit und Ermutigung. Mark bekommt den Auftrag, Erhan beim Verstehen von Aufgaben oder Ergebnissen zu helfen.
Ali stört in *allen* Stunden und hält seine Mitschüler von der Arbeit ab, Miro ist Autist. Ein unglücklich zusammengesetztes Paar, aber so kommt es manchmal. Wir raten Stefan, beide eine Weile alleine arbeiten zu lassen. Miro wird durch Partnerarbeit überfordert. Er ist glücklich, alleine zu arbeiten. Ali arbeitet am Lehrerpult mit dem Rücken zur Lerngruppe. Da die anderen arbeiten, kann Stefan ihn anhalten, bei der Sache zu bleiben. Stefan wird aber darauf achten, dass beide nicht über eine lange Zeit isoliert bleiben, sondern immer wieder das Angebot bekommen, mit anderen zu arbeiten.

Mit dem Place Mat können wir noch zwei weitere Basiselemente einüben: die **direkte Interaktion** und die Ausbildung von **Sozial- und Teamkompetenz**.

Sozial- und Teamkompetenz
Interaktionsfertigkeiten ermöglichen dem Menschen in Gruppen effektiv zu funktionieren (z. B. sich abwechseln, ermutigen, zuhören, Hilfestellung geben, etwas klären, Verstehen checken, prüfen). Solche Fertigkeiten verstärken Kommunikation, Vertrauen, Leitungsfunktion, Entscheidungssicherheit und Konfliktmanagement. Teams funktionieren nur effektiv, wenn die Mitglieder Sozial- und Teamkompetenzen haben und anwenden, was Leitungsfunktion, Entscheidungen treffen, Vertrauensbildung, Kommunikation und Konfliktmanagement beinhaltet (vgl. Green & Green 2005, S. 76).

Direkte Interaktion
Die Gruppenmitglieder sind sich räumlich nahe und kommunizieren miteinander auf eine Weise, die kontinuierlichen Fortschritt fördert. Außergewöhnliche Leistungen können erzielt werden, wenn Teammitglieder regelmäßig interagieren und persönlich in der Aufgabe und miteinander engagiert sind (vgl. Green & Green 2005, S. 76).

Das Place Mat verbindet die Arbeitspartnerinnen und -partner durch die grafische Vorgabe. Sie kommunizieren auf engstem Raum miteinander und müssen sich auf die Arbeit mit dem Partner/der Partnerin konzentrieren.

Für manche Schülerinnen und Schüler ist es schwierig, Nähe auszuhalten und beim Lesen der Ergebnisse des Partners/der Partnerin und bei der Zusammenarbeit für das Ergebnis in der Mitte respektvoll miteinander umzugehen. Manche zerren am Blatt, um es auf ihre Seite zu ziehen, Andere kritisieren die Schrift oder Ideen ihrer Partnerin/ihres Partners wenig zurückhaltend, in der Austauschphase wird es immer laut. Ein Anzeichen dafür, dass auch an ihren sozialen Kompetenzen noch zu arbeiten ist.

B

Umsetzungsbeispiel

Biologie: Rollen

Delia beobachtet in der 8a, dass es durchaus Schülerinnen und Schüler gibt, die Verantwortung für den Prozess und das Ergebnis der Zusammenarbeit übernehmen, während Andere sich immer wieder entziehen. Das möchte sie ändern. Beim Durchführen von Experimenten im Biologieunterricht hat sie festgestellt, dass immer dieselben Schülerinnen und Schüler die Ergebnisse protokollieren, sich um die Beschaffung und Rückgabe von Material kümmern und auf den korrekten Ablauf achten. Viele Gruppen brauchen zu lange, weil sie sich verzetteln oder streiten. Um die individuelle Verantwortungsübernahme zu intensivieren, vergibt sie Rollen. Nur wenn alle ihre Rolle ausfüllen, kann ein gemeinsames Ziel auch gemeinsam erreicht werden. Rollen können der Arbeitsorganisation dienen oder andere Funktionen übernehmen.

Funktionen von Rollen

- Inhalt (z. B. Rechtschreibdetektiv)
- Prozess (z. B. Zeitnehmer)
- sozial (z. B. Ermutiger)
- funktional (z. B. Kritiker)

Als Erstes bespricht sie mit den Schülerinnen und Schülern, worauf man bei der Durchführung von Experimenten achten muss. Die Schülerinnen und Schüler erkennen, dass jemand auf die Sicherheit und korrekte Durchführung achten muss. Gemeinsam stellen sie zusammen, was der Sicherheitsbeauftragte tun muss. Sie erinnern sich, dass das Ergebnis festgehalten werden muss. Es wird festgelegt, was der Protokollant tun muss. Das Problem mit der Arbeitszeit soll fortan ein Zeitnehmer lösen, der auch die einzelnen Phasen der Arbeit im Blick behalten muss, und es wird genau besprochen, welche Aufgaben der Materialwart hat. Delia weist jedem Mitglied der Gruppen Buchstaben A, B, C, D zu (vgl. Kapitel 3) und schreibt neben die Buchstaben die Rollen. So weist sie den Schülerinnen und Schülern per Zufall Rollen zu. Bei jedem neuen Experiment verändert sie die Zuordnungen, so dass im Laufe der Zeit alle Schülerinnen und Schüler jede Rolle ausgeübt haben. Es wird noch ausdrücklich festgehalten, dass alle neben dem Ausführen der Rollen auch inhaltlich mitarbeiten müssen. Delia sieht am Ende der Arbeit auch Zeit vor, mit den Schülerinnen und Schülern zu besprechen, wie die Zusammenarbeit funktioniert hat.

Gruppenreflexion
Die Gruppenmitglieder bewerten ihre gemeinsamen Anstrengungen und streben Verbesserungen an. Effektive Teams brauchen ausreichend Zeit, um ihre Leistungen zu reflektieren und festzustellen, ob die Teammitglieder effektive, arbeitsfördernde Beziehungen unterhalten (Green & Green 2005).

Damit ihre Schülerinnen und Schüler verstehen, welche Funktion die Vergabe von Rollen hat, bittet Delia sie, darüber nachzudenken, welchen Vorteil die Zuweisung der Rollen hat und wie sie ihre Rollen wahrgenommen haben. Hilfreich ist dabei die Karte mit der Rollenbeschreibung, die Delia hat anfertigen lassen. Die Schülerinnen und Schüler haben auf diese Weise Kriterien, an denen sie messen können, wie gut die Einzelnen ihre Rolle erfüllt haben. Wichtig ist auch, dass die Schülerinnen und Schüler Ideen formulieren, wie sie die Zusammenarbeit verbessern können.
Das fünfte Basiselement, die Gruppenreflexion, vergessen oder übergehen wir im Alltagsgeschehen leider zu oft. Dabei ist sie wichtig, denn sie verdeutlicht den Schülerinnen und Schülern den Wert von guter Zusammenarbeit und gibt ihnen auch Feedback zu ihrem eigenen Beitrag zum Ergebnis.
Als Delia darüber im Lehrerzimmer berichtet, merkt ein Kollege spöttisch an, dass ihm die Unterrichtszeit für einen solchen Unfug zu schade sei. Delia hält dagegen, dass sie mittlerweile entspannter mit den Schülerinnen und Schülern arbeiten kann und auch Zeit gewonnen hat, weil alle Schülerinnen und Schüler der 8a wissen, was zu tun ist, und es auch tun, weil sie wissen, welchen Vorteil es ihnen bietet.
Pierre beschließt, Delias System für den Sportunterricht in der 8a zu übernehmen – natürlich mit anderen Rollen. Ich finde, dass die Vergabe von Rollen auch die Partnerarbeit in der 7b voranbringen könnte. Wir sind uns einig, dass Rollen helfen, Arbeitsvorgänge zu organisieren, und uns dadurch entlasten. Außerdem können so auch Kompetenzen von Schülerinnen und Schülern gezielt genutzt oder gefördert werden.

5.2 Reisejournal 2 – Reflexion

Bei einem unserer monatlichen Treffen stellen wir fest, dass das Herstellen der positiven Abhängigkeit und der individuellen Verantwortung trotz all unserer Bemühungen gar nicht so einfach ist. Daran werden wir wohl noch eine Weile arbeiten müssen. Manchmal vergessen wir die Vergabe von Rollen. Nicht selten greifen wir zu Methoden, die zu komplex für ungeübte Schülerinnen und Schüler sind. Kollege Stefan ist erneut unzufrieden. „Immer nur diese simplen Methoden, das ist doch langweilig. Es gibt da doch so spannende Methoden. Warum klappt das denn bei mir nicht?“ Er will mehr und schneller zum Ziel kommen, ist jedoch in der 9c kläglich am Expertenpuzzle gescheitert. Eine Erfahrung, die leider viele Lehrkräfte machen. Wir erinnern Stefan an Norm Greens Worte: **THINK BIG, start small.** Was und wem helfen spannende Methoden, wenn sie im Chaos enden? Wir kommen zu der Einsicht, dass wir über unseren Eifer, die 5 Basiselemente zu realisieren, eine andere wichtige Bedingung übersehen haben: die sichere Lernumgebung.

Unsere Schülerinnen und Schüler arbeiten zwar zusammen, aber nur, weil wir es wollen und durchsetzen, nicht weil sie einander vertrauen oder gerne miteinander arbeiten. Manche von ihnen teilen untereinander gar die Vermutung, dass wir alle eine Fortbildung besucht haben und sie nun die „Meerschweinchen“ sind. Viele gehen – nicht anders als unsere Kollegen – davon aus, dass sich das wieder legen wird. Wir wollen aber nicht, dass sich das legt. Wir wollen eine bessere Lernumwelt für unsere Schülerinnen und Schüler schaffen! Wir machen uns also daran, die Bedeutung und Herstellung einer sicheren Lernumgebung noch einmal genauer zu betrachten.

6 Sicherheit und Selbstwirksamkeit – die Grundlage für aktives Lernen

Die Gehirnforschung hat gezeigt, dass unser Gehirn vorrangig emotional und damit in weiten Teilen unbewusst reagiert. Emotionen lenken unser Verhalten insbesondere in sozialen Situationen. Die emotionalen und unbewussten Gehirnstrukturen arbeiten sehr schnell, da sie nicht zuletzt für unser Überleben zuständig sind. Bewusstseinsfähige, rationale Prozesse erfolgen erheblich langsamer und werden nicht selten durch die Reaktionen der unbewussten Strukturen überrollt oder blockiert (vgl. Damasio 2004, Spitzer 2006).

Die Berücksichtigung emotionaler Faktoren spielt eine große Rolle auf dem Weg zur Entwicklung einer sozialfähigen und autonomen Persönlichkeit. Menschen müssen sich in einer Gruppe sicher und angenommen *fühlen*, um Neues zu lernen und zu wagen. Aus der Gehirnforschung wissen wir auch, dass eine Person, die Angst vor Bloßstellung oder Ausgrenzung hat, keinen Zugang zu komplexem Denken bekommt. Sie reagiert mit Flucht, Angriff oder Erstarren. Lernen bedeutet immer, sich auf Neues einzulassen. Nur Personen, die keine Angst vor Neuem und Ungewissem haben und Vertrauen in sich und Andere entwickeln, sind in der Lage, effektiv auf ihr geistiges Potenzial zuzugreifen und sich zu selbstständig denkenden und handelnden Menschen zu entwickeln.

In diesem Kapitel geht es daher um die Bedeutung von Sicherheit und Zugehörigkeit und um Bedingungen zur Entwicklung von Selbstwirksamkeit.

6.1 Zugehörigkeit und Sicherheit durch Beziehung

Tiefenpsychologische Theorien (vgl. Adler 1974, Bowlby 1980, Dreikurs 2013) sehen die soziale Eingebundenheit des Menschen als Basis für sein seelisches und geistiges Wachstum an. Adler, der Begründer der Individualpsychologie, sieht den Menschen als soziales Wesen mit einem angeborenen Gemeinschaftsgefühl.

Triebfeder des psychischen und kognitiven Wachstums ist das Gefühl der Minderwertigkeit, des Nicht-Könnens. Der Mensch besitzt nur wenige angeborene Fähigkeiten, wird jedoch in eine Gemeinschaft hineingeboren, in der Andere bereits über viele Fähigkeiten verfügen. Aus dem Gefühl der Minderwertigkeit heraus strebt der Mensch nach Kompetenz, die ihm Sicherheit gibt und letztendlich Autonomie verleiht. Die Lösungen, die er hierzu findet, prägen seinen Lebensstil, sein Vorgehen beim Lösen von Problemen und seine soziale Interaktion. Das von der Person wahrgenommene Minderwertigkeitsgefühl ist entweder faktisch gegeben oder wird nur subjektiv als solches empfunden, wobei das subjektive Empfinden durch die Reaktionen der Umwelt, von der Art und Weise, wie ein Mensch von seinen Bezugspersonen akzeptiert und ermutigt wird, beeinflusst wird. Positive Interaktion mit Anderen kann den Einzelnen helfen, die erlebte Minderwertigkeit zu überwinden.

Interessanterweise finden sich diese Vorstellungen auch in anderen Kulturkreisen, wie diese Geschichte eines Mitglieds der Navajo in den USA verdeutlicht:

> „Mein Vater gab mir mein erstes Pferd und meine erste Reitstunde. Das Pferd war sehr zahm und ich war so klein, dass er mich auf dem Rücken des Pferdes festband. Nach einiger Zeit saß ich schon ohne Hilfe auf dem Pferd und dann ritt ich an der Seite meines Vaters. Das war ein echter Erfolg, denn ich war tatsächlich sehr klein. *Standing Bear.*"
>
> (Brendtro, Brokenleg & van Bockern 1995, S. 49)

Der Vater hat seinen kleinen Sohn auf dem großen Pferd festgebunden. Damit hat er dem Kind Sicherheit gegeben. Durch den Halt, den der Sohn dadurch erlangte, wurde er vertrauter mit der Gangart des Tieres, lernte, wie er sich mit und auf dem Tier bewegen musste. Er erwarb Zutrauen in das Tier und seine eigenen Fähigkeiten. Vermutlich hat der Vater den Sohn beim Reiten beobachtet und im Laufe der Zeit den Halt entsprechend der wachsenden Fähigkeiten seines Sohnes zurückgenommen, indem er das Seil lockerte, bis zu dem Moment, in dem er es vollständig löste, weil der Sohn das Reiten nun beherrschte. Standing Bear hatte eine für das Leben in seiner Gesellschaft notwendige Kompetenz erworben. Ohne Hilfe neben dem Vater zu reiten, gab dem Sohn das Gefühl von Erfolg und Unabhängigkeit. Der Vater hatte durch seine Maßnahmen erreicht, dass der Sohn in seinen Kompetenzen wachsen konnte und Selbstwirksamkeit erlebte, indem er drei menschliche Grundbedürfnisse des Menschen berücksichtigte: *Zugehörigkeit, Kompetenz, Unabhängigkeit.*

Die Geschichte spiegelt das Wertemodell vieler indigener Gemeinschaften in Nordamerika wider. Der sogenannte **Circle of Courage** stellt das Wertesystem einer Gemeinschaft dar und bildet gleichzeitig ein ressourcenorientiertes Entwicklungsmodell für Kinder und Jugendliche. Das Modell stützt sich auf die Annahme, dass die emotionale oder auch psychische Gesundheit der Individuen die Basis für ein soziales Miteinander in einer Gesellschaft bzw. Gemeinschaft und die Entwicklung von Werten darstellt.

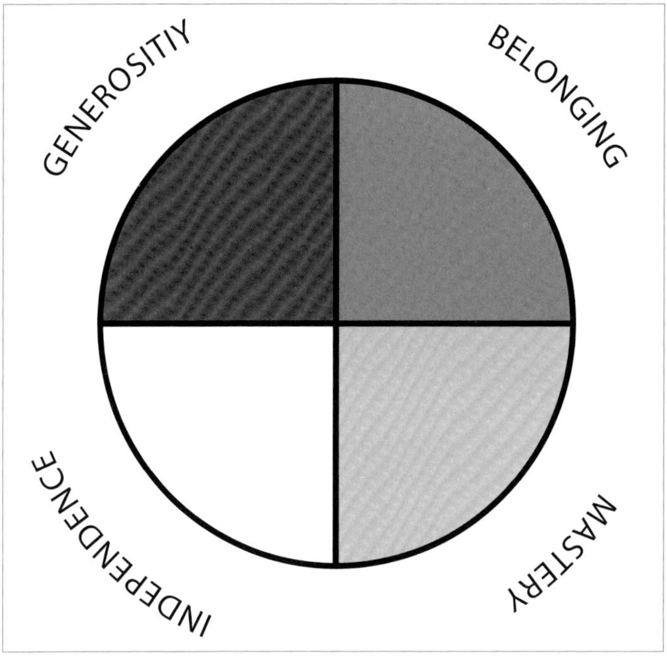

Abbildung 6: Circle of Corage (vgl. Brentro, Brokenleg & van Bockern 1995)

Zusätzlich zu den Aspekten Zugehörigkeit, Kompetenz, Unabhängigkeit sieht man in diesem Modell einen vierten Faktor: *Generosity*. Generosity bedeutet „Großzügigkeit", „Freigiebigkeit". Es geht darum, dass die Mitglieder dieser Gemeinschaften Anderen, die Hilfe benötigen, zur Seite stehen, ohne an ihren eigenen Vorteil zu denken. Es ist der Aspekt der sozialen Verantwortung. Wettstreit dient dem Abgleich von Kompetenzen und der Verbesserung der eigenen Fähigkeiten zum Wohl der Gemeinschaft. Der Blick geht vom Ich zum Du. Die Entwicklung von Hilfsbereitschaft setzt ihrerseits voraus, dass die Gemeinschaft dem Einzelnen das Vertrauen schenkt, dieser Aufgabe gewachsen zu sein. Großzügigkeit kann sich optimalerweise dann bilden, wenn diese selbst erfahren wurde. Eine gesunde Entwicklung der Einzelnen ist nur dann gegeben, wenn alle vier Werte in der Balance sind.

In ihrem Buch „Reclaiming Youth at Risk – Our Hope for the Future" (Brendtro, Brokenleg & van Bockern 1995) befassen sich die Autoren mit der Problematik straffälliger Jugendlicher in Reservaten. Sie zeigen auf, dass diese Jugendlichen wieder in ihre Gesellschaft integriert werden konnten, sobald alle vier Bedürfnisse befriedigt waren. Ursache ihrer Probleme war in der Regel die Tatsache, dass sie in zwei unterschiedlichen Kulturkreisen mit unterschiedlichen, sich z.T. widersprechenden Wertesystemen aufwuchsen. Eine Situation, wie wir sie auch bei Kindern und Jugendlichen in unserer Gesellschaft vorfinden.

Wenn Menschen also keinen Anschluss mehr an ihre Gemeinschaft finden, kann es zu antisozialen Verhaltensweisen, wie Gewalt oder Isolation, kommen. In der Schule erleben Lehrkräfte das dann z.B. in Form von Unterrichtsstörungen oder Arbeitsverweigerung. Kinder, deren Bedürfnis nach Zugehörigkeit und Kompetenzgewinn nicht befriedigt wird, die sich ausgegrenzt, nicht erwünscht oder inkompetent fühlen, streben nach „künstlicher" Zugehörigkeit und nutzen ihre oft unerwünschten Kompetenzen. Sie stören und verbünden sich mit anderen Nicht-Zugehörigen. Lernen bedeutet, sich auf Neues, also Unbekanntes, einzulassen. Das alleine trägt schon zu Verunsicherung bei. Geschieht das dann auch noch in einer Umgebung, in der sich der Einzelne unwohl, bedroht oder unfähig fühlt, kommen keine positiven Lernprozesse zustande. Gelernt wird allenfalls Abwehr- oder Rückzugsverhalten.

Durch das sorgfältige Anleiten und Einüben von sozialer Interaktion in Lerngruppen können Lehrkräfte dafür sorgen, dass insbesondere schwache Kinder so gestärkt werden, dass sie einen sicheren Platz in der Gemeinschaft finden. Durch das Herstellen von positiven Beziehungen wird der Weg für die Arbeit an Sachthemen frei. Wenn Schülerinnen und Schüler lernen, sich gegenseitig zu unterstützen, entlastet das die Lehrkräfte. Zeit, die auf das Einüben von sozialen Fertigkeiten verwendet wird, wird später wieder eingeholt, da sich Unterrichtsstörungen reduzieren.

6.2 Ausbildung von Selbstwertgefühl und sozialer Akzeptanz

Das Selbstbild oder Selbstkonzept eines Menschen wird durch sein *Selbstwertgefühl* und seine *Selbstwirksamkeitserwartungen* geprägt. Das Selbstwertgefühl bezeichnet die *affektive* Sicht des Einzelnen auf sich selbst. Es entsteht dadurch, dass Menschen Beziehungen herstellen und eingehen. Das Gefühl der Zugehörigkeit macht es den Mitgliedern einer Gruppe möglich, Herausforderungen anzugehen. Wenn sie nicht mehr alleine, sondern von und mit anderen lernen, haben sie Zugang zu jener emotionalen und intellektuellen Unterstützung, die sie in die Lage versetzt, über ihren momentanen Wissens- und Fähigkeitsstand hinauszugehen. Durch Vergleich mit Anderen, Hilfe und Rückmeldung entwickeln Menschen allmählich ihr Selbstwertgefühl.

Nach Borba (1989) kann man folgende *Bausteine zum Aufbau von Selbstwertgefühl* und entsprechende Maßnahmen benennen.

Baustein	Schritte
SICHERHEIT – ein Gefühl starken Selbstvertrauens: Dazu gehört, sich wohl und sicher zu fühlen, zu wissen, was erwartet wird; sich von Menschen und von Situationen abhängig machen zu können sowie Regeln und Grenzen zu verstehen.	1. Bauen Sie eine vertrauensvolle Beziehung auf. 2. Setzen Sie vernünftige Grenzen und legen Sie Regeln fest, die durchgängig eingehalten werden. 3. Stellen Sie eine positive, warmherzige und auf Akzeptanz beruhende Umgebung her.
MAN SELBST SEIN („SELBSTHEIT") – ein Gefühl der Individualität: Aneignung von Wissen über sich selbst, das eine genaue und realistische Selbstbeschreibung bezüglich der Rollen, Attribute und physischen Merkmale einschließt.	1. Helfen Sie der Schülerin/dem Schüler, sein Selbst präziser zu erfassen. 2. Schaffen Sie der Schülerin/dem Schüler Möglichkeiten, wesentliche Einflussquellen auf ihr/sein Selbst zu erschließen. 3. Helfen Sie der Schülerin/dem Schüler, sich ihrer/seiner eigenen Qualitäten bewusst zu werden. 4. Steigern Sie die Fähigkeit, Gefühle und Einstellungen zu identifizieren.
ZUGEHÖRIGKEIT: Ein Gefühl der Zugehörigkeit, Akzeptanz oder des In-Beziehung-Stehens, vor allem in Beziehungen, die als wichtig erachtet werden; ein Gefühl, angenommen, geschätzt und von anderen respektiert zu werden.	1. Fördern Sie Aufnahme und Akzeptanz der Einzelnen innerhalb der Gruppen. 2. Sorgen Sie dafür, dass die Gruppenmitglieder Interessen, Fähigkeiten und Besonderheiten der Einzelnen in ihrer Gruppe kennen lernen. 3. Lehren Sie, wie man sich erfolgreich Ziele setzt. 4. Ermutigen Sie die Schülerinnen und Schüler, sich gegenseitig Anerkennung und Unterstützung zu geben.
ZIELSTREBIGKEIT: Ein Gefühl von Sinn und Motivation im Leben; sich selbst dadurch stärken, dass man sich realistische und erreichbare Ziele setzt und bereit ist, Verantwortung für eigene Entscheidungen zu übernehmen.	1. Steigern Sie die Fähigkeit der Schülerinnen und Schüler, Entscheidungen zu treffen, Alternativen zu suchen und Konsequenzen abzusehen. 2. Helfen Sie ihnen dabei, augenblickliche und vergangene schulische Leistungen und Verhaltensweisen festzuhalten und auszuwerten. 3. Lehren Sie, wie man erfolgreich Ziele setzt.
KOMPETENZ: Ein Gefühl des Erfolgs und des Erreichens von Zielen, die als wichtig oder wertvoll angesehen werden; sich eigener Stärken bewusst sein und Schwächen akzeptieren können.	1. Schaffen Sie Gelegenheiten, das Bewusstsein für die eigenen Kompetenzen und Stärken zu verbessern. 2. Zeigen Sie, wie man Fortschritte festhalten und bewerten kann. 3. Geben Sie Rückmeldung darüber, wie man Schwächen akzeptieren und aus Fehlern lernen kann. 4. Verdeutlichen Sie, wie wichtig es ist, auf eigene Leistungen stolz zu sein.

(Vgl. Borba 1989)

Kooperatives Lernen kann die Lehrkraft bei der Realisierung dieser Bausteine unterstützen, da die Grundlage für die Entwicklung von Selbstwertgefühl das Lernen im sozialen Verbund ist. Das Vorhandensein angemessener und bewältigender Modelle in Form sozial kompetenter Schülerinnen und Schüler und ein interaktiv gestalteter Erfahrungsraum sind dabei wichtig. Gleichaltrige sind als Modelle aufgrund ihrer Ähnlichkeit mit dem Beobachter besonders geeignet. Einstellungen und Haltungen werden von Peers eher übernommen als von Erwachsenen (Johnson & Johnson 1987).

Johnson et al. (2002) konnten nachweisen, dass Gruppenarbeit Einzelarbeit oder konkurrierendem Arbeiten in vieler Hinsicht überlegen ist. So gehören *soziale Akzeptanz* und *Selbstverantwortung* für das eigene Lernen und positive Einstellungen zum Unterricht zu den positiven Auswirkungen Kooperativen Lernens. Durch die Gelegenheit zum vertrauensvollen Austausch erhalten insbesondere schwächere oder zurückhaltende Lernende einen Schutzraum.

6.3 Entwicklung positiver Selbstwirksamkeitserwartungen

Selbstwirksamkeitserwartungen stellen die Überzeugung des Einzelnen dar, durch sein eigenes Handeln anstehende Probleme bewältigen zu können. Diese Erwartungen steuern das Denken und Handeln des Individuums und haben Auswirkungen auf seine Motivation und Gefühle. Ob Personen bei Widerständen aufgeben oder weitermachen, hängt von ihren Überzeugungen bezüglich ihrer Bewältigungskompetenzen ab (vgl. Eccles & Wigfield 2002, Pintrich 2003). Bei Zuversicht in die eigene Problemlösungsfähigkeit empfinden Menschen selbst schwierige Aufgaben als positive Herausforderung. Sie sind bereit, Anstrengungen auf sich zu nehmen, und haben ein höheres Beharrungsvermögen (Bandura 1977). Positive Kontrollüberzeugungen tragen zur psychischen Gesundheit des Einzelnen bei, da sie beim Umgang mit Belastungen unterstützen (vgl. Flammer 1990, 1995). Negative Kontrollüberzeugungen hingegen führen zu Hilflosigkeit – als Resultat negativer Kompetenzerwartungen – oder zu Hoffnungslosigkeit – bei mangelnder Ergebniserwartung (vgl. Schermer 2006).

Lehrkräfte können das Selbstwirksamkeitserleben von Lernenden bereits durch Classroom Management in Form von klaren Strukturen unterstützen. Zu benennen wäre hier zum einen die Klarheit der Arbeitsanweisung. Wenn die Lernenden verstehen, was sie tun sollen, wie sie es tun sollen und mit welchem Ziel, trägt das zu ihrer Selbstständigkeit bei und erhöht die Wahrscheinlichkeit auf erfolgreiche Bearbeitung (vgl. Advance Organizing). Zu wissen, was verlangt wird, bedeutet Sicherheit. Präzise

Arbeitsanweisungen in kooperativen Settings beinhalten neben der Aufforderung zur aktiven Teilnahme und Übernahme individueller Verantwortung auch einen Hinweis auf Denkzeit. Denkzeit gibt insbesondere impulsiven und gewissheitsorientierten Lernenden einen Rahmen vor, an dem sie sich orientieren und messen können. Sie lernen, ihr eigenes Lerntempo zu kontrollieren. Je mehr es ihnen gelingt, Zeitvorgaben einzuhalten, desto größer wird ihre Zuversicht, eine Aufgabe in einer vorgegebenen Zeit bearbeiten zu können (vgl. Klassenarbeiten).

6.4 Aufbau von Gruppen zur Herstellung einer sicheren und inklusiven Lernumgebung

In dem von J. Gibbs entwickelten Programm **Tribes** (1995) stehen Sicherheit und Inklusion im Mittelpunkt. Das Programm wurde für Grundschulkinder in Kanada entwickelt, wird nun aber auch in der Sekundarstufe praktiziert.

> „**Tribes** wurde entwickelt, um eine sichere und inklusivere Umgebung zu schaffen, in der Schüler allmählich Fertigkeiten entwickeln, die sie benötigen, um vielfältiger miteinander und alleine zu arbeiten. Der Prozess von Tribes beinhaltet das Durchlaufen von drei Phasen:
>
> 1. **Inklusion erzeugen** – schafft ein Gefühl der Sicherheit; gibt Gewissheit, dass die eigene Sicht gehört und geschätzt wird,
> 2. **Einfluss erzeugen** – konzentriert sich auf das Lernen von und mit Anderen im Rahmen der Aufgabenbearbeitung,
> 3. **Gemeinschaft erzeugen** – die Gruppe denkt über den konkreten Unterrichtsauftrag hinaus.
>
> **Vier Säulen** stützen den Tribes-Prozess:
>
> 1. *gegenseitiger Respekt* – selbst zwar keine Fertigkeit, wird aber durch eine Vielzahl von Fertigkeiten hergestellt,
> 2. *aufmerksames Zuhören* – eine spezifische Fertigkeit, die auch Respekt übermittelt,
> 3. *Wertschätzung / kein Niedermachen* – wertschätzende Äußerungen zu machen ist eine Fertigkeit, die auf Ermutigung beruht; es ist auch ein Zeichen von Respekt,
> 4. *eine Auszeit* (wenn angemessen) *nehmen* ist eine Fertigkeit, die Schüler nutzen können, um die Gelegenheit zu bekommen, innezuhalten, zu reflektieren, weiter nachzudenken. Bei dem Recht auf Auszeit müssen Lehrkräfte und Schüler genau wissen, was das Recht beinhaltet. Es ist kein Weg aus der Arbeit heraus oder das Recht, sich nicht für das Ergebnis einzusetzen. Die Schüler müssen verstehen, dass in den meisten Fällen, in denen sie das Recht auf Auszeit nutzen, die Lehrkraft das Recht hat, sie aufzufordern zurückzukommen, und dass sie weiter nachdenken müssen.

> Ich schlage auch vor, dass Schüler*innen, die eine Auszeit nehmen, (...) auch erklären müssen, weshalb sie die Auszeit benötigen. So könnte ein Schüler z. B. sagen: ‚Auszeit, weil ich noch nicht sicher bin, wie ich den gemeinsamen Nenner berechne.'"
>
> (Bennett 2019, Übersetzung durch die Verfasserin)

Bei Betrachtung der drei Phasen von Tribes wird deutlich, dass hier ein sorgfältiger und langfristiger Aufbau von Gruppen erfolgt und ein geduldiger Aufbau von Gruppen Sinn macht. Diese Vorgehensweise widerspricht der häufig zu erlebenden Praxis, Gruppen zufällig und nur für kurze Zeit zu bilden. Wenn nicht die gesamte Lerngruppe in Gruppenarbeit eingeübt ist und die Mitglieder der gesamten Lerngruppe die geforderten Kompetenzen zur Zusammenarbeit kennen und bis zu einem gewissen Grad auch nutzen können, kann Kooperatives Lernen nicht seine Kraft entwickeln, da soziale Unstimmigkeiten die inhaltliche Arbeit stören oder gar verhindern.

Manchmal gehen Lehrkräfte zu schnell von der Partnerarbeit zur Gruppenarbeit über. Solange die Lernenden nicht in der Lage sind, zu zweit miteinander zu arbeiten, wird auch die Arbeit in Gruppen nicht funktionieren. Daher ist es empfehlenswert, die grundlegenden Voraussetzungen zur Zusammenarbeit zuerst in der Partnerarbeit zu erproben.

Man kann drei Arten von Teams unterscheiden: formelle Teams, informelle Teams und kooperative Langzeitteams. *Formelle Teams* sind Gruppen, die nach bestimmten Gesichtspunkten (Geschlecht, Leistungsstärke, Sozialkompetenz, Verhaltensmuster, Thema, Funktion) von der Lehrkraft zusammengesetzt werden. Sie können für kürzere oder längere Zeit miteinander arbeiten. In vielen Fällen hat es Vorteile, die Gruppen heterogen zu besetzen. Manchmal kann es aber auch Sinn machen, homogene Gruppen zu bilden. Die Zusammensetzung hängt dann von der Zielsetzung der Lehrkraft oder situativen Anforderungen ab. So kann man leistungsstarke Lernende zusammensetzen und ihnen eine besondere Aufgabe geben, die später wieder in die Arbeit der gesamten Lerngruppe einfließt. Im Falle von reflexiven und impulsiven Lernern kann es sich lohnen, für eine gewisse Zeit impulsive Lernende von reflexiven Schülerinnen und Schülern zu trennen. So kann die Lehrkraft das Arbeitsverhalten von impulsiven Lernenden ggf. besser steuern. Wenn die Schülerinnen und Schüler dieser Gruppen schnell mit der Arbeit fertig sind, kann die Lehrkraft sie z.B. durch Aushändigen von Lösungsblättern dazu auffordern, die eigenen Ergebnisse oder die eines anderen Teammitglieds zu überprüfen. Bei der Kontrolle der Arbeitsergebnisse mit der gesamten Lerngruppe dürfen diese Schülerinnen und Schüler dann nicht selbst Lösungen vortragen, sondern überprüfen die Antworten aus den anderen Gruppen auf Richtigkeit. Auf diese Weise werden sie angehalten, sich länger mit den Aufgaben zu befassen und genau hinzusehen. Sie lernen Selbstbeherrschung, indem sie sich bei der Präsentation zurückhalten. Gleichzeitig bekommen sie aber auch eine wichtige Aufgabe.

Informelle Teams sind nach Zufall zusammengesetzt oder nach Neigung der Lernenden. Auch sie können für eine kurze Arbeitsphase oder längere Arbeitsprozesse genutzt werden. Wenn eine Lehrkraft Basisgruppen gebildet hat, kann ein kurzfristiges Auflösen der bestehenden Teams verhindern, dass sich die Gruppenmitglieder zu sehr aufeinander konzentrieren und der Kontakt zu anderen Schülerinnen und Schülern verloren geht. Manchmal ist es auch sinnvoll, informelle Teams für die Erweiterung von Perspektiven oder zur Ideenfindung zu nutzen. Bei einigen Methoden (Expertenpuzzle, Einer geht – drei bleiben etc.) ist diese Form des vorübergehenden Auflösens der Basisgruppe sogar integrativer Bestandteil des Verfahrens.

Die problematischste Art der informellen Gruppenbildung ist die durch die Lernenden selbst. Schülerinnen und Schüler bevorzugen diese Form der Gruppen, allerdings fördert ein solches Vorgehen Cliquenbildung und die Etikettierung und Aussonderung wenig beliebter Schülerinnen und Schüler. Unter bestimmten Umständen kann es aber sinnvoll sein, die Lernenden selbst wählen zu lassen oder zumindest eine Wunschpartnerin bzw. einen Wunschpartner mit in das Team zu bringen. Diese Entscheidung trifft die Lehrkraft dann in der Regel vor dem Hintergrund notwendiger pädagogischer Erwägungen.

Will man Kooperatives Lernen systematisch einüben und die Wirksamkeit der Methoden erhöhen, empfehlen sich *Kooperative Langzeitteams*. Die Schüler bleiben über mehrere Wochen (oder auch länger) in festen *Basisgruppen*. Diese Gruppen kann die Lehrkraft per Zufall bilden oder aber kriterienorientiert.

Jede Form der Gruppenbildung hat ihre Vor- und Nachteile und ist von der Lehrkraft sorgfältig zu planen. Nur in längerfristig arbeitenden Gruppen kann sich ein gemeinsamer Teamgeist entwickeln, lernen die Einzelnen, den Anderen zu vertrauen, bildet die Gruppe einen Schutzraum. Erst der Wille, mit den Anderen gemeinsam ein Ergebnis zu erzielen und sich gegenseitig zu unterstützen, entfaltet die Wirksamkeit von positiver *gegenseitiger* Abhängigkeit. Wie der Tribes-Prozess zeigt, werden Langzeitteams sorgfältig aufgebaut. Daher ist es sinnvoll, wenn Lehrkräfte Zeit in Kennenlernen und soziales Lernen investieren. Die Gruppengröße sollte dabei nicht über vier Personen hinausgehen. Bei vier Mitgliedern kann direkte Interaktion aufrechterhalten bleiben, Partnerarbeit kann in Arbeit zu viert übergehen und die Lautstärke kann reduziert werden, da die Schülerinnen und Schüler sich auf relativ kurzer Distanz verständigen können.

7 Hinfallen, Krönchen richten und wieder aufstehen

Nach einer weiteren Fortbildung sind wir wieder schlauer. Ganz offensichtlich hatten wir es versäumt, die Voraussetzungen für dauerhafte Zusammenarbeit zu schaffen, wir hatten keine echten Gemeinschaften aufgebaut. Unsere Schülerinnen und Schüler waren Einzelkämpfer geblieben.
Mittlerweile gibt es von leistungsstarken Schülerinnen und Schülern und deren Eltern Proteste gegen Gruppenarbeit. Gleichzeitig nehmen an unserer Schule, und damit auch in unseren Lerngruppen, Beschwerden über Mobbingfälle, Aggression auf dem Schulhof und Unterrichtsstörungen zu. Wir identifizieren immer mehr Schülerinnen und Schüler mit Sprachproblemen oder sozialen Defiziten, so dass die Arbeit in den unteren Klassen schwieriger geworden ist. Es muss etwas geschehen.
Uns ist jetzt klar, dass Schülerinnen und Schüler, die sich in Schulklassen zusammenfinden, nur formal eine Gruppe bilden, diese Gruppe aber nur dann erfolgreich miteinander lernen kann, wenn sich jedes Mitglied sicher und geschützt fühlt. Damit sich die Lernenden verantwortlich für sich selbst **und** Andere fühlen, müssen wir die entsprechenden Bedingungen schaffen. Je größer und heterogener die Lerngruppe, desto schwieriger ist es, diese Bedingungen herzustellen. Die Arbeit in Kleingruppen soll uns nun helfen, für die Einzelnen die für eine gesunde Entwicklung notwendige Sicherheit zu schaffen.

7.1 Beziehungen herstellen

Phasen des Aufbaus von Gruppen
- Integration
- Einflussnahme
- Gemeinschaft

Wir orientieren uns in Grundzügen an dem Programm „TRIBES“ von Jeanne Gibbs. In **Phase I**, der **Integrationsphase**, wird Raum dafür geschaffen, dass die Schülerinnen und Schüler sich kennenlernen und einander vertrauen. Das scheint uns besonders wichtig für diejenigen mit Beeinträchtigungen beim Lernen, mit sozialen Ängsten oder Kontaktschwierigkeiten oder anderen Beeinträchtigungen im Verhalten.
Wir einigen uns darauf, mehr Gebrauch von kleinen **Kontaktaktivitäten** zu machen, durch die unsere Schülerinnen und Schüler etwas über ihre Lernpartnerinnen und -partner erfahren. Wir wollen Beziehungen zwischen den Schülerinnen und Schülern schaffen. Uns stehen dazu viele Methoden aus dem Bereich des Kooperativen Lernens zur Verfügung

(vgl. z.B. Gibbs 1978, Kagan 2009, Green 2008). Die Methoden unterstützen einen strukturierten Austausch. Zur Freude der Kolleginnen Margret und Delia können die Methoden meist auch mit inhaltlich-fachlichen Aufgaben kombiniert werden. So bleibt mehr Unterrichtszeit.

An die Bildung von Tischgruppen ist in meiner Klasse immer noch nicht zu denken, da viele nicht einmal zu zweit miteinander arbeiten können oder wollen. Durch monatliche Änderung der Sitzordnung und häufige Partnerarbeit versuche ich, die Klasse arbeitsfähig für Gruppenarbeit zu machen.

Nach Änderung der Sitzordnung benutze ich Methoden zum Kennenlernen. Margret, Delia und Stefan unterstützen mich dabei. Gemeinsam haben wir vielleicht schneller Erfolg. So gefällt Kollegin Margret z. B. die **Namenkarte**.

M

Methode

Kontaktaktivität: Namenkarte

Hierbei unterteilen die Schülerinnen und Schüler ein Blatt in vier Felder und setzen in die Mitte ihre Namen. In den Feldern notieren sie dann Antworten zu vorgegebenen Aspekten. Im Anschluss tauschen sie sich über ihre Namenskarten aus. In Vierergruppen stellen die Paare dann ggf. ihre jeweiligen Partnerinnen und Partner einem anderen Paar vor. So üben die Schülerinnen und Schüler auch gleichzeitig genaues Zuhören und Paraphrasieren ein, Fertigkeiten, die sie auch in fachlichen Zusammenhängen brauchen.

B

Umsetzungsbeispiel

Politikunterricht: Namenkarte

Im Politikunterricht will Margret ein neues Thema einführen und gibt auf der Namenskarte folgende Satzanfänge vor:

Was **ich** gerne höre: …	Was **ich** gerne tue: …
Sina	
Was ich über unser heutiges **Thema „Mitbestimmung"** wissen möchte: …	Was ich über das **Thema** schon weiß: …

Während die beiden oberen Fragen dazu dienen, dass die Schülerinnen und Schüler etwas über ihr Gegenüber erfahren, führen die unteren auf die Unterrichtsstunde hin und können anschließend zur inhaltlichen Weiterarbeit genutzt werden.
In **Einzelarbeit** füllen die Lernenden die **Namenkarte** aus. Dabei ist es wichtig, dass sie in dieser Phase **nicht** mit Anderen kommunizieren, sondern sich auf sich selbst konzentrieren. Diese Phase dient der Konzentration und Selbstreflexion. Die Aufforderung, nicht mit Anderen zu reden, ist anfangs nur schwer durchzusetzen, und es ist wichtig, dass Margret den Schülerinnen und Schülern erklärt, weshalb sie möchte, dass sie in dieser Phase nicht miteinander kommunizieren. Sie sollen lernen, für sich und ihr Lernen Verantwortung zu übernehmen.

In neu zusammengesetzten Lerngruppen oder meiner sozial herausgeforderten Lerngruppe eignen sich Fragen nach Vorlieben, Hobbys oder Ereignissen, weil es Fragen sind, die meist unverfänglich zu beantworten sind und bei denen die Einzelnen nur relativ oberflächliche Informationen zu sich geben müssen. Bei älteren Schülerinnen und Schülern oder jenen, die einander bereits besser kennen, können Fragen zur Person auch etwas tiefer gehen, z. B. „Was mich gerade bewegt", „Welchen Menschen ich vertraue" etc. Wenn ich solche Aufgaben einbinde, kenne ich die Lerngruppe gut und kann einschätzen, ob jemand mit der Frage Probleme haben könnte. Bei solchen Fragen müssen die Schülerinnen und Schüler in der Lage sein, respektvoll miteinander umzugehen, und es gibt das Recht des Nicht-Antwortens.
In der Vergangenheit haben wir die Erfahrung gemacht, dass unsere Schülerinnen und Schüler sich bei solchen Aufgaben gerne sehr lange aufhalten. Aufgrund dieser Erfahrungen setzen wir ein **zeitliches Limit** für die Bearbeitung und teilen ihnen die Bearbeitungszeit mit. So verhindern wir, dass die Schülerinnen und Schüler lange Geschichten erzählen und viel Unterrichtszeit verloren geht. Die für die Aufgabenbearbeitung angesetzte Zeit hängt im Allgemeinen von der Anzahl und Komplexität der Fragen und der Arbeitsgeschwindigkeit der Schülerinnen und Schüler ab. Bei Kontaktaktivitäten versuchen wir jedoch, die Zeit knapp zu halten, da Unterrichtsstunden eben nicht endlos sind. Mittlerweile kennen die Schülerinnen und Schüler das Verfahren und meistens klappt es mit der Einhaltung der Zeit.
Nach der Einzelarbeit kommt die **Austauschphase**. Je nach Ausrichtung der Fragen erfahren die Schülerinnen und Schüler jetzt etwas Persönliches und/oder etwas Fachbezogenes voneinander. So nutzt Delia in Mathematik auch Anfänge wie „Was ich weiß ..." und „Was ich nicht verstanden habe ..." oder „Was ich schon kann ..." und „Was ich noch nicht kann ...". Beim Austausch können die Schülerinnen und Schüler feststellen, ob z. B. auch Andere mit einem Verständnisproblem kämpfen oder bei geringeren Problemfragen schnelle Hilfe von den Anderen bekommen, bevor der eigentliche Unterricht beginnt. Ich bitte die Schülerinnen und Schüler manchmal auch, mir die „Problemecke" anonym zu überlassen, um so festzustellen, welche Schwierigkeiten Einzelne mit dem Lernstoff haben.

Auch für die Austauschphase gibt es ein Zeitlimit. Da meine Klasse das Verfahren kennt, bestimmen die Paare selbstständig ihre Zeitnehmer. In der 8a, die bisher kaum kooperativ gearbeitet hat, muss ich vorher die Rolle des Zeitnehmers erklären, und bestimme, wer bei der Übung auf die Zeit achten soll („Person A ist heute Zeitwächter"), wobei ich die Personen A, B, (C, D) zuvor festgelegt habe. Nach dem Austausch in den Paaren/Gruppen erfolgt kein allgemeiner Austausch über die persönlichen Fragen. Wenn die Namenskarte fachbezogene Impulse enthält, wie im Beispiel der Kolleginnen Margret und Delia, können diese zur Überleitung in den Unterricht genutzt werden. Der Unterrichtsfluss wird nicht gestört.

In der 5d nutzt Delia zu Beginn des Schuljahres in der Kennenlernwoche die **5-Finger-Methode**. Die Lernenden fertigen Umrisse ihrer Hand an und schreiben in jeden Finger etwas zu einem Aspekt, den Delia ihnen vorgibt: In der Mitte steht der Name. In den Fingern werden Notizen zu vorgegebenen Aspekten notiert. Diese beziehen sich nur auf die Person oder ihre Merkmale (z. B. „Mein Lieblings ..." oder wie „Ich tue gerne ...", „Ich mag ...", „Ich habe ...").

Im Anschluss führt Delia das **Treffen der Geister** durch. Die Schülerinnen und Schüler gehen durch den Raum. Auf ein Signal hin tauschen sie sich mit der Person, neben der sie gerade stehen, über ihre „Hände" aus. Nach einem erneuten Signal gehen sie weiter, bis sie beim nächsten Signal auf eine neue Person treffen, mit der sie sich erneut austauschen. Nach 2 Rundgängen berichten sie im Kreis, wen sie getroffen haben und was sie über die beiden Personen erfahren haben. Alle Hände werden dann an einer Pinnwand befestigt, so dass alle Schülerinnen und Schüler auch etwas über diejenigen erfahren können, die im Kreisgespräch nicht genannt wurden.

Margret variiert die Methode im Erdkundeunterricht, wenn die Schülerinnen und Schüler Ideen oder Ergebnisse austauschen. So lernen sie, dass Methoden nicht einfach nur „Spielereien" sind, sondern auch in Arbeitszusammenhängen genutzt werden.

Delia benutzt diese Methode auch beim Elternabend. Nach anfänglichem Befremden kommen die Eltern sehr gut miteinander ins Gespräch und melden nachher zurück, dass sie diese Art des veränderten Miteinanders sehr anregend fanden. Delia hat damit einen wichtigen Schritt getan, das Einverständnis der Eltern für kooperatives Arbeiten zu gewinnen. Wir beschließen, diesen Aspekt weiter zu verfolgen.

Am Ende der Kennenlernwoche gehen die Schülerinnen und Schüler paarweise durch die Klasse und stellen auf der Basis einer neuen **Namenkarte** ihre Partnerin oder ihren Partner einem anderen Paar vor. Hier liegt der Fokus auf sozialem Verhalten: z. B. „einen Anderen höflich und respektvoll vorstellen" oder „leise sprechen".

Als weitere Methode zum Kennenlernen setzt Delia „Finde jemanden, der ..." ein.

M

Methode: Finde jemanden, der weiß/hat

Auf einem Arbeitsblatt stehen Fragen oder Aspekte, nach denen gesucht werden muss. Die Lernenden gehen umher und finden Personen, die ihnen die Fragen beantworten.

7.2 Beziehungen stärken

Auf die Phase der Integration folgt nach Gibbs die **Phase der Einflussnahme.** Die Schülerinnen und Schüler müssen lernen, individuelle Verantwortung und soziale Verantwortung zu übernehmen.
In Arbeitszusammenhängen treten bei Schülerinnen und Schülern mit wenig Erfahrung mit Gruppenarbeit immer wieder Spannungen auf. Beteiligung ist nicht gleich verteilt, Schülerinnen und Schüler konkurrieren, dominieren Andere oder entziehen sich der Zusammenarbeit. Da das Kooperative Lernen jedoch hilft, klar strukturierte Lernsituationen herzustellen, können wir Schülerinnen und Schüler mit einem erhöhten Bedürfnis nach Halt und Sicherheit unterstützen, dominante zurückhalten sowie stillen oder bedächtigen Schülerinnen und Schülern die Möglichkeit zur Partizipation geben. Hierbei helfen z. B. Redesteine oder das Zuweisen und Rotieren von Rollen.

M

Methode: Talking Chips – Redesteine

Die Gruppen erhalten pro Teilnehmerin/Teilnehmer vier Steine, Chips, Kärtchen.
In der Austauschphase diskutieren die Teammitglieder zu einer Frage. Sie dürfen nur dann reden, wenn sie ein Redekärtchen in die Mitte legen. Sobald jemand vier Redekärtchen verbraucht hat, muss er/sie abwarten, bis die Anderen drei Teammitglieder ihre Kärtchen ebenfalls verbraucht haben. Erst dann kann eine zweite Runde erfolgen.

B

Umsetzungsbeispiel

Gleiche Beteiligung: Redesteine – Geschichte

Zur Organisation von gleicher Beteiligung setzt Kollegin Margret in der 7d in Geschichte **Redesteine** ein.
Die Tischgruppen bekommen pro Mitglied vier farbige Kärtchen, Chips oder Steine. Nach der Aufgabenstellung und der individuellen Denkphase darf reden, wer einen Stein hat. Julian beginnt sofort zu reden. Nach jedem Beitrag muss er einen Stein in die Mitte legen. Weil er gerne redet, hat er im Handumdrehen alle Steine verbraucht. Die Anderen können sich aber miteinander austauschen, da sie noch genug Steine haben. Julian ärgert sich mächtig, denn jetzt kann er zu ihren Beiträgen nichts sagen. In Zukunft muss er überlegen, ob es sich lohnt, sein Pulver so schnell zu verschießen. Er muss jetzt schweigen, bis die Anderen ebenfalls ihre Steine verbraucht haben. Casper ist ein schwacher Schüler. Er sagt selten etwas und hat daher immer noch drei Steine, als alle Anderen bereits keine mehr haben. Bevor er nicht etwas gesagt hat, bekommen die anderen ihre Steine nicht zurück und müssen schweigen. Damit die Diskussion in solchen Situationen nicht völlig ins Stocken gerät, hat Margret zwei Möglichkeiten gegeben:

1. Schülerinnen und Schüler, die selbst nichts beitragen können, müssen zumindest vier Gedanken ihrer Teammitglieder kurz wiedergeben. 2. Die Schülerinnen und Schüler kommentieren oder wiederholen *einen* Beitrag ihrer Vorgänger ausführlich und sagen, weshalb sie ihn ausgewählt haben. Wenn Schülerinnen und Schüler wie Casper dann alle Steine abgegeben haben, nehmen alle ihre Steine zurück und der Austausch mit allen geht weiter.

Insgesamt stellt Margret fest, dass nun die dominanten Schülerinnen und Schüler gebremst werden, dass es aber auch in einigen Gruppen zum völligen Stillstand kommt, weil Einzelne sich trotz der beiden Optionen nicht äußern können oder wollen. Neben die **Rolle** des Zeitnehmers führt sie nun die Rolle des **Ermutigers** oder **Helfers** ein.
Die Rolle des **Ermutigers** muss gut anhand von Beispielen eingeführt werden, da dies eine völlig ungewohnte Aufgabe für die Schülerinnen und Schüler ist. Ermutiger achten auf Teammitglieder, die sich nicht einbringen, und ermutigen sie durch Fragen, Hinweise oder sprachliche Unterstützung zu Beiträgen. Zu Beginn achtet Margret darauf, diese Rolle von sozial kompetenten Kindern ausführen zu lassen.
Für Notfälle gibt es die Regel, dass Schülerinnen und Schüler auch aussetzen dürfen. Sie müssen dann „Weiter" sagen. Margret beobachtet dann jedoch, wer häufig „Weiter" sagt, und führt nach einiger Zeit mit diesen Schülerinnen und Schülern Gespräche, um herauszufinden, wo das Problem liegt.
Aus Maßnahmen zum Classroom Management wissen wir, dass **klare Regeln** Schülerinnen und Schülern Orientierung und Struktur vorgeben. Die **gemeinsame Reflexion** des Gelingens und des Wertes von Zusammenarbeit trägt dazu bei, dass Schülerinnen und Schüler Kriterien erwerben, ihr eigenes Verhalten und das von Anderen zu bewerten und positiv zu beeinflussen.

7.3 Teamarbeit organisieren

Nach Gibbs gelangen Schülerinnen und Schüler im Laufe der Zeit in die dritte Phase, die der **Gemeinschaft.** Damit sie eine Gemeinschaft bilden, müssen sie den Wert von Zusammenarbeit erkennen. Der Wert kann entweder im Prozess der Zusammenarbeit gesehen werden (soziale Ebene) oder im Produkt (faktische Ebene). Die PISA-Studie aus dem Jahr 2015 hat ergeben, dass es in dieser Hinsicht geschlechtsspezifische Präferenzen gibt. Demnach schätzen Mädchen an Gruppenarbeit eher den Prozess und das damit verbundene soziale Element, während Jungen den Wert eher im zu erarbeitenden Ergebnis oder Produkt sehen. Wenn die Schülerinnen und Schüler beginnen, auf ein gemeinsames Ziel/Ergebnis hinzuarbeiten, ist es sinnvoll, dass sie gemeinsam reflektieren, welchen Beitrag jedes Teammitglied geleistet hat und welchen Vorteil ihnen die Zusammenarbeit gebracht hat. Klare Vorgehensweisen helfen uns, Schwachstellen der Zusammenarbeit zu identifizieren.

B

Umsetzungsbeispiel
Politik: Arbeitsanweisung

Kollege Pierre hat im Politikunterricht in der 6b festgestellt, dass eine nicht geringe Anzahl seiner Schülerinnen und Schüler nach der Arbeitsanweisung nicht beginnt, zielgerichtet zu arbeiten. Enya und Luise unterhalten sich fröhlich, Timo, Lara, Mustafa und Nuri sitzen untätig vor ihren Heften und Laurenz, Juliane und andere räumen ihre Taschen auf. Ivo spitzt zum wiederholten Mal all seine Stifte. Mit der Zeit wird es lauter und chaotisch. Aufgrund vieler Verständnisfragen seiner Schülerinnen und Schüler hat er den Verdacht, dass etwas mit seinen Arbeitsanweisungen nicht stimmt. Er bittet seine Praktikantin, seine Arbeitsanweisungen zu protokollieren. Hier einige Beispiele:

- „Denkt mal kurz nach, was ihr über XY wisst. Tauscht euch dann darüber aus."
- „Tauscht euch bitte darüber aus, was ihr als wesentliche Aussagen aus der letzten Stunde mitgenommen habt."
- „Überlegt einmal miteinander, woran es liegen kann, dass ..."
- „Ich gebe euch jetzt ein wenig Zeit, um euch über eure Notizen auszutauschen, und werde euch danach nach euren Ideen fragen."

Pierre kommt zu dem Ergebnis, dass seine Arbeitsanweisungen für viele seiner Schülerinnen und Schüler zu unpräzise sind und sie daher unsicher darauf reagieren, die Arbeit vermeiden oder nur die Informationen entnehmen, die ihnen gefallen bzw. die sie verstehen. Er beginnt also, Anweisungsformate zu entwickeln, die den Schülerinnen und Schülern deutlich machen, was er von ihnen erwartet, und so auch ein klares Gerüst für ihre Arbeit darstellen. Da die Aufgabenstellung sehr umfangreich ist, gibt Pierre sie in schriftlicher Form.

Beispiel für eine Arbeitsanweisung:

Arbeitet gleich *3 Minuten* lang alleine, ohne euch auszutauschen.	• klare Zeitvorgabe • Sozialform
Ich werde ein *Signal* geben, wenn die Zeit vorbei ist.	• Arbeitsorganisation
Nach dem Signal tauscht ihr euch bitte *mit* eurem *Sitznachbarn aus.*	• Sozialform
Tragt euch *gegenseitig* eure Notizen *vor* und *einigt euch* dann auf *6 wichtige Informationen*. Haltet auch fest, *warum* ihr diese Informationen für wichtig haltet.	• Sozialform • Erwartungshorizont: Anforderung (Analyse, Bewertung)
Jeder von euch muss nachher das Ergebnis, das ihr gemeinsam erarbeitet habt, vorstellen können.	• Erwartungshorizont: Prozess (individuelle Verantwortung, gegenseitige positive Abhängigkeit)

Ihr habt dafür *6 Minuten* Zeit. Achtet bitte darauf, dass *jeder die gleiche Zeit* hat, seine Informationen vorzustellen.	• Zeitvorgabe • gleiche Beteiligung
Denkt daran, leise zu sprechen und dem Anderen gut zuzuhören.	• Einsatz sozialer Kompetenzen
Ich werde Paare auswählen und daraus jeweils eine Partnerin/einen Partner bestimmen, der das gemeinsame Ergebnis vorstellt. *Bereitet euch also gegenseitig gut vor.*	• Prozess
Überlegt jetzt bitte, was ihr über *Kinderarbeit* wisst. Macht euch *Notizen*.	• Thema

Bevor Pierre die Gruppenarbeitsphase endgültig beendet, fordert er die Gruppen auf, ihre gemeinsame Arbeit zu reflektieren, z. B.: Was lief gut? Wer hat sich (nicht) eingebracht? Warum war die Gruppe (nicht) erfolgreich? Was kann in der Zusammenarbeit verbessert werden, was kann jeder Einzelne dazu beitragen? Die Ideen zur Verbesserung halten die Schülerinnen und Schüler in einem Reflexionsjournal fest. Bei der nächsten längeren Gruppenarbeitsphase sehen sie sich als Erstes diese Aufzeichnung an, um insbesondere ihre Ideen zur Verbesserung zu nutzen und zu besprechen.

Präzisere Anweisungen führen nicht nur zu besseren Ergebnissen, sondern sorgen auch für eine ruhige und geordnete Arbeitsatmosphäre, was insbesondere Schülerinnen und Schülern zugutekommt, die empfindlich auf Störungen reagieren. Klare Arbeitsanweisungen tragen nicht unerheblich zu erfolgreichem Classroom Management bei.
Bei der Präsentation der Arbeitsergebnisse durch Schülerinnen und Schüler haben wir in der Vergangenheit immer den Fehler gemacht, dass wir die Schülerinnen und Schüler selbst haben bestimmen lassen, wer vorstellte. Die Folge war, dass dann immer wieder die Leistungsstärkeren oder Selbstbewussteren diese Aufgabe übernahmen. Da wir aber erreichen wollen, dass alle im Laufe der Zeit die Gelegenheit zur Präsentation wahrnehmen, gehen wir dazu über, diejenigen zu bestimmen, die präsentieren. Von dieser Regel gehen wir nur ab, wenn z. B. das Zufallslos eine Person trifft, die nicht in der Lage ist vorzutragen (physische Probleme, psychische Verfassung, soziale Faktoren, sprachliche Fähigkeiten) oder die Aufgabe eine besondere Darstellungsqualität erfordert (z. B. Vorsingen, Vortragen einer Geschichte, Vormachen einer Übung). In diesen Fällen bestimmen entweder wir eine andere Schülerin bzw. einen anderen Schüler, lassen die ausgeloste Person eine andere Person bestimmen oder stellen der ausgelosten Person eine zweite aus ihrer Gruppe zur Seite.
Eine Gemeinschaft bildet sich nicht von heute auf morgen. Die Vorgabe eines gemeinsamen Ziels in einer Arbeitsphase alleine reicht nicht aus, damit die Gruppenmitglieder erfolgreich zusammenarbeiten. Aus früheren Fortbildungen hatten wir die Angewohnheit übernommen, immer neue Gruppen durch das Zufallsprinzip zu bilden. Der Zufall trifft allerdings nicht immer die beste Wahl.

B

Umsetzungsbeispiel
Musik, Deutsch, Erdkunde: Kriteriengeleitete Gruppenzusammensetzung

Gerade bei Langzeitgruppen kann es sinnvoll sein, die Kleingruppen nach bestimmten **Kriterien** zusammenzusetzen. Im Musikunterricht achtet Kollegin Helena z. B. darauf, dass in jeder Gruppe mindestens ein Kind ist, das ein Instrument spielt oder Noten gut lesen kann. In ihrer eigenen Klasse legt Gaby Wert darauf, dass die Gruppen Jungen und Mädchen enthalten. In sozial schwierigen Lerngruppen macht es Sinn, Schülerinnen und Schüler, die ständig Konflikte haben, zu trennen und in jeder Gruppe sozial kompetente Mitglieder zu haben. Kollege Stefan berücksichtigt die Sprachkompetenz von Schülerinnen und Schülern. Auch im Fremdsprachenunterricht ist ein solches Kriterium sinnvoll.

Es gibt auch einzelne Phasen, in denen wir leistungsstarke Schülerinnen und Schüler miteinander andere Aufgaben bearbeiten lassen als die restlichen Gruppen. Diesen leistungshomogenen Gruppen stellen wir dann andere Aufgaben, die später wieder in die Arbeit der gesamten Gruppe einfließen. Im Sinne von Lehren durch Lernen lasse ich solche Gruppen z. B. Tests oder ein Quiz zum anstehenden Lernstoff erstellen.

Kollegin Margret setzt Schülerinnen und Schüler in Erdkunde manchmal nach Fähigkeiten zusammen. Während eine Gruppe Statistiken auswertet, beschäftigen andere sich mit topografischen Themen oder Artikeln zur Wirtschaft. Die Erkenntnisse werden danach zusammengetragen.

Die **Zufallszuweisung** ist bei *kurzfristig* zusammenarbeitenden Gruppen sinnvoll. Unsere Schülerinnen und Schüler sollen lernen, mit vielen Menschen zusammenzuarbeiten, auch mit denen, die sie weniger gut kennen oder mögen. Die Zufallswahl benutzen wir oft, um Diskussionen oder Proteste bezüglich der Gruppenzusammensetzung zu vermeiden. Sie macht auch Sinn in neuen Gruppen, die wir als Lehrkraft noch nicht gut kennen.

Wenn Schülerinnen und Schüler Partnerarbeit eingeübt haben, kann es aus unserer Erfahrung beim Übergang zur Gruppenarbeit auch hilfreich sein, wenn die Paare zusammenbleiben und *anderen Paaren* per Zufall zugewiesen werden.

B

Umsetzungsbeispiel
Zufallszuweisung

Zufallszuweisung kann auf viele Arten erfolgen. Thomas benutzt ein Kartenspiel, Delia hat im Internet ein Tool gefunden, das Gruppen vor den Augen der Schülerinnen und Schüler generiert. Pierre benutzt im Unterricht das Line-Up, bei dem sich die Schülerinnen und Schüler nach einem bestimmten Kriterium, z. B. Anfangsbuchstaben der Vornamen, aufstellen und dann abzählen. Ich bilde Gruppen im Englischunterricht manchmal nach den Charakteren einer Lektüre. Dazu schreibe ich vier Merkmale von Figuren aus der Lektüre auf Kärtchen.

Die Schülerinnen und Schüler finden sich dann nach diesen Merkmalen und arbeiten auch inhaltlich weiter zu diesen Figuren. Stefan benutzt Märchenquartette, wenn er in der Unterrichtsreihe „Märchen und Sagen“ Gruppen bildet.

Eine **Gemeinschaft** zeichnet sich dadurch aus, dass die Mitglieder eine gemeinsame Identität ausbilden. Die Mitglieder identifizieren sich mit ihrer Gruppe und sorgen füreinander. Daher versuchen wir, die Entwicklung von Gruppenidentität gerade in Langzeitteams zu unterstützen.

B

Umsetzungsbeispiel
Gruppennamen – Gruppenlogo
In ihrer 5. Klasse lässt Delia ihre Schülerinnen und Schüler Gruppennamen erfinden. Mit diesem Namen werden dann z. B. gemeinsame Ergebnisse unterschrieben. In einem nächsten Schritt entwickeln die Schülerinnen und Schüler passend zum Gruppennamen ein Logo oder Wappen. Diese Logos fotografiert Delia und macht daraus kleine Kärtchen, die sie bei der Auswahl der Gruppen für Präsentationen nutzt, indem sie eine Tischgruppe mittels dieser Kärtchen auswählt.

Das Gelingen mancher Methoden hängt ganz besonders davon ab, wie verantwortlich die Gruppenmitglieder sich füreinander fühlen. Eine dieser Methoden ist das Expertenpuzzle (Jig Saw). Nicht nur bei Studienreferendarinnen und -referendaren erfreuen sich Expertenpuzzles großer Beliebtheit. Auch wir fanden diese Methode immer reizvoll. Allerdings waren die Arbeitsergebnisse fast nie so wie erhofft. Als wir uns mit dem Thema „Sicherheit durch angemessenen Einsatz von Methoden“ beschäftigten, wurde uns einiges klar. Aus sozialer Sicht wird der Einsatz eines Expertenpuzzles erst dann wirklich effektiv, wenn Gruppen Teamgeist aufgebaut haben. Erst wenn die Gruppenmitglieder das Prinzip der gegenseitigen positiven Abhängigkeit und der individuellen Verantwortung verinnerlicht haben, können wir das Expertenpuzzle zu unserer Zufriedenheit einsetzen.
Anfangs organisierten wir den Arbeitsprozess sogar vollkommen falsch. Wir gaben den Mitgliedern der einzelnen Tischgruppen den gleichen Text, ließen sie also zu Expertinnen und Experten für diesen Text werden, indem sie sich gegenseitig halfen, ihn zu verstehen, und setzten sie dann mit Mitgliedern anderer Gruppen zusammen, die andere Texte bearbeitet hatten. Aufgabe der Expertinnen und Experten war es dann, den neuen Gruppenmitgliedern ihre Informationen zu vermitteln. Wir beobachteten, dass die Schülerinnen und Schüler das meist mit wenig Engagement taten. Warum sollten sie Anderen, mit denen sie sonst nichts zu tun hatten, etwas beibringen? Auch die Motivation, etwas mitzunehmen, was die ursprüngliche Gruppe brauchen würde, stellten wir nicht her, da es keine entsprechenden Anschlussaufgaben gab. Wir hatten weder soziale Verbindlichkeit hergestellt

noch angemessene inhaltliche Notwendigkeiten zur Zusammenarbeit geschaffen. Das Verfahren diente nur der vermeintlichen Arbeitsteilung, von der die Schülerinnen und Schüler je nach Zusammensetzung der Gruppen kaum profitierten. Die Qualität dessen, was gelernt wurde, hing von den einzelnen „Experten" ab. Wehe der Gruppe, die auf einen Experten ohne Expertise traf. Im Nachhinein brachte das Verfahren oft nur zusätzliche Arbeit in der Aufarbeitung. Heute gehen wir anders vor.

Methode: Jig Saw (Expertenpuzzle)

1. Die **kooperativen Basisgruppen** treffen sich. Die Gruppenmitglieder bekommen unterschiedliche Aufgaben und bearbeiten sie in Einzelarbeit.

A1	B1	A2	B2	A3	B3	A4	B4
C1	D1	C2	D2	C3	D3	C4	D4

2. Die **Expertengruppen/-paare** kommen zusammen. Sie tragen sich gegenseitig ihre Ergebnisse vor, diskutieren sie, klären, fragen, stellen die wesentlichen Punkte zusammen und erarbeiten gemeinsam eine Präsentation der Inhalte für ihre jeweiligen Basisgruppen.

A1	A2	B1	B2	C1	C2	D1	D2
A3	A4	B3	B4	C3	C4	D3	D4

3. In der **Basisgruppe** finden sich die einzelnen Experten wieder ein. Nacheinander tragen sie ihrem Team ihren spezifischen Lerninhalt vor.

A1	B1	A2	B2	A3	B3	A4	B4
C1	D1	C2	D2	C3	D3	C4	D4

Jedes Gruppenmitglied soll nach dem Austausch über jeden Teilbereich optimal informiert sein und diesen auch auf Aufforderung hin erläutern bzw. in einem Test erfolgreich darstellen können.

B

Umsetzungsbeispiel
Geschichte: Expertenpuzzle

Zur Bearbeitung des Themas „Revolution" sucht Thomas vier Texte aus, in denen Entstehung und Ablauf von vier Revolutionen dargestellt werden. Die Texte markiert er mit A, B, C und D. Jedes Tischgruppenmitglied der **Basisgruppen** bekommt einen dieser Texte und bearbeitet seinen Text in Einzelarbeit, indem es die wichtigsten Aussagen markiert. Daran anschließend bilden die Schülerinnen und Schüler entsprechend der Texte die **Expertengruppen**. In den **textgleichen** Gruppen tauschen sie im Anschluss ihre Ergebnisse aus. Thomas gibt ihnen die Aufgabe, in einer **Tabelle** Ursachen und Auswirkungen der Revolution festzuhalten.

Die Aufgabe enthält auch die Information, dass jedes Mitglied die Liste mit den gemeinsamen Ergebnissen anfertigen muss und alle die Ergebnisse im Anschluss in ihrer Basisgruppe vorstellen müssen, damit diese damit weiterarbeiten kann. Die Schülerinnen und Schüler wissen somit, dass sie Verantwortung dafür übernehmen müssen, dass sie und ihre Teammitglieder gut weiterarbeiten können. Das erhöht Aufmerksamkeit und Verantwortlichkeit. Beim Expertenaustausch erhalten die Schülerinnen und Schüler die Gelegenheit, die Inhalte ihrer Texte zu wiederholen und Verständnisprobleme mithilfe der Anderen zu klären. Viele gelangen durch diese Zusammenarbeit zu einem besseren Ergebnis, als wenn sie alleine gearbeitet hätten. Durch die neue Aufgabe geht die kognitive Herausforderung über die reine Wiederholung und Verständnisklärung hinaus.

Nachdem sich die Expertengruppen ausgetauscht und die Listen angefertigt haben, gehen die Gruppenmitglieder in ihre **Basisgruppen** zurück, wo sie ihre Ergebnisse vorstellen. Die nächste neue Aufgabe besteht dann darin, auf der Basis der vier Listen eine Definition für den Begriff „Revolution" zu erarbeiten. Für die **eigene** Gruppe, mit der sie sich **identifizieren** und für deren erfolgreiche Ergebnispräsentation sie sich verantwortlich fühlen, sind die Schülerinnen und Schüler jetzt eher bereit, sich anzustrengen.

7.4 Reisejournal 3 – Reflexion

Am Ende des Schuljahres ist es wieder so weit, wir blicken auf Höhen und Tiefen unserer Arbeit zurück. Einiges konnten wir realisieren. Nicht alles funktionierte in allen Klassen oder bei jedem. Einige von uns sind unzufrieden mit unseren langsamen und mühsamen Fortschritten. Margret weist darauf hin, dass es gerade für Fachlehrerinnen und -lehrer, die nur zwei oder drei Stunden in den Lerngruppen unterrichten, schwierig ist, die Schülerinnen und Schüler konsequent an Kooperatives Lernen heranzuführen. Verena ergänzt, dass die Arbeit mit Schülerinnen und Schülern in Klassen leichter fällt, in denen mehrere Lehr-

kräfte Kooperatives Lernen praktizieren und die Klassenlehrerinnen und -lehrer ihre Arbeit unterstützen. Das zeigt, wie wichtig es ist, dass auch wir Gemeinschaften aufbauen, um für mehr Lernerfolg bei den Schülerinnen und Schülern zu sorgen.
Jens, der in vier fünften und sechsten Klassen Mathematik unterrichtete, beklagt, dass die Schülerinnen und Schüler einiger Klassen trotz Regeln und sorgfältigen Einübens von Methoden nur unzureichend kommunizieren. Er findet, dass viele nicht freundlich miteinander umgehen, streiten oder provozieren. Zur Herstellung einer sicheren Lernatmosphäre brauche es offensichtlich noch mehr als Kennenlernübungen und saubere Methodendurchführung. Er habe den Eindruck, dass manchen Schülerinnen und Schülern eine Reihe von Kompetenzen zur Zusammenarbeit fehlt. Vielleicht sollten wir uns damit einmal näher beschäftigen und daran im nächsten Schuljahr verstärkt arbeiten?

8 Soziale Kompetenz – die Voraussetzung für Teilhabe

Sozial kompetentes Verhalten von Lernenden zeigt sich darin, dass sie in bestimmten Situationen in der Lage sind, eigene Ziele zu realisieren bei gleichzeitiger sozialer Akzeptanz des dazu gezeigten Verhaltens (vgl. Kanning 2002). Soziales Lernen findet am wirkungsvollsten in Interaktion mit anderen statt. Gerade kooperative Lernformen bieten Schülern einen hohen Anteil an Interaktionsmöglichkeiten. Beim Einsatz Kooperativen Lernens ist die Entwicklung sozial kompetenten Verhaltens sowohl Bedingung als auch Resultat von kooperativem Arbeiten (vgl. Traub 2010).

Soziale Kompetenz setzt sich aus einer Vielzahl von Fertigkeiten zusammen. Nicht alle Lernenden verfügen über diese Fertigkeiten. Solange sie diese Fertigkeiten jedoch nicht haben, bleibt Gruppenarbeit unwirksam und kann sogar schädlich sein. Wenn in ungeübten Gruppen unzureichende Strukturen vorgegeben werden und Fertigkeiten zur Zusammenarbeit fehlen, kommt es zu unerwünschtem Verhalten bei Lernenden (vgl. „Free-rider-Effekt" oder „Rich-get-richer-Effekt" (vgl. Johnson & Johnson 1993) und soziales Faulenzen (vgl. Traub 2004) ist die Folge. Daher ist es unverzichtbar, dass Lehrkräfte zur Schaffung eines sicheren und lernförderlichen Unterrichtsklimas diese Fertigkeiten *gezielt* einüben. In diesem Kapitel wird ein Kategoriensystem für soziale Kompetenz (vgl. Bennett 2019) vorgestellt.

8.1 Fertigkeiten zur Zusammenarbeit

Soziale Kompetenz zeigt sich in der Beherrschung von Fertigkeiten aus drei Kategorien: **sozialen** Fertigkeiten, **kommunikativen** Fertigkeiten und **Fertigkeiten zum kritischen Denken** (vgl. Bennett 2019). Das Problem, die notwendigen Fertigkeiten gezielt einzuüben, beginnt aus Benetts Sicht meist schon damit, dass Lehrkräfte sich nicht verdeutlichen, welche Fertigkeiten genau in diese drei Kategorien gehören. In seinen Seminaren stellt er Lehrkräften daher häufig die Aufgabe, die in der nachfolgenden Liste angeführten Fertigkeiten in diese drei Bereiche einzuordnen:

1. sich abwechseln
2. vorschnelles Urteilen vermeiden
3. leise sprechen
4. angemessen widersprechen
5. beide Seiten eines Sachverhalts überprüfen

6. aufmerksam zuhören
7. auf Unklarheiten befragen
8. eine Idee zurückweisen, nicht aber die Person
9. für gleiche Beteiligung sorgen
10. Ideen von anderen annehmen und darauf aufbauen
11. sich auf Andere beziehen
12. Vorhersagen machen
13. alle Faktoren in Betracht ziehen
14. Verständnis überprüfen
15. paraphrasieren
16. die Anstrengungen Anderer unterstützen
17. Material austauschen
18. die Zielsetzungen, Ziele und Lernziele Anderer klären
19. geduldig sein
20. empathisch sein
21. Schlussfolgerungen ziehen
22. aktiv teilnehmen
23. Kritik nicht persönlich nehmen

Mögliche Lösung
Soziale Fertigkeiten: 1. sich abwechseln, 3. leise sprechen, 9. für gleiche Beteiligung sorgen, 16. die Anstrengungen Anderer unterstützen, 17. Material austauschen, 19. geduldig sein, 20. empathisch sein, 22. aktiv teilnehmen, 23. Kritik nicht persönlich nehmen
Kommunikative Fertigkeiten: 2. vorschnelles Urteilen vermeiden, 4. angemessen widersprechen, 6. aufmerksam zuhören, 7. auf Unklarheiten befragen, 8. eine Idee ablehnen, nicht aber die Person, 10. die Ideen von anderen annehmen und darauf aufbauen, 11. sich auf Andere beziehen, 14. Verständnis überprüfen, 15. paraphrasieren
Fertigkeiten zum kritischen Denken: 5. beide Seiten eines Sachverhalts prüfen, 12. Vorhersagen machen, 13. alle Faktoren in Betracht ziehen, 18. die Zielsetzungen, Ziele und Lernziele Anderer klären
20. empathisch sein, 21. Schlussfolgerungen ziehen, 22. aktiv teilnehmen, 23. Kritik nicht persönlich nehmen

Es zeigt sich, dass Lehrkräfte häufig nicht nur erstaunt sind über die Vielzahl der Fertigkeiten, sondern auch unsicher bei der Zuordnung. Selbst wenn eine *völlig* eindeutige Zuordnung nicht immer möglich ist (vgl. empathisch sein, aktiv teilnehmen, Kritik nicht persönlich nehmen), erweist es sich mit Blick auf das Einüben mit Lernenden als günstig, wenn Lehrkräfte grundsätzlich den Unterschied erkennen und kennen.

Die drei Bereiche bauen aufeinander auf und um die Fertigkeiten angemessen einzuüben, ist es wichtig zu wissen, wie sie zusammenhängen. Hierzu Bennett in seinem Buch „Beyond Effective Group Work" (2019):

> „Sie werden Probleme haben, Fertigkeiten des kritischen Denkens bei Schülern auszubilden, wenn Ihre Schüler keine grundlegenden kommunikativen Fertigkeiten haben; und Ihre Schüler werden Probleme haben, grundlegende kommunikative Fertigkeiten zu erwerben, wenn sie keine sozialen Kompetenzen haben. Weniger komplexe Prozesse ermöglichen komplexere Prozesse. So kann ich Ihnen nur viel Erfolg wünschen, wenn Sie ‚Beide Seiten eines Sachverhalts untersuchen' (eine Fertigkeit zum kritischen Denken) vermitteln wollen, wenn Schüler das Vermeiden von vorschnellem Urteil, angemessenes Widersprechen, Ringen um Klärung und aufmerksames Zuhören (kommunikative Fertigkeiten) nicht beherrschen. Und wie wollen die Schüler vorschnelles Urteilen vermeiden, angemessen widersprechen, um Klärung ringen und aufmerksam zuhören, wenn sie nicht höflich sind, wenn sie sich nicht abwechseln oder wenn sie nicht auf gleiche Beteiligung achten (soziale Fertigkeiten)?
> Ich bin immer wieder in Sekundarstufenklassen zu Gast, in denen man versucht, Schüler an kritisches Denken heranzuführen. Aber die Schüler haben selten die kommunikativen und sozialen Fertigkeiten, um kritisches Denken auszuüben.
> Wenn ich dann Lehrer und Schüler beobachte, ist es, als würde ich ihnen bei dem Versuch zusehen, den Boston Marathon zu laufen, wenn sie bereits Schwierigkeiten haben, nur um den Häuserblock zu kommen." (Übersetzung durch die Verfasserin)

8.2 Zusammenarbeit auf Schulebene

Beim Lesen von Stellenanzeigen ist immer wieder festzustellen, dass Firmen explizit von ihren Bewerbern hoch entwickelte kommunikative und interpersonale Fertigkeiten erwarten. Für Schulen muss daraus die Verpflichtung entstehen, sicherzustellen, dass ihre Lernenden diese Fertigkeiten innerhalb der Schulzeit auch erwerben.

So wäre es vorstellbar, dass sich Lehrerkollegien darauf einigen, in jeder Jahrgangsstufe eine Reihe bestimmter Fertigkeiten einzuführen und einzuüben und im Folgejahr deren Beherrschung neben der Einführung neuer Fertigkeiten hin und wieder zu überprüfen. Verfolgt man diese Idee über die Jahrgangsstufen hinweg, könnten von Klasse 5 bis 12 bei 3 bis 5 Fertigkeiten im Jahr insgesamt 24 bis 40 Fertigkeiten zur Zusammenarbeit eingeübt worden sein.

Während in den Klassen 5 bis 9 die Betonung auf sozialen und kommunikativen Fertigkeiten liegt, kann in den höheren Klassen der Schwerpunkt auf Fertigkeiten des kritischen Denkens gelegt werden. Dies entspräche auch

Erkenntnissen aus der Gehirnforschung. Die an Urteilsbildung maßgeblich beteiligte Gehirnpartie, der präfrontale Kortex, bildet sich erst im Verlauf der Pubertät vollständig aus. Rationale Urteilsbildung sowie begründete und selbstständige moralische Entscheidungsfindungen sind erst nach vollständiger Ausbildung dieses Gehirnteils in vollem Umfang möglich.

Sollte ein Konsens bzgl. des Einübens von Fertigkeiten auf Schulebene nicht herstellbar sein, können einzelne oder mehrere Lehrkräfte einer Lerngruppe sich zu Beginn eines Schuljahres überlegen, welche Fertigkeiten diese Lerngruppe am ehesten benötigt, und diese gemeinsam einüben. In den ersten 2 bis 3 Wochen, können diese Fertigkeiten dann eingeführt werden und im Laufe des Schuljahres immer wieder genutzt und überprüft werden. Neue Fertigkeiten können hinzugenommen werden, wenn sie erforderlich sind.

9 Gemeinsam und kompetent voran

In unserer Fortbildungsgruppe haben wir beschlossen, in den 5. Klassen nach Möglichkeit mit vereinten Kräften mit Kooperativem Lernen anzufangen. Wir glauben, dass es sinnvoll ist, uns bei der Umsetzung Kooperativen Lernens in den Lerngruppen gegenseitig zu unterstützen, damit wir über den bloßen Einsatz von Methoden hinausgelangen. Wir haben daher dem Schulleiter unser Anliegen vorgetragen.

Im neuen Schuljahr unterstützt er uns dann tatsächlich, indem er die Mitglieder unserer Gruppe verstärkt in zwei fünften Klassen einsetzt. Die Klassenlehrer, Kollege Stefan und Kollegin Verena, wollen zusammenarbeiten, um für ihre Klassen pädagogische Konzepte zu erarbeiten, die unsere gemeinsamen Bemühungen unterstützen sollen. In diesen beiden Klassen wollen wir vorrangig Partnerarbeit einüben, indem wir neben der Gestaltung von Beziehungen zunächst zwei soziale Fertigkeiten und zwei kommunikative Fertigkeiten zur Zusammenarbeit systematisch einführen. Als Basisfertigkeiten identifizieren wir **leise sprechen** und **gleiche Beteiligung**. Danach wollen wir dann zwei kommunikative Fertigkeiten in den Blick nehmen: **hinhören/paraphrasieren** und **angemessen widersprechen**. Aus unserer Erfahrung hören Schülerinnen und Schüler nicht immer genau genug zu und verfügen auch nicht immer über die Fertigkeit, das Gehörte angemessen wiederzugeben, um dem Anderen ihr Verstehen oder Verständnis zu signalisieren. Die Fähigkeit zum Paraphrasieren benötigen die Schülerinnen und Schüler darüber hinaus auch in fachlichen Bezügen. Bei Austausch und Einigungsprozessen werden die Schülerinnen und Schüler immer wieder in die Situation kommen, der Meinung ihres Gegenübers widersprechen zu wollen. Dies geschieht bisher häufig gleichzeitig mit Angriffen auf die Person oder herabsetzenden Bemerkungen. Im Gespräch stellen wir fest, dass wir uns im Vorfeld darüber klar werden sollten, was genau wir selbst unter den auszubildenden Fertigkeiten verstehen. Wir vereinbaren auch, dass zuerst die Klassenlehrerin bzw. der Klassenlehrer die Fertigkeiten im Rahmen der Klassenlehrerstunde einführt und die Fachlehrkräfte dann in ihrem Unterricht daran anknüpfen.

9.1 Leise miteinander sprechen

Auch wir haben erlebt, dass Gruppen- oder Partnerarbeit häufig zu laut wird, weil die Schülerinnen und Schüler mit normaler Sprechlautstärke beginnen und dann die Lautstärke steigern müssen, um die der anderen Gruppen zu übertönen. Daher ist das Einüben des leisen Sprechens der erste Schritt.

B

Umsetzungsbeispiel
Leise sprechen

Stefan und Verena bitten die Paare, sich einander bei der Zusammenarbeit so weit zuzuwenden, dass ca. 30 cm Platz zwischen ihren Köpfen bleibt. Da 30 cm nur schwer für die Schülerinnen und Schüler einzuschätzen sind, nutzen sie zur Demonstration ein DIN-A4-Blatt, das diese zur Überprüfung kurz zwischen ihre Köpfe halten. Dann fordern sie sie auf, so leise miteinander zu sprechen, dass die Partnerin/der Partner sie gerade noch hören kann.

Für viele ist das bereits eine schwierige Übung, die wir alle lange Zeit wiederholen müssen, weil eine Reihe von Schülerinnen und Schülern wenig Kontrolle über die eigene Stimme hat. Ein akustisches Signal oder Lichtsignal hilft Schülerinnen und Schülern anfangs zu erkennen, wann es insgesamt zu laut beim Austausch wird. Manchmal stellen wir uns auch neben die allzu lauten Redner und mahnen sie, leise zu sprechen.

9.2 Gleiche Beteiligung für alle

Wenn unsere Schülerinnen und Schüler paarweise miteinander arbeiten, ist in vielen Fällen zu beobachten, dass Redezeiten oder -frequenzen sehr ungleich verteilt sind. Eine ganze Reihe von ihnen fühlen sich nicht verantwortlich für das Gelingen eines Austauschs. Sie halten Informationen zurück oder fordern ihr Gegenüber nicht angemessen auf, am Austausch teilzunehmen. Das soll sich ändern, denn die Chance auf gleiche Beteiligung ist wichtig für die emotionale und intellektuelle Entwicklung der Kinder. Auf gleiche Beteiligung zu achten und sie einzufordern, involviert Selbstregulation, soziale Sensibilität und Kompetenz.

B

Umsetzungsbeispiel
Gleicher Redeanteil

Kollegin Verena fragt die Schülerinnen und Schüler als Erstes, weshalb es wichtig sein könnte, dass jeder die Gelegenheit zur Beteiligung bekommt und wahrnimmt. Sie teilt ihnen auch mit, dass sie beobachtet hat, dass Redeanteile nicht immer gleich verteilt sind, dass also einige bei der Partnerarbeit zu lang und andere wenig oder gar nicht reden. Die Schülerinnen und Schüler pflichten ihr bei, jedoch sagen einige von ihnen, dass sie in der Situation nicht wissen, wie sie für gleiche Beteiligung sorgen können. Gemeinsam mit den Schülerinnen und Schülern entwickelt sie nun Strategien, wie diese gegenseitig darauf achten können, dass beide Partnerinnen und Partner ihren Beitrag leisten und wie die Lehrkräfte ihnen dabei helfen können.

Ein Vorschlag ist, dass die Lehrkraft bei der Partnerarbeit die Redezeit für die Einzelnen vorgibt und kontrolliert. Am Anfang übernehmen wir Lehrkräfte daher noch die Rolle der Zeitnehmer, in Zukunft wird es aber die Aufgabe eines Teammitglieds werden, auf gleiche Redezeit zu achten.
Während der Zusammenarbeitsphasen beobachten wir die Schülerinnen und Schüler und führen mit denjenigen, die sich nicht an die Regeln halten, immer wieder Einzelgespräche. Außerdem hält Verena die Partnerinnen und Partner immer wieder dazu an, ihre eigene Beteiligung in Austauschphasen einzuschätzen und diese Einschätzung auch mit den Partnerinnen und Partnern zu besprechen. Dabei wird klar, dass viele zwar wissen, weshalb gleiche Beteiligung gut ist, sie jedoch nicht genau sagen können, woran man sie erkennt. Nachdem Verena mit den Schülerinnen und Schülern noch einmal eindeutige Indikatoren für gleiche Redezeit erarbeitet hat, wird es allmählich besser. Viele Schülerinnen und Schüler zeigen uns im Laufe der Zeit, dass sie die Regelung und deren Sinn verstanden haben.

9.3 Einander zuhören

Aus langer Erfahrung wissen wir alle, dass der Satz „Ich möchte, dass ihr euch gegenseitig gut zuhört" bei vielen Schülerinnen und Schülern auf taube Ohren stößt. Wie also können wir gutes Zuhören vermitteln? Um Ideen zu bekommen, sehen wir uns gemeinsam ein Beispielvideo der Realschule Enger an (zu finden im Internet unter den Stichwörtern Realschule Enger, sprechen, sehen, hören).

B

Umsetzungsbeispiel

Einüben von Zuhören und Nichtzuhören

Eine Lehrerin lässt ihre Schülerinnen und Schüler in einem ersten Schritt erleben, wie es ist, wenn man etwas erzählt und die andere Person nicht zuhört. Hierzu unterteilt sie die Klasse in zwei Gruppen. Die eine Gruppe geht vor die Tür mit dem Auftrag, sich zu überlegen, was sie einer Partnerin/einem Partner Interessantes erzählen wollen. Die verbleibenden Schülerinnen und Schüler bekommen den Auftrag, sich zu überlegen, wie man „Nichtzuhören" demonstrieren kann.
Nach einigen Minuten holt die Lehrerin die „Erzähler" wieder in die Klasse und fordert sie auf, ihren Partnerinnen und Partnern zu berichten, was sie sich überlegt haben. Der Instruktion entsprechend demonstrieren nun die „Zuhörenden" ihr Desinteresse. Auf den Gesichtern der Kinder, die erzählen, wird zunehmende Frustration sichtbar.
Nach einiger Zeit bricht die Lehrerin ab und fragt die „Erzähler", ob es ihnen gefallen habe, ihre Geschichten zu erzählen.

Die Kinder verneinen dies und begründen es mit den demotivierenden Verhaltensweisen ihrer Partnerinnen und Partner. Diese Verhaltensweisen hält die Kollegin an der Tafel fest und macht damit das „**Nicht**zuhören" sichtbar. Als Nächstes fordert sie nun die Schülerinnen und Schüler auf, ihr zu sagen, woran man denn wohl erkennen bzw. sehen könne, *dass* jemand zuhöre. Die Schülerinnen und Schüler benennen nun positive Verhaltensweisen, die die Lehrerin erneut an der Tafel festhält. Mit der Klasse vereinbart sie, dass man in der nächsten Zeit darauf achten wolle, diese Verhaltensweisen zu zeigen, und beginnt ihren Unterricht. In ihre fachlichen Aufgabenstellungen bindet sie nun die Aufforderung zum „guten Zuhören" ein.

B

Umsetzungsbeispiel

Zuhören: T-Tabelle

Stefan und Verena haben eine andere Idee und beschließen, mit einer Grafik zu arbeiten, um die Fertigkeit mit den Schülerinnen und Schülern zu erarbeiten: Sie benutzen die T-Tabelle. Sie bitten die Schülerinnen und Schüler, kurz zu überlegen, was sie tun können, damit eine andere Person **sehen** kann, dass sie zuhören, und sammeln die genannten Aspekte in der linken Spalte. Beim Sammeln modellieren Sie selbst auch Verhaltensweisen, damit die Schülerinnen und Schüler auf mehr Ideen kommen. Genauso verfahren sie bei der Frage: „Was kannst du tun, damit deine Partnerin hört, dass DU zuhörst?" Die Ergebnisse werden in der rechten Spalte festgehalten.

Diese Tabelle wird neben der Tafel für alle sichtbar aufgehängt. In den Unterrichtsstunden wird „Zuhören" nun Bestandteil der Aufgaben. Bei der Reflexion des Zuhörverhaltens werden die Schülerinnen und Schüler angehalten zu sagen, woran genau sie erkannt haben, ob bzw. dass ihr Gegenüber ihnen zugehört hat. Für diesen Zweck haben wir auch einen Reflexionsbogen erstellt, den die Schülerinnen und Schüler für ihre Partnerinnen und Partner ausfüllen. Diese Reflexionsbögen heften sie in ihre Mappen ein.

Reflexionsbogen

Name:	Für Niclas	Fach: Deutsch	
Datum/ Fach	Du hast mir zugehört, weil du ...	Ich erkenne besser, dass du zuhörst, wenn du ...	Name
			Lena

Kollegin Gaby hat die Idee, dass man zusätzlich noch die Fähigkeiten zur Selbsteinschätzung der Einzelnen einüben könne, indem sie als Erstes auf einem gesonderten Blatt zur Selbstreflexion festhalten, wie sie selbst ihr Zuhören einschätzen und was sie glauben, verbessern zu können, bevor sie ihre Partnerin/ihren Partner einschätzen.

Bogen zur Selbsteinschätzung

Name:	Niclas	Fach: Deutsch
Datum/ Fach	Ich habe zugehört, weil ...	Ich könnte mich verbessern, indem ich ...

Einmal in der Woche besprechen die Fachlehrkräfte mit den Lerngruppen, wie die Schülerinnen und Schüler mit ihren Partnerinnen bzw. Partnern das Zuhören erlebt haben. Wir stellen fest, dass sie achtsamer geworden sind und jetzt auch präziser über gutes Zuhören sprechen können. Sie haben außerdem gelernt, diesbezüglich Feedback zu geben und ihr eigenes Verhalten besser einzuschätzen.

9.4 Angemessen widersprechen

In der 5b erlebt Kollegin Verena, dass ihre Schülerinnen und Schüler ihr Gegenüber wenig respektvoll behandeln, wenn sie anderer Meinung sind. Sie führt daher „angemessen widersprechen" anhand eines sogenannten Concept Attainments ein.

B

Umsetzungsbeispiel

Angemessen widersprechen: Concept Attainment

Beim Concept Attainment erhalten die Schülerinnen und Schüler Beispiele und Nichtbeispiele für einen Begriff, den sie noch nicht kennen bzw. der näher betrachtet werden soll. Verena projiziert Beispielpaare nacheinander an die Wand. Vorher stellt sie die folgende Aufgabe:

„Wir suchen heute eine Fertigkeit, die wichtig ist, wenn man mit anderen redet. Ich zeige euch gleich 4 JA-Beispiele und 4 NEIN-Beispiele. Die NEIN Beispiele sind nicht „falsch", sie sind nur keine Beispiele für die Fertigkeit, die wir in den JA-Beispielen suchen. Versucht, die Gemeinsamkeiten in den JA-Beispielen zu entdecken. Bitte behaltet eure Idee für euch."

JA	NEIN
1. Ich verstehe jetzt, wie du darauf kommst. Aber ich denke, du hast das Wichtigste, warum deine Idee nicht funktionieren wird, dabei nicht erfasst. Willst du wissen, was das ist?	1. Ich schätze, dass ich wirklich noch über diesen Vorschlag nachdenken muss.
2. Tut mir leid, aber bis ich deine Idee wirklich verstehe, kann ich diesen Plan nicht unterstützen.	2. Ich würde lieber nur dem zuhören, was du im Moment zu sagen hast.
3. Deine Ideen ergeben schon Sinn. Ich weiß nur noch nicht, wie sie bei Temperaturen unter dem Gefriergrad funktionieren.	3. Wir machen vielleicht doch besser ein Brainstorming, um Ideen zu bekommen.
4. Das hat zwar bei dem letzten Problem funktioniert, aber meine Erfahrung sagt mir, dass es hier nicht funktionieren wird.	4. Du hast noch nichts gesagt, Theo. Hast du einen Vorschlag?

Nach der Präsentation der Beispiele bittet Verena die Schülerinnen und Schüler, ihre eigenen Ideen an den Testbeispielen zu erproben:

„Überlegt jetzt bitte **für euch alleine**, welches Beispiel zu eurer Idee passt."

Testbeispiele:

1. Ich sehe, was du tun willst, trotzdem glaube ich nicht, dass es richtig ist. Hilf mir zu verstehen, wo ich da falschliege.
2. Lass uns doch einfach darauf einigen, dass wir nicht übereinstimmen.
3. Gib mir bitte das lange Lineal.
4. Ich glaube nicht, dass du auf diese Weise etwas erreichst.
5. An dieser Stelle wendest du die Regel nicht richtig an.

Im Anschluss lässt Verena die Paare in den Austausch gehen, um danach mit allen das Konzept zu definieren und eine Tabelle mit den erwünschten Verhaltensweisen zu erstellen. Einige ihrer Schülerinnen und Schüler haben in dem Konzept die soziale Fertigkeit „höflich sein“ entdeckt und auch begründet, weshalb sie zu der Schlussfolgerung gekommen sind. Sie greift diese Beiträge auf und hat damit eine weitere soziale Fertigkeit mit den Schülerinnen und Schülern erarbeitet.

9.5 Reisejournal 4 – Reflexion

Wir haben den Eindruck, dass wir Fortschritte machen. Alle haben die Erfahrung gemacht, dass es allen Beteiligten hilft, das Verhalten, das gezeigt werden soll, so genau wie möglich zu beschreiben. Zum einen wissen die Schülerinnen und Schüler, was genau von ihnen erwartet wird, zum anderen lernen sie ihr eigenes Verhalten und das anderer anhand von Kriterien einzuschätzen. Das haben wir für die Gestaltung von Reflexionsbögen in Form von Rating-Skalen genutzt. Diese Reflexionen halfen uns, mit Schülerinnen und Schülern in Einzelgesprächen über ihr Verhalten zu reden. Die Kolleginnen und Kollegen, die nur mit wenigen Stunden in den Klassen unterrichteten, schränken allerdings ein, dass sie es nicht immer geschafft hatten, mit den Schülerinnen und Schülern die Reflexionen durchzuführen oder zu besprechen.
Nach dem ersten halben Jahr haben wir insgesamt den Eindruck, dass wir in den teilnehmenden Klassen gute Fortschritte gemacht haben. Das gemeinsame und abgesprochene Vorgehen zahlt sich offenbar aus. Das Miteinander der Schülerinnen und Schüler ist recht harmonisch und die meisten Schülerinnen und Schüler arbeiten ohne größere Probleme zusammen. Neben der Einübung der Fertigkeiten zur Zusammenarbeit hatten wir auch festgelegt, welche Methoden wir in Arbeitszusammenhängen einüben wollten. Wir hatten uns auf „Think-Pair-Share“ und „Partner-Place-Mat“ geeinigt. Beide Methoden eigneten sich dazu, die oben ausgeführten Fertigkeiten zu nutzen und einzuüben.
In Verenas Klasse gab es leider ein unerfreuliches Erlebnis mit einer allzu eifrigen Studienreferendarin. Im Politikunterricht erklärte sie Verena eines Tages: „Ich habe nächste Woche Lehrprobe. Da mach ich die Meinungslinie, das Expertenpuzzle und einen Galeriegang zur Auswertung.“ Verena fragte nur: „Glauben Sie, meine Schülerinnen und Schüler und Sie können das?“ Hierauf Frau Lemke: „Klar. Wir haben die Methoden im Fachseminar besprochen und die Methoden kann man den Schülerinnen und Schülern auch schnell erklären. Wird gehen. Ich muss nur noch Texte finden.“ „Sie wissen, dass einige Schüler Probleme mit dem Textverständnis haben? Und glauben Sie, dass das alles in eine Unterrichtsstunde passt?“ Frau Lemke war durch nichts zu bremsen. Es kam, wie es kommen musste. Die Schülerinnen und Schüler taten ihr Bestes in der Lehrprobe, weil sie Frau Lemke mochten, aber die Lehrprobe scheiterte trotzdem grandios. Zum Galeriegang kam es gar nicht mehr. Frau Lemke war sehr enttäuscht von den Schülerinnen und Schülern und fand, dass sie in dieser Klasse nicht mehr weiter unterrichten wollte. Die Schülerinnen und Schüler waren ihrerseits enttäuscht, dass Frau Lemke ihren Einsatz offenbar nicht würdigte. Was war da alles falsch gelaufen?

10 Wenn Methoden, dann richtig

Die Literatur zum Kooperativen Lernen umfasst mehr als 200 Kleingruppenverfahren. Die meisten davon können als weniger komplex bezeichnet werden. Daher unterschätzen Anfängerinnen und Anfänger häufig die Voraussetzungen und Anforderungen beim Einsatz dieser Methoden. Auch wenn die Beschreibungen einfach klingen, ist die Umsetzung doch an viele Bedingungen geknüpft. In diesem Kapitel folgt eine kurze Darstellung der notwendigen Bedingungen zum sachgerechten Einsatz von Methoden.

10.1 Methoden als Werkzeuge

So wie ein Handwerker einen Hammer nicht einfach dazu benutzt, um Abwechslung in den Alltag seiner Kunden und den eigenen zu bringen, sind auch Kooperative Methoden Werkzeuge, die *zweckgebunden* eingesetzt werden. Es ist ihre Aufgabe, Lernprozesse zu strukturieren und zu unterstützen. Unterrichtsplanung beginnt nicht bei der Wahl der Methode, sondern bei der Bestimmung des Themas, des Gegenstandes und des Ziels der Unterrichtsstunde. Um die Bearbeitung des Themas und die Zielerreichung zu ermöglichen, gilt es, die richtige Methode auszuwählen.

Wer Kooperative Methoden in Betracht zieht, muss im Vorfeld überlegen, wie effizient ihr Einsatz bezogen auf die Zielerreichung ist. So kann ein kurzer Lehrervortrag wirksamer und zeitökonomischer sein, als die Schülerinnen und Schüler eine Viertelstunde lang zu zweit oder viert im Trüben fischen zu lassen.

Ein kurzer prägnanter Expertenvortrag kann allerdings lernwirksamer werden, wenn Schülerinnen und Schüler im Anschluss oder auch zwischendurch die Möglichkeit zum Austausch bekommen. Durch die Kombination können beide Vorgehensweisen ihre Kraft entfalten. Wenn die Vortragsphase zusätzlich noch mit einem vorangehenden Hörauftrag verbunden ist, kann die Wirkung in der Austauschphase noch zusätzlich intensiviert werden. Hier drei Beispiele:

- „Notiert euch bitte, was ihr wichtig, interessant oder unklar findet."
- „Verbindet das, was ihr hört, mit dem, was wir bisher besprochen haben."
- „Notiert bitte neue Aspekte zu XY."

Beim Einsatz audiovisueller Mittel (Video Clips, Filmausschnitte etc.) kann der Austausch auch dazu genutzt werden, emotionale Aspekte zu erfassen oder, je nach Inhalt, emotionale Entlastung zu ermöglichen.

Eine weitere Überlegung sollte den Fertigkeiten zur Zusammenarbeit und der Methodenkenntnis der Lernenden gelten. Unbekannte Verfahren bringen anfangs in der Regel Komplikationen mit sich, d.h., ein großer Teil der Aufmerksamkeit ist auf die Durchführung der Methode gerichtet. Der Inhalt gerät dann erfahrungsgemäß leicht in den Hintergrund. Komplexe Sachverhalte während der Einführung *neuer* Methoden bearbeiten zu lassen übersteigt die Konzentration und Fähigkeiten vieler Lernender und Lehrender. Auch die Erfahrung der Lehrkraft spielt eine Rolle beim Einsatz einer Methode. Der *präzise* Einsatz von Methoden will geübt sein. Dazu gehört u. a. die Art der Arbeitsanweisung. Arbeitsanweisungen sollen die Lernenden so präzise wie möglich über das informieren, was von ihnen verlangt wird (vgl. Kap. 7). Dabei erweist es sich als günstig, die Aufgaben in mündlicher *und* schriftlicher Form zu stellen. Unterbrechungen und Störungen können so weitgehend vermieden werden.

10.2 Komplexität von Methoden

Think-Pair-Share stellt im Grunde das Grundmuster von Kommunikation dar und ist daher strukturell bedeutsam für den Aufbau effektiver Gruppenarbeit. Die Austauschzeit wird maximiert, da die Gruppengröße auf zwei Personen beschränkt ist.

Think-Pair-Share ist Bestandteil des sozialen und kognitiven Lernens. Neurologen weisen darauf hin, dass Reden wichtig für das intellektuelle Wachstum ist. Viele Wissenschaftler (z. B. Vygotsky, Freire, Piaget) vertreten die Ansicht, dass Lernen eine soziale Konstruktion ist. H. Gardner zeigt in seiner Forschung zur *multiplen Intelligenz*, dass der Haupterfolgsindikator in allen Kulturen, die er untersucht hat, die *„interpersonale Intelligenz"* war.

Selbst wenn Think-Pair-Share die kompakteste kooperative Methode ist, erfordert sie einige Vorüberlegungen, denn es kann schnell zu Komplikationen kommen. Diese beginnen bereits, wenn Lernende nicht wissen, dass während der *Denkphase* nicht kommuniziert wird, damit sie genügend Raum für eigene Gedanken haben. Die Länge der Denkphase, hängt von der Komplexität der Aufgabenstellung ab. Je höher die geforderte Denkleistung, desto mehr Zeit benötigen die Lernenden, bevor sie mit einer Idee in den Austausch gehen können. Hinzu kommt die Einschätzung der Fülle der zu erwartenden Ergebnisse aus der Denkphase. Die Länge der Denkzeit bemisst sich auch danach, ob die Einzelnen „nur" nachdenken oder sich zusätzlich Notizen machen sollen. Notizen erhöhen den Verbindlichkeitsgrad und machen Denken sichtbar, brauchen aber Zeit, wenn die Lernenden zuvor z. B. nicht gelernt haben, sich nur Stichworte zu machen.

Der nächste Schritt gilt der Überlegung, wie die Austauschphase weitergeführt werden soll. Auch hier stellt sich die Frage, ob ein Austausch in mündlicher Form ausreicht oder ob eine gemeinsame Antwort schriftlich formuliert oder ein gemeinsames Produkt (z. B. eine Grafik oder eine Liste) erstellt werden soll. Je mehr Einigung und Aufwand die Zusammenarbeit erfordert, desto mehr Zeit benötigen die Schülerinnen und Schüler.

Alleine diese Aufzählung zeigt bereits, wie viel Sorgfalt in die Verwendung selbst einfacher Methoden gelegt werden muss, um sie zum Gelingen zu bringen. Je routinierter eine Lehrkraft wird, desto geringer wird im Laufe der Zeit der Aufwand bei der Vorbereitung und desto sicherer werden die Einschätzungen. Auch die Schülerinnen und Schüler werden mit zunehmender Routine zügiger arbeiten lernen. Wichtig ist es, dass die Lernenden wissen und verstehen, welchen Zweck der Einsatz der Methode hat.

Umfangreiche und komplexe Methoden verlangen immer besonders viel Sorgfalt beim Schaffen der Voraussetzungen und bei der Einführung. Wenn Lehrkräfte ohne große Überlegung zu komplexen Methoden greifen, lassen sie nicht selten Methoden unberücksichtigt, deren sichere Verwendung Voraussetzung zur Ausführung der neuen Methode gewesen wäre. So muss der Zweck und die Durchführung von Think-Pair-Share eingeübt sein, bevor ein Place Mat eingesetzt wird. Die Beherrschung des Mini Jigsaw (Partner-Puzzle) hilft z. B. bei der Einführung des Jig Saws (Experten-Puzzle), die Nutzung von reziprokem Lesen hilft beim Jig Saw.

Lernende und Lehrende müssen Erfahrungen mit dem Einsatz von Methoden sammeln. Hier eine Übersicht über Methoden und den erforderlichen Erfahrungshintergrund.

Anfänger*	Fortgeschrittene*	Experten*
• Think-Pair-Share • Partner Placemat • Partner Interview • Reziprokes Lesen • Word Web • T-Chart (Tabelle) • Graffiti • Einer geht – drei bleiben • P-W-I-M (einfach) • Schneeball (in Partnerarbeit)	• Think-Pair-Square • Placemat • P-M-I • Mini Jig Saw (Partnerpuzzle) • Mind Mapping • Venn Diagramm (einfach) • Concept Formation • Concept Attainment • Gruppenturnier • Strukturierter Galeriegang • Einer bleibt – drei gehen • P-W-I-M (komplex) • Schneeball (in Gruppenarbeit) • K-W-L	• Jig Saw (Expertenpuzzle) • Placemat kombiniert mit anderen Methoden • Akademische Kontroverse • Concept Mapping • Venn Diagramm (komplex) • C-S-I • Freie Projektarbeit (Group Investigation)

*Schülerinnen und Schüler, Lehrerinnen und Lehrer oder beide Gruppen

Ein weit verbreiteter Irrglaube besteht darin, dass der Unterricht dann gut sei, wenn innerhalb einer Unterrichtsstunde möglichst viele unterschiedliche Methoden eingesetzt werden. Selbst wenn ein gewisses Maß an Methodenvariabilität wünschenswert ist, bringt eine Häufung von Methoden in einer einzigen Stunde meist wenig Gewinn. Die Lernenden werden mit hohem Tempo durch die einzelnen Methoden gehetzt und haben kaum Zeit zu vertieftem Nachdenken. Der Grad der Aktivierung verhält sich umgekehrt proportional zu den Lernergebnissen.

Geringe Lerneffekte ergeben sich auch, wenn komplexe Methoden, wie z. B. die Akademische Kontroverse, in nur 45 Minuten durchgeführt werden. In solchen Stunden tritt die notwendige Tiefe der Bearbeitung der zu bearbeitenden Fragestellung meist in den Hintergrund. Die oberflächlichen Schlussfolgerungen der Schülerinnen und Schüler hätten auch nach 10 Minuten Unterrichtsgespräch gesammelt werden können. Das Resultat ist verschwendete Lernzeit.

10.3 Anspruchsniveau von Methoden

Methoden wie Think-Pair-Share oder Place Mat werden häufig als simple Methoden abgetan, die nicht dazu geeignet seien, höherrangige Denkleistungen bei Schülerinnen und Schülern abzurufen. Diese Annahme ist unzutreffend. Wer kooperative Methoden verwendet, muss zunächst wissen, dass der überwiegende Teil von ihnen zwar von sich aus keine Anforderung an Denkleistung vorgibt, dass daraus jedoch nicht auf mangelnde kognitive Aktivierung geschlossen werden darf. Nur wenige Methoden erfordern von sich aus bestimmte Denkebenen.

Keine vorgegebene Denkebene	Vorgegebene Denkebene
• Think-Pair-Share • Place Mat • Expertenpuzzle • Teams-Games-Tournament (Gruppenturnier)	• Akademische Kontroverse • Concept Attainment • Concept Formation • Concept Map • Venn Diagramm

Während die Methoden auf der rechten Seite Leistungen auf der Ebene der Analyse verlangen, wird die jeweilige Denkanforderung bei den Methoden auf der linken Seite erst durch die *Aufgabenstellung* der Lehrkraft festgelegt (s. Kapitel 12). Die Stärke dieser Methoden liegt darin, dass sie an die kognitiven Fähigkeiten der Lernenden und das angestrebte Ziel angepasst werden können. Ihre Schwäche besteht darin, dass sie ihre Kraft nicht entfalten können, wenn die Lehrerinnen und Lehrer keine herausfordernden Aufgaben stellen. Die Stärke der Methoden auf der rechten Seite liegt darin, dass sie höherrangiges Denken einfordern und damit auch fördern. Ihre Schwäche liegt darin, dass sie dadurch nicht für die Erreichung aller Ziele nutzbar sind.

Anmerkung: Auch wenn die Methoden auf der rechten Seite erst auf der Ebene der Analyse ansetzen, heißt das nicht, dass sie sich nicht für jüngere oder leistungsschwächere Schüler eignen. Auch hier kommt der konkreten Aufgabenformulierung wieder eine bedeutsame Rolle zu (vgl. Kapitel 12).

11 Mit Methode zum Ziel

Leider hat zum neuen Schuljahr die Schulleitung gewechselt und man setzt neue Prioritäten. Wir bekommen unsere gemeinsame Austauschstunde nicht mehr. Fehlende Ressourcen und Stundenplanzwänge sagt man uns. Wir treffen uns also – oft ziemlich geschafft und nicht immer vollzählig – nach dem Unterricht. Wir, das sind mittlerweile doch 14 Kolleginnen und Kollegen von insgesamt 98.
Bei unserem ersten Treffen befassen wir uns mit Frau Lemkes Scheitern. Wir stellen fest, dass Frau Lemkes Misserfolg wohl kein Einzelfall war. Im Grunde kann ihr von uns niemand den leichtfertigen Einsatz kooperativer Verfahren zum Vorwurf machen. Hatten wir doch fast alle einmal gedacht, es sei einfacher.
Nachdem wir damals in den Fortbildungen mit Norm und Kathy Green viele Methoden kennengelernt hatten, ließen auch wir sie begeistert, aber ohne viel Nachdenken auf die Schülerinnen und Schüler los. Manches klappte, manches nicht. Das war eben so – dachten wir. Aber weil es so war, machte es uns auch unzufrieden. Einige Kolleginnen und Kollegen gaben deshalb sogar auf, da sie aufgrund ihres Scheiterns die Wirksamkeit bezweifelten.
Die Forschung bescheinigt vielen Methoden starke Lernerfolge. Warum also funktionieren bei uns gerade die als besonders stark bezeichneten Methoden (z. B. Expertenpuzzle oder Akademische Kontroverse) NICHT?
Erst die eingehende Beschäftigung mit den Methoden führt uns jetzt vor Augen, was alles geschehen muss, damit Schülerinnen und Schüler einer neunten Klasse eine Akademische Kontroverse angemessen durchführen können. Wir erkennen, dass die Methoden auf unterschiedliche Art komplex sind. Einige sind komplex in der Durchführung, andere bezogen auf die sozialen oder kognitiven Voraussetzungen, die zu ihrer reibungslosen Durchführung notwendig sind. Wir kommen zu dem Ergebnis, dass Methoden strukturiert eingeführt und durchgeführt werden müssen, damit sie miteinander kombiniert werden können oder aufeinander aufbauen. Unser neues Motto heißt: reflektierter Methodeneinsatz statt Methodenbesessenheit. Wir vereinbaren, auf diese Aspekte verstärkt zu achten und in die nächste Besprechung Beispiele der Umsetzung mitzubringen.

11.1 Schritt für Schritt zum Ziel

Sowohl wir als auch die Schülerinnen und Schüler müssen Schritt für Schritt Methodenkompetenz erwerben. Meine eigene Erfahrung hat mich mittlerweile gelehrt, dass das nicht dadurch zustande kommt, dass man möglichst viele Methoden zum Einsatz bringt. So war z. B. meine geniale Idee in einer mir noch völlig unbekannten Klasse zu Beginn des Schuljahres **Place Mat**, **T-Tabelle** und **Einer bleibt – drei gehen** innerhalb einer Unterrichtsstunde nacheinander einzusetzen, eben auch genial daneben. Ich hatte diese Methoden in anderen Kontexten und Lerngruppen zwar verwendet, sie aber noch nie in dieser

Form kombiniert – dazu noch in einer mir bislang unbekannten Lerngruppe! Die Schülerinnen und Schüler kannten zwar eine Tabelle, aber weder **Place Mat** noch **Einer bleibt – drei gehen**. Viel Erfahrung mit kooperativem Arbeiten hatten sie auch noch nicht gemacht. Ich beschließe, es diesmal besser zu machen und mir Zeit bei der Einführung der einzelnen Methoden zu nehmen. Im Vorfeld überlege ich mir also genau, wozu die Methoden dienen sollen und welche Kenntnisse und Fertigkeiten sie von den Schülerinnen und Schülern erfordern.

Die **T-Tabelle** ist eine einfache Methode, die Schülerinnen und Schüler auch in Einzelarbeit anfertigen können. In der Partnerarbeit lernen sie, sich über ihre Ergebnisse auszutauschen und ihre Ideen gegenseitig zu ergänzen, um möglichst viele gute Aspekte zusammenzutragen. Dabei werden sie angehalten, ihre sozialen und kommunikativen Fertigkeiten einzusetzen und zu überprüfen.

Das **Place Mat** erfordert, dass Schülerinnen und Schüler bereits die Schritte von **Think-Pair-Share** internalisiert haben und über die entsprechenden Kompetenzen zur Zusammenarbeit verfügen. Ich beginne mit dem **Partner-Place-Mat**. Nachdem die Schülerinnen und Schüler mit dem Partner-Place-Mat arbeiten können, gelangen wir zum **Gruppen-Place-Mat**, das aufgrund der größeren Anzahl von Personen mehr soziale und kommunikative Kompetenzen erfordert. Einigungsprozesse stellen jetzt auch höhere kognitive Anforderungen. Wenn die Schülerinnen und Schüler hinreichend vertraut mit der Place-Mat-Methode sind, kann ich sie bitten, in der Mitte des Place Mats ihr Ergebnis als Tabelle festzuhalten. Damit werden zwei Methoden erstmals kombiniert. Ähnliche Kombinationen sind mit anderen grafischen Darstellungen möglich (z. B. Rangleiter, Venn Diagramm, Fischgrätdiagramm oder Mind Map). Wichtig ist nur, dass jede Methode zuvor einzeln eingeübt wurde und ihre Bearbeitungskomplexität richtig eingeschätzt wird.

B

Umsetzungsbeispiel

Politikunterricht: T-Tabelle – Place Mat

Gemeinsam mit Kollegin Margret habe ich diese Methoden in der Klasse mehrfach eingeübt. Margret nutzt sie nun im Politikunterricht, um eine Diskussion zur „Handynutzung in der Schule" vorzubereiten. Sie will jetzt beide mit der noch unbekannten Methode **Einer bleibt – drei gehen** kombinieren. Im „Place Mat" sammeln die Schülerinnen und Schüler in ihren eigenen Ecken Argumente für und gegen das Mitführen von Handys. In der Mitte einigen sie sich auf die 8 stärksten Argumente dafür und dagegen und listen sie in einer **T-Tabelle** auf. Auf diese Weise werden die Ergebnisse aus den vier Ecken genutzt, um etwas Neues zu erstellen. Die kognitive Anforderung besteht darin, dass die Schülerinnen und Schüler die Ergebnisse bewerten und sich auf die wichtigsten Aspekte einigen. Das wiederum erfordert soziale und kommunikative Fertigkeiten. Da die Methoden eingeübt waren, geht die Arbeit reibungslos voran. Anstatt nun jedoch mit allen die Ergebnisse aus den Tabellen der einzelnen Gruppen zu besprechen, setzt Kollegin Margret die neue Methode ein: **Einer bleibt – drei gehen.**

B

Umsetzungsbeispiel
Politikunterricht: Einer bleibt – drei gehen

Da die Klasse sehr schnell unruhig wird, wandelt Margret sie ab zu **Einer geht – drei bleiben**. So bleiben mehr Lernende an ihren Tischen, der Unterricht verläuft störungsfreier.

Ausgangssituation:
Margret nummeriert die Schülerinnen und Schüler durch und verteilt Rollen. Alle Personen **Nr. 2** werden **Protokollanten** und fertigen eine Abschrift der Tabelle des „Place Mats“ an. Alle Personen **Nr. 1** werden **Zeitnehmerinnen** und alle Personen mit der **Nr. 3** werden **Vortragsreisende.** Die Personen **Nr. 4** bleiben in dieser Phase noch ohne Rolle, werden aber in der zweiten Phase zu Berichterstattern.
Margret hat zum besseren Ablauf des Prozesses auch die Tische gekennzeichnet. Sie informiert jetzt schriftlich über das Vorgehen beim nächsten Schritt. Der Arbeitsauftrag bleibt während der Arbeitsphase sichtbar, damit alle vor Augen haben, welche Rolle und Aufgabe sie wahrnehmen müssen.

Schritt 1: Alle Nr. 3 verlassen ihre Gruppen. So geht z.B. der/die **Vortragsreisende** von **Tisch A** mit der Abschrift des Ergebnisses seiner/ihrer Gruppe an den **Tisch B** und nimmt dort den Platz der ursprünglichen **Nr. 3** ein. Nun stellt er/sie dort das Ergebnis aus seiner/ihrer Gruppe (A) vor. **Nr. 2** der Gruppe (B) gleicht währenddessen die Liste der eigenen Gruppe (B) mit den Ergebnissen des Vortragsreisenden (A) ab und ergänzt sie um neue oder interessante Aspekte. **Nr. 4** unterstützt ihn/sie dabei. Er/sie weiß, dass seine/ihre Aufgabe in der nächsten Phase darin bestehen wird, dem zurückkehrenden Berichterstatter mitzuteilen, was die Gruppe Neues erfahren hat. Danach berichtet **Nr. 1** aus der Gruppe (B), was Gruppe B erarbeitet hat. Der/die Vortragsreisende aus Gruppe A ergänzt nun die Tabelle seiner Gruppe.

Schritt 2: Der/die **Vortragsreisenden** geht zurück an seinen/ihren Tisch und berichtet, was er/sie zusätzlich in Gruppe C erfahren hat. Die **Nr. 4** der Basisgruppe wiederholt jetzt für **Nr. 3**, welche Informationen ihre Gruppe von ihrem Besucher (B) bekommen hat.

Ausgangssituation:

A1	A2
A3	A4

B1	B2
B3	B4

C1	C2
C3	C4

Schritt 1

A1	A2
B3	A4

B1	B2
C3	B4

C1	C2
A3	C4

Schritt 2

A1	A2
A3	A4

B1	B2
B3	B4

C1	C2
C3	C4

Es liegen nun in jeder Gruppe Ergebnisse aus **3** Gruppen vor. Damit hat Margret dafür gesorgt, dass alle Gruppen Argumente vorliegen haben, und bittet die Schülerinnen und Schüler erneut, die 6 besten Argumente (jeweils „für" und „gegen") auszuwählen. Mit diesen gefilterten Ergebnissen wird sie dann weiterarbeiten. Sie hat in dieser Stunde schon gute Vorarbeit zur Durchführung einer Diskussion geleistet.
Die Schülerinnen und Schüler haben bis zu diesem Zeitpunkt ihr subjektives Wissen in Pro- und Kontra-Argumenten gesammelt, strukturiert und ergänzt. Für eine **fundierte** Diskussion und Meinungsbildung reicht das allerdings noch nicht aus. Daher sollen die Schülerinnen und Schüler jetzt ihr Vorwissen mit Fakten abgleichen. Es muss also gewährleistet sein, dass die Schülerinnen und Schüler Texten oder Tabellen Informationen entnehmen können und in der Lage sind, diese Informationen angemessen zu paraphrasieren und darstellen zu können.

In vorangegangenen Stunden hat Margret **Reziprokes Lesen** und das **Mini Jig Saw** eingeführt und eingeübt. In der nächsten Stunde führt sie jetzt das **Jig Saw (Expertenpuzzle)** ein. Margret gibt den Schülerinnen und Schülern Sachinformationen in Form von vier unterschiedlichen Arbeitsblättern. Die Arbeitsblätter enthalten unterschiedliche Informationen in unterschiedlichen Darstellungsformaten: 1. Statistiken, 2. einen Sachtext zu Cybermobbing, 3. ein Fallbeispiel, 4. einen Sachtext zu Möglichkeiten und Gefahren der digitalen Informationsbeschaffung. Die Gruppenmitglieder in den Basisgruppen dürfen die Texte untereinander aufteilen. Nach dem Lesen fertigt jedes Gruppenmitglied zu seinen Informationen 6 Fragen an. Diese Vorgehensweise kennen sie vom **Reziproken Lesen**. Im Anschluss gruppiert sie die Schülerinnen und Schüler entsprechend der vier Textsorten. In den materialgleichen Gruppen stellen sich die Schülerinnen und Schüler nun gegenseitig ihre Fragen. Die Fragen und Antworten dienen der Verständnissicherung vorab. Im Anschluss einigen sich die Schülerinnen und Schüler auf maximal 6 Aussagen, die sie auf der Basis der Informationen aus dem Text für so wichtig halten, dass ihre Basisgruppenmitglieder sie kennen sollten, um ihre bisherigen Argumente zu überprüfen. Danach kehren alle in ihre Basisgruppen zurück, um nun ihren Gruppenmitgliedern ihre Informationen vorzustellen. Nachdem das geschehen ist, überarbeiten alle Gruppen noch einmal ihre früheren Argumente. Jetzt dürfen sie ihre Pro- und Kontra-Argumente verändern bzw. um so viele Argumente ergänzen, wie ihnen für die kommende Diskussion wichtig erscheint.
In der dritten Unterrichtsstunde führt Margret dann die **Akademische Kontroverse** ein. Da sie die Informationen bereits durch die Basisteams erarbeiten ließ, setzt sie in Phase 2 ein.

M

Methode: Akademische Kontroverse

Sozialform	Phasen
1. EA	Sammeln von Informationen (Fakten, Beispiele), Sammeln und Überdenken von Aspekten
2. PA	Den Paaren wird eine Position (Pro oder Kontra) zugewiesen. Sie können Argumente für die Position austauschen (wiederholen), ergänzen und überprüfen.
3. PA/ PA optional	Austausch mit einem anderen Paar aus einer anderen Gruppe über die Argumente der zugewiesenen Position. Notizen werden ggf. ergänzt.
4. GA	Präsentieren der jeweiligen Position. Jedes Teammitglied trägt dabei 2–3 Minuten vor. Das „gegnerische" Paar macht sich Notizen zu den Argumenten des vortragenden Paares.
5. PA	Tausch der Positionen: Die Paare **rekonstruieren die Gegenposition** und bereiten auf der Basis ihrer Notizen eine Präsentation der Gegenposition in der Kleingruppe vor.
6. GA	Nun tragen die Paare (2–3 Minuten pro Person) die **Gegenposition** in 4–6 Minuten vor. Das „gegnerische" Paar überprüft jeweils, ob deren Position korrekt wiedergegeben wurde.
7. GA	Nun erfolgt ein **Austausch** über die vorgetragenen Argumente. Die Einzelnen können aus ihrer Rolle treten und müssen nicht mehr ihre zugewiesene Position vertreten.
8. GA	Die Gruppe entscheidet sich, welche **Position** sie nun gegenüber dem gestellten Thema einnimmt, und benennt die fünf wichtigsten Argumente zur Unterstützung der Gruppenmeinung.
9. PLE	Die Positionierung und die **(fünf) wichtigsten Argumente** der Gruppen werden veröffentlicht (im Plenum vorgetragen, Galeriegang o. Ä.)
10. GA	Die Teammitglieder reflektieren die Methode und überlegen, ob und wie sich ihre Argumente/Position im Prozess veränderten. Und/oder: Die Teammitglieder reflektieren, ob alles bedacht wurde, ob die Argumente der anderen Gruppen neue Erkenntnisse brachten und eigene Positionen ggf. modifiziert werden müssen. Ggf. findet jetzt noch einmal eine weitere Phase der Informationsbeschaffung und -sichtung statt.

Bei einem unserer Treffen halten wir fest, dass unser früherer Versuch, eine Akademische Kontroverse in einer einzigen Unterrichtsstunde durchzuführen, zu keiner sachgerechten und vertieften Auseinandersetzung mit einem Thema führen kann. Befolgt man sorgfältig die einzelnen Schritte und begleitet die Phase der Informationsbeschaffung zusätzlich methodisch, benötigt man Zeit. Lediglich für den Fall, dass die Akademische Kontroverse nur genutzt wird, um erste subjektive Argumente zu erfassen (Phasen 2 bis 7), kann eine einzelne Unterrichtsstunde ausreichen. Die Methode verliert damit allerdings erheblich an Kraft und im Anschluss muss noch eine weitere Vertiefung des Themas erfolgen, wenn die Schülerinnen und Schüler über das Stadium des Glaubens und Meinens hinauskommen sollen.

11.2 Mit Methode zum Erfolg

Seitdem wir wissen, dass die Lernwirksamkeit von Methoden von unserer Aufgabenstellung abhängt, achten wir besser darauf, dass wir den Einsatz der Methoden nicht auf einfache Aufgabenstellungen, wie die bloße Wiedergabe von Texten oder das Sammeln von Ideen, reduzieren.

B

Umsetzungsbeispiel
Mathematik: Place Mat – Schneeball
Kollegin Gaby benutzt im Mathematikunterricht gerne die **Schneeball-Methode**. Die Schneeball-Methode ist ein Verfahren mittlerer Komplexität. Sie eignet sich für Partner- oder Gruppenarbeit.

Im Mathematikunterricht möchte Gaby das Rechnen mit gleichnamigen Brüchen wiederholen. Anstatt Aufgaben vorzugeben, möchte sie, dass die Schülerinnen und Schüler diese selbst entwickeln. Sie teilt die Klasse in 6 Tischgruppen ein. Den Tischgruppen weist sie Rechenarten zu: 2 Tischgruppen sollen Additionsaufgaben, 2 Tischgruppen Multiplikationsaufgaben, 2 Tischgruppen Divisionsaufgaben erstellen.

In einem **Partner-Place-Mat** entwirft jedes Teammitglied in seiner Ecke 6 Aufgaben mit Ergebnis. Danach drehen die Schülerinnen und Schüler das Place Mat und überprüfen die Produkte ihrer Partnerinnen bzw. Partner. Im Anschluss einigen sie sich auf 8 Aufgaben, die sie mit Lösungen in die Mitte schreiben. Anschließend übertragen sie die Aufgaben ohne Ergebnis auf ein farbiges Blatt (jede Rechenart hat eine andere Farbe) und ballen das Blatt zu einem Schneeball. Kollegin Gaby sammelt alle Schneebälle in einem Korb ein. Danach geht der Korb herum und jedes Paar zieht einen neuen Schneeball mit einer anderen Farbe als der eigenen. Die Schülerinnen und Schüler berechnen nun in ihren Heften die neuen Aufgaben und vergleichen die Ergebnisse mit ihren Partnerinnen oder Partnern. Danach schreiben sie die Ergebnisse auf das Aufgabenblatt (den Schneeball). Die Schneebälle werden erneut eingesammelt und verteilt. Jedes Paar hat jetzt Aufgaben zur dritten Rechenart. Die Partner schauen sich die Aufgaben inklusive Ergebnis an und bewerten, ob diese richtig gelöst wurden. Falsche Ergebnisse werden markiert, das richtige Ergebnis wird inklusive Rechenweg auf die Rückseite des Arbeitsblatts geschrieben. Mithilfe einer Dokumentenkamera kann Kollegin Gaby danach mit der gesamten Lerngruppe die Aufgaben betrachten und diejenigen Aufgaben besprechen, die den meisten Schülerinnen und Schülern Probleme gemacht haben, oder sie kann die Schneebälle mit nach Hause nehmen, um zu sehen, wie die Schülerinnen und Schüler gearbeitet haben, und Probleme in der nächsten Stunde gezielt ansprechen.

B

Umsetzungsbeispiel
Mathematik: Graffiti

In der Parallelklasse benutzt Kollegin Gaby alternativ die **Graffiti-Methode** statt der Schneeball-Methode. Sie weist auch hier den Tischgruppen Rechenarten zu und fordert die Schülerinnen und Schüler auf, auf einem großen Papierbogen Rechenaufgaben *ohne* Ergebnis **aufzuschreiben** (pro Schülerin/Schüler 8 Aufgaben). Die Gruppenmitglieder schreiben ihre Namen oder Tischgruppenbezeichnung an den Rand. Danach gehen die einzelnen Tischgruppen zu einem anderen Tisch mit einer Rechenart, die sie noch nicht bearbeitet haben. Die Schülerinnen und Schüler **lösen** jetzt die Aufgaben und notieren die Ergebnisse. Dabei sollen sie sich abwechseln und können sich auch gegenseitig helfen. Auch sie notieren Namen bzw. Tischgruppenbezeichnung am Rand. Anschließend wechseln die Gruppen erneut die Tische. Sie gehen zu einem Tisch mit der dritten Rechenart und bearbeiten nun die Lösungen und bewerten bzw. korrigieren sie.
Wir machen alle die Erfahrung, dass Schülerinnen und Schüler viel lieber Aufgaben bearbeiten, die sie selbst entwerfen und sich gegenseitig stellen. Die kognitive Anforderung ist dabei erheblich höher, als wenn sie vorgefertigte Aufgaben bearbeiten sollen. Durch das Entwerfen von Aufgaben wiederholen sie den Lernstoff mit einer völlig anderen Motivation. Auch das Auffinden von Fehlern und Korrigieren von Ergebnissen lenkt ihre Aufmerksamkeit in viel höherem Maße und macht ihnen meist auch Freude. In nahezu allen Fächern können Schülerinnen und Schüler Aufgaben für andere entwerfen. Methoden wie Place Mat oder Schneeball helfen, den Arbeitsprozess zu strukturieren und überschaubar zu machen.

11.3 Reisejournal 5 – Reflexion

Nachdem wir jetzt eine Weile mit unterschiedlichen Methoden experimentiert, uns ausgetauscht und es sogar geschafft haben, uns gegenseitig im Unterricht zu besuchen, hat sich einiges verändert. Wir haben die Schülerinnen und Schüler an Zusammenarbeit gewöhnt und in den meisten Lerngruppen können wir mit kooperativen Methoden aktivere Beteiligung erreichen. Durch gezielte Aufgabenstellungen können wir Methoden so einsetzen, dass die Schülerinnen und Schüler kognitiv herausgefordert werden. Unsere nächste Herausforderung heißt jetzt „Differenzierung“. Viele von uns empfinden den Umgang mit differenzierenden Aufgabenstellungen als schwierig. Einige glauben, dass manche ihrer Schülerinnen und Schüler mit anspruchsvollen Aufgabenstellungen nicht zurechtkommen und die Ebene der Analyse nicht erreichen. Kann das sein?

12 Kritisches Denken und kognitive Aktivierung

Das Ziel kognitiver Aktivierung ist letztendlich die Entwicklung von **kritischem Denken**. Kritisches Denken bezieht sich auf die Bewertungen von Aussagen oder Handlungen, wobei das Schlüsselelement die Suche nach der Wahrheit, nach dem Richtigen ist. Kritisches Denken hilft uns, gute Begründungen zu akzeptieren und fehlerhafte Begründungen abzuweisen. Wir sind aufgefordert, die Wahrheit zu suchen in dem Versuch, die Welt zu einem besseren Ort zu machen (vgl. Bennett 2019).

Damit kritisches Denken erfolgen kann, ist Wissen erforderlich. Es müssen zudem kognitive und metakognitive Strategien erworben werden, um dieses Wissen kritisch zu hinterfragen. Mit dem Aufbau von Wissen beschäftigt sich eine Reihe kognitiver Ansätze. Im folgenden Kapitel werden Ansätze ausgeführt, die bei der Entwicklung der Denkfähigkeit von Lernenden hilfreich sein können: der Ansatz von Benjamin Bloom zur Klassifizierung von Denken und Ansätze zum induktiven (Bruner, Perkins) und zum deduktiven Denken (Ausubel).

12.1 Blooms Taxonomie des Denkens und Lernens

Es gibt unterschiedliche Ansätze zur Klassifizierung von Denken (vgl. Aschner, Krathwol, Guilford).

Funktion von Blooms Taxonomie

- Einschätzen von Leistungen
- Formulieren gezielter Aufgaben
- Bewerten von Antworten

Am bekanntesten wurde die Taxonomie von Benjamin Bloom (1956, 1976). Seine Taxonomie zeigt Ebenen des Denkens in hierarchischer Anordnung.

Während in Blooms ursprünglichem Modell die Bewertung an oberster Stelle stand, ist sie nun der Synthese vorangestellt, da davon ausgegangen wird, dass Fakten oder Argumente geprüft werden müssen, bevor sie zu etwas Neuem verarbeitet werden. Gleichzeitig gilt aber genauso, dass Bewertung auf Synthese folgen muss, um die Qualität des Neuen einzuschätzen.

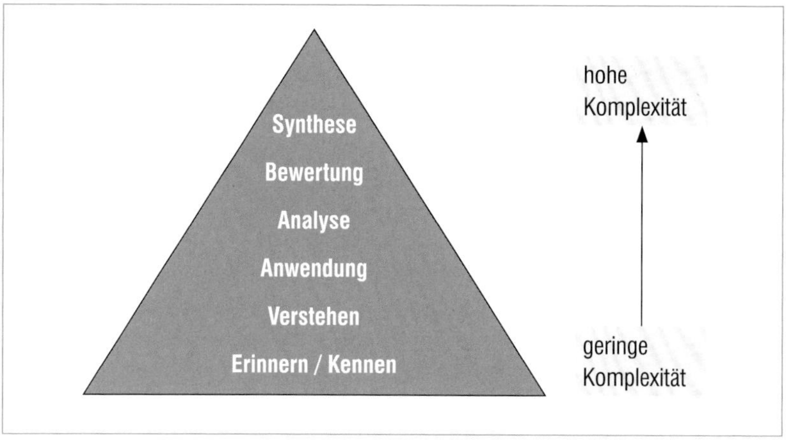

Abbildung 7: Die Ebenen des Denkens nach Benjamin Bloom (1976)

Vielfach wurde diskutiert, ob das Modell eine echte Hierarchie darstellt. So wird z. B. kritisiert, dass manche Bewertungsfragen wenig komplexe Denkanforderungen stellten. Die Frage „Ist der Wolf ein böses Tier?" erscheint gegenüber der Anweisung „Bewerte die Rückkehr des Wolfs in unsere Wälder" einfacher zu beantworten. Trotzdem bleibt es eine Bewertung, der eine Analyse vorangegangen sein muss, um eine angemessene Begründung zu liefern. Vor dem Hintergrund *individueller* Leistungsfähigkeit und Erfahrungen können beide Fragen/Aufgaben gleichermaßen anspruchsvoll sein. Je nach Wissen eines Befragten können die Fragen entweder sofort beantwortet werden oder erst nach gründlicher Recherche und Analyse. Analysen und Bewertungen aufgrund von sicherem Wissen schnell vornehmen zu können, kann z. B. Menschenleben retten. In manchen Fällen kann es sich aber auch als lebensrettend erweisen, wenn schnelle Bewertungen vermieden werden, weitere Informationen eingeholt werden und sorgfältige Analysen vorangehen.

Die Qualität von Bewertung kann nur an dem gemessen werden, was den Bewertenden an Kriterien zur Verfügung stand bzw. von ihnen hätte berücksichtigt werden müssen. Diese Kriterien werden in der Analyse generiert. Daher ist in manchen Fällen die Analyse durchaus komplexer und komplizierter als die sich daraus ergebende Bewertung. Die Komplexität auf der Analyseebene hängt wiederum von der Eindeutigkeit und Fülle der Informationen ab, die zur Verfügung stehen.

Auf dem Weg zu Erkenntnis wird die Hierarchie nicht immer linear durchlaufen. Es gibt Schleifen, Wiederholungen, Korrekturen und Ergänzungen. Im Unterricht müssen sich Lehrkräfte und Lernende auf diese nicht linearen Prozesse einstellen.

Die einzelnen Taxonomiestufen können Lehrkräften allerdings Orientierungshilfe bei der Gestaltung lernwirksamen Unterrichts geben. Kognitive Aktivierung hat viel damit zu tun, die Lernenden auf der richtigen Denkebene anzusprechen und zu fordern. Lehrkräfte, die sich dieser Hierarchie der Lernebenen nicht bewusst sind und nicht mit ihr oder ähnlichen Modellen arbeiten, sind nach Ansicht von Bennett (2019) weder in der Lage, förderliche und herausfordernde Aufgaben zu stellen, noch die Leistungen ihrer Lernenden präzise und begründet zu bewerten.

Der Effekt des Einsatzes der Taxonomie kann noch gesteigert werden, wenn auch die Lernenden diese Ebenen kennen. Auf diese Weise können sie selbst einschätzen, auf welcher Ebene sich ihre Antworten auf Lehrerfragen bewegen, und damit ihre eigenen Leistungen und die Anderer besser bewerten oder Bewertungen nachvollziehen.

Die Tatsache, dass Aufgaben einer Ebene der bloomschen Taxonomie unterschiedliche Schwierigkeitsgrade haben können, kann von Lehrkräften im Kontext von **Differenzierung** genutzt werden.

Hier ein **Beispiel** für Fragen mit unterschiedlich hohem Schwierigkeitsgrad auf zwei Denkebenen:

	Erinnern	Bewerten
einfach	Welche Hilfsmittel kennst du?	Waren die Hilfsmaßnahmen richtig?
schwierig	Welche Hilfsmaßnahme ist nötig, wenn wir davon ausgehen, dass …?	Wurde alles getan, um die Eskalation der Situation zu verhindern?

12.2 Induktives und deduktives Denken

Eine mögliche Klassifizierung von Denken ist die Unterscheidung in deduktives und induktives Denken. Von Natur aus arbeitet unser Gehirn induktiv. Es gelangt über eine Vielzahl von Beispielen zu Begriffen, Kategorien und Regeln. Wenn Menschen etwas Unbekanntem begegnen, brauchen sie eine Reihe von ähnlichen oder gleichen Exemplaren, um die wesentlichen Merkmale zu identifizieren und dem Unbekannten dann einen Begriff zuzuordnen. Sobald sie einen Begriff erworben haben, verbinden sie eine konkrete Vorstellung mit ihm. Werden sie dann irgendwann gebeten, einen Gegenstand (z. B. Auto) oder Begriff (z. B. Verb) zu identifizieren oder Beispiele dafür zu geben, gehen sie deduktiv vor. Sie wissen, wonach sie suchen.

Bei konkreten Begriffen, z. B. Stuhl, Auto, Baum, Haus, ist die Identifikation noch einfach, da es eindeutige Merkmale gibt. Je abstrakter oder unschärfer die Begriffe jedoch sind (vgl. Liebe, Demokratie, Aggression, Freiheit etc.), desto ungenauer wird die Zuordnung. Ist ein Mensch, der tut, was er will,

„frei"? Ist ein Mensch, der Gemüse erntet, „aggressiv"? Häufig ist es notwendig, sich nach erfolgter Merkmalszuordnung zu vergewissern, ob das zu Benennende tatsächlich dem Begriff entspricht. Schülerinnen und Schüler müssen lernen, begrifflich sauber zu arbeiten, bevor sie zu Bewertungen gelangen, indem sie Merkmale prüfen und ihr Konzept ggf. ändern.

Auch **Jerome Bruner** geht davon aus, dass Wissen durch Beispiele, also induktiv, erworben wird. Diese Sichtweise wird durch die heutige Gehirnforschung gestützt. Das Gehirn lernt über Muster. Je mehr Beispiele wir für etwas bekommen, desto klarer wird das Muster erkennbar. Wer kleine Kinder beobachtet, kann viel zur Natur des Lernens entdecken. Ein Kind, das zum ersten Mal eine Katze sieht, jedoch einen Hund bereits kennt, wird die Katze zum Hund machen, weil eine Reihe von Merkmalen übereinstimmt. Mit dem Begriff Hund verbunden sind vermutlich Erfahrungen mit dem Tier, mit seinen Gewohnheiten und Verhaltensweisen. Im Umgang mit der Katze wird das Kind feststellen, dass diese sich anders verhält als ein Hund und auch andere Merkmale besitzt. Es muss sein Wissen umorganisieren und plötzlich stellen sich ihm viele Fragen, die dazu dienen, dieses neue Tier besser zu definieren. Je mehr Katzen und Hunde das Kind kennen lernt, desto präziser werden die Vorstellungen. Dieser Prozess beschreibt vertieftes Lernen. Es geht um Entdecken, Hinschauen, Abgleichen von Wissen, Fragen stellen, Hypothesenbildung und -überprüfung.

Es sind Prozesse, die sich in wissenschaftlichem Handeln wiederfinden lassen und im Unterricht meist nicht mehr stattfinden. Mit Eintritt in die Schule wird auf die Neugier von Kindern und auf das Bedürfnis nach Klärung der *sie* bewegenden Fragen nur wenig Rücksicht genommen. Lehrpläne geben vor, was das Kind lernen „möchte". Die Fragen stellen nicht mehr die Lernenden, sondern die Lehrkraft. Die Lernenden begreifen schnell, wie das neue Ratespiel „Was will der Lehrer hören" geht. Leider führt das mit der Zeit dazu, dass sie aufhören, selbst Fragen zu stellen, und dass Fragen, die auf vertieftes Denken abzielen, nur oberflächlich und ohne allzu intensives Nachdenken beantwortet werden. Wer das ändern will, kommt nicht umhin, in den Lernenden wieder Denk- und Fragehaltungen zu erzeugen. Beim vertieften Lernen geht es darum, eigene Gedanken oder Vorstellungen zu einem Gegenstand oder Vorgang zu entwickeln, eigene Fragen zu stellen, die über das subjektive Wissen hinausgehen, und nach Wegen zu suchen, diese Fragen zu beantworten. Lernen bedeutet, neue Gedanken mit vorhandenen zu verbinden. Hinschauen, Nachdenken und Staunen sind wichtige Ausgangspunkte für bedeutungsvolle Lernprozesse.

In der Tradition Bruners entwickelte **Hilda Taba** die Strategie der **Concept Formation**. Aus einem unsortierten Set an Beispielen, z. B. Tierbildern, oder Gegenständen aus unterschiedlichen Materialien oder Begriffen bilden Lernende Gruppen und erklären, weshalb sie diese Gruppierung vorgenommen haben. So könnten sie bei einem Set, das viele Tierarten und Gattungen enthält, z. B. Gruppen nach der Anzahl der Beine, nach Federn oder Fell oder nach gefährlich vs. nicht gefährlich, Haustier vs. Wildtier, Fisch vs. Säugetier etc. einteilen. Da es bei diesem Vorgehen meistens mehr als eine richtige Lösung gibt, ist die entsprechende Begründung zur vorgenommenen Kategorisierung entscheidend. Je mehrdeutiger die Beispiele sind, desto mehr gibt es zu entdecken und zu fragen. Für den Unterricht heißt es aber auch, dass er ergebnisoffener angelegt sein muss.

Eine stärker fokussierte Variante ist das **Concept Attainment**. Hierbei werden Beispiele in meist dichotomisierter Form präsentiert. Der Auftrag besteht darin, die Beispiele einer oder beider Seiten zu betrachten und zu bestimmen, worin ihre gemeinsamen Merkmale liegen könnten.

B

Beispiel: Concept Attainment

A: Es geht um ein neues Basiselement des Kooperativen Lernens nach Johnson & Johnson. Betrachten Sie das Datenset.

Die Fragen/Anweisungen mit ungeraden Zahlen haben etwas gemeinsam, das sie von denen mit geraden Zahlen unterscheidet. Worin sehen Sie den Unterschied?

1. Nimm dir 10 Sekunden und überlege, ob das Argument richtig oder falsch war, und weshalb. In 10 Sekunden werde ich euch bitten, euch mit eurer Sitznachbarin/eurem Sitznachbarn auszutauschen. Ich werde danach eine Person per Zufall aufrufen, um uns allen zu sagen, was sie und ihre Partnerin/ihr Partner herausgefunden haben. Wenn ich euch auswähle und ihr seid nicht sicher, könnt ihr weitergeben.
2. Okay, ihr habt euch ausgetauscht. Könnte jemand erklären, wie die Vorstellung von „Drücken“ und „Ziehen“ in Zusammenhang damit steht, dass Leute ein Land verlassen und in ein anderes ziehen?
3. Nein, bitte nicht aufzeigen. Denkt zuerst alleine nach. Wenn ihr fertig seid, tauscht euch in eurer Dreiergruppe aus. Danach werde ich drei Personen aus drei Gruppen auswählen, um die Ergebnisse vor der Klasse zu präsentieren.
4. Sind alle Gruppen fertig? Gut. Meldet euch bitte. Worin unterscheiden sich 3-D-Formen von 2-D-Formen?
5. Lasst uns euer Verständnis zur Kürzung dieses Abschnitts überprüfen. Denkt bitte 30 Sekunden alleine nach. Okay, jetzt habt ihr 45 Sekunden, um mit einer Partnerin/einem Partner zu diskutieren, bevor ich per Zufall einige von euch auswähle, nach vorne zu kommen und zu zeigen, wie man diesen Abschnitt kürzen könnte.
6. Wer kann erklären, was ihr in eurer Gruppe über den Unterschied zwischen Sarkasmus und Spott gesagt habt?

7. Zählt euch in eurer Gruppe nach A, B, C und D durch. Diskutiert jetzt, wie ihr euren Entwurf der Concept Map fertig machen wollt. In ungefähr 90 Sekunden werde ich eine Person aus eurer Gruppe auswählen, um die Idee eurer Gruppe vorzustellen.
8. Okay, ihr habt in euren Gruppen diskutiert, welche Faktoren zum 1. Weltkrieg führten. Wer würde gerne die Ideen seiner Gruppe dazu vorstellen? Lisa?

B: Denken Sie jetzt noch einmal kurz über Ihre Idee nach. Sie erhalten im Anschluss einige Testaufgaben. Welche der nachfolgenden Testfragen gehören auf die ungerade Seite?
Testaufgaben

a) Macht in eurer Gruppe ein Brainstorming, dann werde ich nach Freiwilligen fragen, die mir sagen, was ihr in eurer Gruppe gesagt habt.
b) Könnte eine Person aus eurer Gruppe nach vorne kommen und der Klasse sagen, wie ihr das Problem gelöst habt?
c) Hände hoch, wenn ihr wisst, wie das passiert ist. Okay, könnte einer von euch das der Klasse erklären?
d) Okay, wenn ich „Los" sage, geht bitte in die Ecke, die am besten das repräsentiert, was ihr denkt. Findet einen Partner, keine Gruppe größer als drei. Diskutiert und wenn ihr glaubt fertig zu sein, werde ich zufällig einige von euch aufrufen, um vor der Klasse zu präsentieren. „Los."
e) Seht euch diese Kunstwerke an. Ordnet sie in der Reihenfolge an, wie sie euch emotional ansprechen – stellt euch darauf ein, dies vor der Klasse zu vertreten. Ihr könnt euch jetzt mit einem Partner austauschen oder auch für euch selbst nachdenken. Ich werde einige von euch in ca. einer Minute aufrufen.
f) Think Pair Share, bitte. Warum behaupten Wissenschaftler, dass wir uns Sorgen wegen der globalen Erwärmung machen sollten? (Die Lernende bekommen 90 Sekunden zur Diskussion.) Okay, danke, wer würde gerne sagen, was er/sie mit dem Partner besprochen hat?

C: Tauschen Sie jetzt bitte mit Ihrer Partnerin bzw. Ihrem Partner Ihre Ideen aus. Um welche Merkmale handelt es sich hier und wie könnten wir das Konzept ... nennen?

D: Austausch mit der gesamten Lerngruppe

(Auflösung: Die ungeraden Beispiele sind Beispiele für Aufgabenformulierungen, die individuelle Verantwortungsübernahme einfordern; Testaufgabe: d, e)

E: Welche Relevanz hat dieser Begriff/dieses Prinzip im Unterricht und in welchen Kontexten können Sie es nutzbringend einsetzen?

(Bennett 2019, Übersetzung durch die Verfasserin)

Drei Phasen des Concept Attainments

1. Die Präsentation des Datensets und die Identifikation des Begriffs (vgl. A, B)
2. Der Austausch von Hypothesen und Überlegungen, zur Bestätigung des Begriffs (vgl. C, D)
3. Anwendungsbereiche des Begriffs und ggf. Erweiterung von Überlegungen (vgl. E)

Concept Attainment ist ursprünglich kein kooperatives Verfahren, kann jedoch gut mit kooperativen Methoden (Think-Pair-Share) verbunden werden (s. Aufgabe C).

Concept Attainment hat sich als hochwirksame Methode zur Ausbildung von analytischem Denken und kognitiver Aktivierung von Lernenden erwiesen. Allerdings sollten sich Lehrkräfte darauf einstellen, dass der Einsatz für beide Seiten Erfahrung im Umgang verlangt. Lehrkräfte müssen lernen, Beispiele so zu formulieren, dass sie die kritischen Merkmale des gesuchten Konzepts verdeutlichen, und die Lernenden müssen lernen, Begriffe präzise zu erarbeiten. Nicht jeder Lerntyp wird diese Vorgehensweise gleichermaßen schätzen. Während ähnlichkeitsorientierte, differenzorientierte, konkrete, abstrakte, reflexive, analytische und ungewissheitsorientierte Lernende aus unterschiedlichen Motiven heraus diese Methode schätzen, bekommen impulsive, global orientierte und gewissheitsorientierte Lernende schwerer Zugang zu dieser Methode.

In seinem Modell **Knowledge As Design** (1986) entwickelte **David Perkins** im Rahmen seiner Forschung ebenfalls Ideen, wie Denken unterstützt werden kann. Er fordert, dass Lernende Begriffe *aktiv* erwerben sollen und beim Erfassen von Begriffen vier Fragen beantworten müssen:

Fragen	Beispiel: Stuhl
Welche kritischen Attribute hat der Begriff?	vier Beine, eine Sitzfläche, eine Rückenlehne
Welchem Zweck dient der Begriff?	dem Sitzen
Welche Beispiele gibt es für den Begriff?	aus Holz, gepolstert, mit Armlehnen, auf Rollen etc.
Welchen Vorteil/Nachteil bringt der Begriff? Was kann man damit bewirken?	entlastet die Beine und den Rücken

Beim Concept Attainment lassen sich Verbindungen zum Ansatz von David Perkins herstellen. In Phase 1 und 2 werden die kritischen Attribute des Begriffs erfasst. Anhand der Beispiele können die Lernenden auch den Zweck oder die Funktion des Begriffs herausarbeiten, wenn sie gelernt haben, danach zu suchen. In Phase 3 diskutieren sie dann die Relevanz des Begriffs für ihre eigene Person, eigenes Denken und Handeln oder für die Gesellschaft.

Während das induktive Lernen der natürlichen Informationsverarbeitung unseres Gehirns entspricht, wird in Schulen meistens deduktiv gearbeitet. Begriffe werden eher passiv erworben. Es wird dabei vorausgesetzt, dass die vorgegebenen Definitionen oder Merkmalsbeschreibungen, die wiederum aus einer Vielzahl von Begriffen bestehen, zum einen zutreffen und zum anderen verstanden werden. Wenn Definitionen das Verständnis von Lernenden allerdings überfordern, weil die darin enthaltenen Begriffe ungeklärt sind, werden die Lernenden nicht damit arbeiten können. Wenn Lernende sich einen Begriff erarbeitet haben, indem sie seine Merkmale aus Beispielen herausgefiltert haben, bekommen sie in der Regel einen besseren Zugang zu dem Begriff und eine klarere Vorstellung. Je jünger Lernende sind, desto mehr sollten sie über Beispiele, also induktiv, lernen dürfen. Wichtig werden präzise Merkmalsbeschreibungen insbesondere in unterschiedlichen kulturellen oder sozialen Kontexten. Sprache ist vieldeutig und nicht selten auch trügerisch.

David Ausubel hat das Konzept des **Advance Organizing** entwickelt. Ausubel war der Auffassung, dass bedeutsames und verstehendes Lernen einen Kontext und hierbei eine Organisation des Wissens um Bedeutungen und Konzepte herum einschließt. Bedeutungsvolles Lernen entsteht dabei nicht allein dadurch, wie Lehrende eine Information präsentieren, sondern dadurch, wie Lernende sie verstehen. Damit Lernende Informationen in ihr bestehendes Wissen und Denkvermögen integrieren, erhalten sie beim Advance Organizing bei neuem Lernstoff einen Überblick darüber, wie sie den Stoff mit entsprechenden Methoden und zu welchem Zweck lernen sollen, oder entwickeln diesen Überblick im Verlauf des Lernprozesses selbst. Dieser Überblick liegt auf einer Metaebene und befindet sich damit logisch auf einer höheren Ebene als der Lernstoff selbst. Die Lernenden sehen so das größere Bild. Diese Art des Lernens kommt global Lernenden entgegen. Nach Ausubel lernen Schülerinnen und Schüler besser, wenn sie Kontexte assoziieren und den Lernstoff insgesamt vielfältiger verankern und mit bisherigem Wissen verknüpfen können.

Zum Advance Organizing gehören vielfältige Methoden zur Wissensorganisation, wie z. B. grafische Darstellungen (Venn Diagramm, Rangleiter, Fischgrätdiagramm) oder Visualisierungen (Word Webs, Mind Maps, Concept Maps). Wenn die Lernenden selbst solche Visualisierungen oder Grafiken zu einem Begriff entwickeln, setzt dies voraus, dass sie bereits eine Vorstellung von einem Begriff haben und diesem Begriff nun Merkmale oder Zusammenhänge bzw. Kategorien zuordnen. Sie gehen deduktiv vor.

In Mind Maps geht es darum, Kategorien und Unterkategorien zu bilden und miteinander zu vernetzen, wobei die Kategoriebenennungen auf ein bis drei Worte zur Kennzeichnung reduziert und durch Farben und Bilder ergänzt werden. Bei Concept Maps wird in der Regel auf Farben und Bilder verzichtet. Hier werden die Kategorien und Subkategorien ebenfalls miteinander verbunden, wobei die Verbindungen bezüglich ihrer Funktion beschriftet werden (z. B. mit „führt zu", „ist abhängig von", „bedingt durch" oder durch Verben, die das Verhältnis von Personen kennzeichnen, z. B.: „liebt", „kennt", „tötet", „verrät"). Wenn Lernende die einzelnen grafischen Darstellungen kennen, können sie diese auch miteinander kombinieren.

Mind Maps und Concept Maps entwickeln ihre Kraft, wenn sie von den Lernenden selbst entwickelt werden, indem sie z. B. die Merkmale für einen Begriff aus einem Text herausarbeiten und dann in Concept Maps miteinander verknüpfen. Im Sprachunterricht können Personenkonstellationen oder Handlungsstränge aus Geschichten oder Romanen anhand von Mind Maps oder Concept Maps dargestellt werden. In anderen Fächern können die Inhalte aus Sachtexten auf diese Weise verdichtet visualisiert werden.

12.3 Kommunikative Fertigkeiten und Fertigkeiten zum kritischen Denken

Bevor Lernende z. B. in Diskussionen Bewertungen vornehmen und eine Meinung äußern, ist es wichtig, dass sie die Ergebnisse ihrer bisherigen Erarbeitungen *kritisch* überprüfen. Gerade auf höheren Denkebenen führt der Austausch mit Anderen dabei zu meist vielseitigeren und umfassenderen Ergebnissen als die Einzelarbeit. Für diesen Prozess benötigen die Lernenden neben der Kenntnis von Fakten (z. B. Ergebnisse aus Recherchen, Hintergrundtexte, Statistiken) und sozialen Fertigkeiten auch kommunikative Fertigkeiten und Fertigkeiten zum kritischen Denken.

Kommunikative Fertigkeiten	Fertigkeiten zum kritischen Denken
vorschnelles Urteilen vermeiden	beide Seiten eines Arguments untersuchen
angemessen widersprechen	Vorhersagen machen
aufmerksam zuhören	alle Faktoren in Betracht ziehen
auf Unklarheiten befragen	die Zielsetzungen, Ziele und Lernziele Anderer klären
eine Idee ablehnen, nicht aber die Person	empathisch sein
die Ideen von anderen annehmen und darauf aufbauen	Schlussfolgerungen ziehen
sich auf Andere beziehen	aktiv teilnehmen
Verständnis überprüfen	Kritik nicht persönlich nehmen
paraphrasieren	Kritik sachlich begründen

Beim Einsatz von Methoden wie der Akademischen Kontroverse ist sicherzustellen, dass die Lernenden über die notwendigen Fertigkeiten verfügen. Sobald deutlich wird, dass sie weder über die notwendigen kommunikativen Fertigkeiten noch über Fertigkeiten zum kritischen Denken hinreichend verfügen, ist es ratsam, die fehlenden Kompetenzen mit weniger komplexen Methoden einzuüben (vgl. Kapitel 10).

12.4 Kognitive und metakognitive Lernstrategien und selbstreguliertes Lernen

Zu kognitiven Lernstrategien zählen Strategien zur Informationsaufnahme, -verarbeitung, -speicherung sowie zum Informationsabruf und -transfer. Sie finden ihre Anwendung in fachspezifischen Kontexten. Hierbei wird dann nochmals zwischen Wiederholungs-, Elaborations- und Organisationsstrategien unterschieden (vgl. Pintrich, Smith, Garcia & McKeachie 1991). Wenn Lernende hierzu Anleitung und Kriterien bekommen, können sie sich gut gegenseitig bei der Durchführung unterstützen.

Metakognitive Strategien oder „Higher-order"-Strategien dienen der Regulation von Lernprozessen (Leopold & Leutner 2015). Zu ihnen zählt man Planungs-, Überwachungs- und Kontrollstrategien. Auch hier hat sich kollaboratives Arbeiten als gute Möglichkeit zur Einübung von Selbstregulation erwiesen.

Wenn vertieftes Denken durch offene und herausfordernde Aufgaben gefördert werden soll, ist die Einübung von Selbstregulation unter Rückgriff auf entsprechende Denk- und Arbeitsstrategien unumgänglich. Unterricht kommt nicht umhin, Mittel und Wege zu finden, den Lernenden die notwendigen Kompetenzen und Fertigkeiten zu vermitteln.

13 Steinige Wege und neue Horizonte

Prof. Dr. Dr. Barrie Bennett lädt Pierre und mich zu einer seiner Fortbildungsmaßnahme in Irland ein. Er führt dort seit vielen Jahren Lehrerfortbildungen durch. In dem Projekt mit dem Titel „Instructional Leadership" werden Lehrerteams von Schulen aus ganz Irland in 4-mal 3-tägigen Workshops fortgebildet. Zwischen den Workshopblöcken erproben die Lehrkräfte das Gelernte an ihren Schulen und sind verpflichtet, als Multiplikatoren ihren Kolleginnen und Kollegen an der Schule schulinterne Fortbildungen anzubieten und Kooperationsstrukturen aufzubauen, um die Fortbildungen nachhaltig und nutzbringend für die Schulen zu machen. Die Schulleiterinnen und -leiter nehmen nicht nur an den Fortbildungen teil, sondern verpflichten sich auch, die Lehrkräfte beim Aufbau zu unterstützen, indem sie für die Möglichkeit gegenseitiger Hospitationen oder gemeinsamer Fortbildungen sorgen. In jährlichen Treffen tauschen die Schulen ihre Erfahrungen aus. Bisher wurden über tausend Lehrkräfte fortgebildet und viele Schulen melden sich immer noch für diese Fortbildungen an. Pierre und ich nehmen daran teil.
Erkenntnisse, die wir aus Irland mitbringen, wollen wir den Kolleginnen und Kollegen unbedingt vorstellen. Wir glauben, damit wichtige Impulse für unsere gemeinsame Entwicklung in Richtung kognitiver Aktivierung geben zu können. Im Zuge von Differenzierung suchen alle nach Wegen, Aufgabenstellungen so zu formulieren, dass sowohl leistungsschwache als auch -starke Schülerinnen und Schüler in ihrem Unterricht auf allen Denkebenen angesprochen und gefördert werden. Wir glauben beide, dass wir diesmal mit unseren Informationen zu Blooms Taxonomie ein Modell mitbringen können, um Aufgabenstellungen präziser zu machen. Werden die Kolleginnen und Kollegen das wohl auch so sehen?

13.1 Ein komplizierter Wegweiser

Es ist nicht so leicht wie erhofft. Die Kolleginnen und Kollegen finden die Stufen der Denkebenen zwar nachvollziehbar, jedoch schwierig, in Aufgabenstellungen umzusetzen. Wir beginnen damit, unsere bisherigen Aufgabenstellungen genauer zu betrachten und sie einer der Ebenen zuzuordnen. Delia findet eine Liste, in der den Ebenen die entsprechenden Schüleraktivitäten zugeordnet werden. Kolleginnen und Kollegen, die in der SII unterrichten, erkennen darin z. T. die Operatoren der Lehrpläne SII wieder.

Ebene des Denkens	Tätigkeit
Erinnern: Ebene des Behaltens und Reproduzierens von Theorien, konkreten Einzelheiten, terminologisches Wissen, einzelne Fakten, Mustern, Prozessen, Methoden, Klassifikationen, Kategorien, Kriterien	angeben, aufschreiben, aufzählen, aufzeichnen, benennen, bezeichnen, beschreiben, darstellen, reproduzieren, vervollständigen, zeichnen, zeigen, wiedergeben, wiederfinden

Verstehen: Fähigkeit des Begreifens einfacher Zusammenhänge, des Erkennens, worüber gesprochen wird, des Rückgriffs auf Wissen, ohne es in seiner gesamten Komplexität zu erfassen oder seine umfassendste Bedeutung zu kennen	paraphrasieren, erklären, zuordnen, begründen, beschreiben, deuten, einordnen, erläutern, ordnen, präzisieren, schildern, übertragen, umschreiben, verdeutlichen, nachvollziehen
Anwendung: Fähigkeit des Gebrauchs und der Umsetzung von noch einfachen Lerninhalten in eine neue und konkrete Situation	abschätzen, anwenden, anknüpfen, aufstellen, begründen, berechnen, bestimmen, beweisen, durchführen, einordnen, erstellen, entwickeln, modifizieren, quantifizieren, realisieren, übersetzen, unterscheiden, umschreiben
Analyse: Fähigkeit des Zerlegens von komplexeren Sachverhalten in grundlegende Elemente und Teile, des Identifizierens von Elementen, ordnenden Prinzipien und (expliziten und impliziten) Strukturen, des Aufstellens von Hierarchien oder Kategorien, des Erkennens von Zusammenhängen, Beziehungen zwischen Elementen, des Erstellens einer Diagnose	ableiten, analysieren, auflösen, beschreiben, darlegen, einkreisen, erkennen, gegenüberstellen, gliedern, identifizieren, isolieren, klassifizieren, kategorisieren, nachweisen, untersuchen, vergleichen, zerlegen
Bewertung: Fähigkeit des Auswertens, Beurteilens einer Lösung, eines Modells, eines Ergebnisses im Hinblick auf seine Zweckmäßigkeit, Funktionstüchtigkeit, Stimmigkeit, Qualität, des Entdeckens logischer Fehler und des Begründens	auswerten, beurteilen, bewerten, differenzieren, entscheiden, folgern, gewichten, messen, prüfen, reflektieren, vergleichen, widerlegen
Synthese: Fähigkeit des Zusammenfügens von Elementen und Teilen zu einem neuen Ganzen, des Entwickelns, Herstellens einer neuen Struktur, eines Plans, des Einbindens von gemachten Erfahrungen, des Entwickelns von Hypothesen	verbinden, optimieren, abfassen, aufbauen, aufstellen, ausarbeiten, definieren, erstellen, entwerfen, entwickeln, erläutern, gestalten, kombinieren, konstruieren, lösen, optimieren, organisieren

Die Verben helfen uns zwar, führen aber in der Anwendung auch immer wieder zu Diskussionen. Viele Tätigkeiten passen bei näherer Betrachtung zu mehreren Denkebenen. Für einen ersten Einsatz liefern sie uns jedoch schon einmal Anhaltspunkte. Die Auseinandersetzungen sind mühsam, aber wertvoll für die Klärung. Noch einmal schwieriger wird es, als wir den Versuch wagen, auf den unterschiedlichen Ebenen sowohl einfache als auch schwierige Aufgaben zu entwerfen. Es dauert, bis wir sicherer werden.
Einigen von uns gefällt die Idee, auch unseren Schülerinnen und Schülern die Denkebenen zu vermitteln. Ich zeige meinen Schülerinnen und Schülern der 9c im Englischunterricht zur Übung das Video zu **Goldilocks and the Three Bears** (online auch auf Deutsch verfügbar). Sie bekommen den Auftrag, gut zuzuhören, da sie im Anschluss Aufgaben zur Geschichte bekommen sollen. Nach der Vorführung bitte ich sie aber nicht, Aufgaben zu bearbeiten, sondern gebe sechs Aufgaben vor, die sie bezogen auf die Höhe des Denkanspruchs bewerten sollen. Hier die 6 Aufgaben zu der Geschichte (zur eigenen Verwendung auf Deutsch):

B

Umsetzungsbeispiel
Englisch: Anspruchsniveau von Aufgabenstellungen identifizieren

Aufgaben:
a) Lest euch bitte die Aufgaben durch und bringt sie entsprechend ihrer Denkanforderung in eine Reihenfolge. (1 = einfach, 6 = anspruchsvoll)

1. Fertige eine Liste aller Ereignisse an, die zeigen, dass dies keine wahre Geschichte ist.
2. Erkläre, warum die Bären böse auf Goldlöckchen waren.
3. Schreibe einen Zeitungsbericht, in dem von dem Überfall auf das Bärenhaus berichtet wird.
4. Benutze die Informationen aus der Geschichte und fertige eine Zeichnung des Bärenhauses an.
5. Stell dir vor, Goldlöckchen stünde vor Gericht wegen Einbruchs und Diebstahls. Du bist in der Jury. Entscheide, ob du sie schuldig sprechen würdest oder nicht. Begründe deine Entscheidung.
6. In wessen Bett lag Goldlöckchen, als die Bären nach Hause kamen?

b) Tauscht euch mit eurer Partnerin/eurem Partner aus. Bitte begründet auch eure Zuweisungen. Ich werde gleich mehrere Personen auswählen, die das Ergebnis der Zusammenarbeit vorstellen.

Die Besprechung mit der Lerngruppe zeigt, dass die meisten Schülerinnen und Schüler in der Lage sind, die Hierarchie intuitiv richtig zu erstellen.
In einem nächsten Schritt gebe ich die Bezeichnungen der Ebenen vor und wiederhole das Ganze mit einem neuen Aufgabenset. Die Schülerinnen und Schüler ordnen den Aufgaben jetzt die Begriffe zu.
Um einen Transfer zu unserem derzeitigen Unterrichtsthema herzustellen, gebe ich jetzt Aufgaben zu einem Text aus dem Lehrbuch, die die Schülerinnen und Schüler erneut den Ebenen zuordnen.
Zum Abschluss überlegen wir noch gemeinsam, warum es wichtig sein kann, dass sie diese sechs Denkebenen kennen. Zu einem späteren Zeitpunkt werde ich die Schülerinnen und Schüler selbst Fragen zu einem Text unter Verwendung der sechs Denkebenen erarbeiten lassen.

Kollegin Verena benutzt nicht das Video, sondern formuliert Fragenbeispiele zum Thema Klassenfahrt, die die Schülerinnen und Schüler sortieren.

B

Umsetzungsbeispiel

Fragen zur Klassenfahrt – Anforderungsniveau von Fragen identifizieren

Verena hängt dazu Fragen in beliebiger Reihenfolge im Raum aus. Unter die Fragen sollen die Schülerinnen und Schüler nach Einigung mit der Partnerin/dem Partner Zahlen entsprechend des Denkanspruchs schreiben (1 = leicht; 6 = sehr anspruchsvoll). Es zeigt sich, dass manchen Fragen unterschiedliche Werte zugeordnet werden. Über die Diskussion darüber entwickeln die Schülerinnen und Schüler eine Vorstellung zu den Denkebenen.

Fragen:

Wo waren wir vor zwei Jahren? Warum war es uns wichtig, dass wir in ein Haus mit Selbstversorgung gefahren sind? Mach eine Liste mit Dingen, die dir für die nächste Klassenfahrt wichtig sind? Welche Ziele in den Prospekten entsprechen deinen Kriterien? Für welchen Ort würdest du dich entscheiden? Was wollen wir an den einzelnen Tagen tun/erleben? – Erstelle einen 5-Tagesplan.

Kollege Stefan hat die Methode des **Concept Attainments** entdeckt, weil es die Schülerinnen und Schüler zum Denken herausfordert. Er führt die Ebenen Blooms damit im Kontext von Gedichtinterpretationen ein.

B

Umsetzungsbeispiel

Deutsch: Gedichte interpretieren – Anforderungsniveau von Fragen identifizieren

Stefan entwirft für jede Ebene eine Tabelle mit Ja- und Nein-Beispielen. Die Nein-Beispiele bilden andere Denkebenen ab, jedoch nicht die gesuchte. Die einzelnen Gegensatzpaare projiziert er nacheinander an die Wand. Anhand der positiven Beispiele identifiziert er mit den Lernenden Merkmale für Analyseaufgaben bzw. -fragen.

Ja-Beispiele	Nein-Beispiele
Erschließt bitte die Bedeutung der Natur in dem Gedicht.	Welche Figur ist dir sympathisch?
Welche Stellen in dem Gedicht zeigen die Gefühle des Sprechers?	Unterstreiche alle Worte, die sich reimen. Benutze unterschiedliche Farben.
Welche Bilder benutzt der Dichter, um seine Wut auszudrücken?	Wo befindet sich der Sprecher?
Identifiziert den Unterschied zwischen Metapher und Vergleich.	Schreibt bitte einen anderen Schluss.
Vergleicht bitte die beiden Gedichte mit Blick auf das Reimschema.	Welches Gedicht gefällt dir besser?

Nachdem ich mit meinen Pädagogikschülerinnen und -schülern die bloomsche Taxonomie auch im Sinne der Vermittlung der Operatoren des Lehrplans besprochen habe, kommt mir eine Idee. Wenn wir Schülerinnen und Schüler zum Denken und Erforschen herausfordern wollen, müssen wir Aufgaben stellen, die sie dazu bringen, selbst die notwendigen Fragen auf allen Ebenen zu stellen. Ich beschließe also, die Schülerinnen und Schüler bei der Einführung eines neuen Themas mit einer Aufgabe zu konfrontieren, die auf der Ebene der Synthese bzw. Problemlösung liegt. Da wir laut Lehrplan das Thema „Lernen und Entwicklung" bearbeiten müssen, gebe ich folgende Aufgabe vor:

B

Umsetzungsbeispiel
Pädagogik: Leitfragen entwickeln

Information
Mira (11 Jahre) ging immer gerne in die Schule und lernte mit Begeisterung. Sie war eine gute Schülerin. Nach einem Schulwechsel beobachtete ihre Mutter, dass Mira mit immer schlechteren Noten nach Hause kam, selbst in ihren Lieblingsfächern hatte sie stark nachgelassen. Eines Tages weigerte sie sich sogar, in die Schule zu gehen, und klagte über Übelkeit. Sie sucht einen Kinderpsychologen auf.

Aufgabe:
Ihr arbeitet in der Praxis des Kinderpsychologen. Es ist eure Aufgabe, eine Lösung für Miras Problem zu finden. Überlegt bitte, welche Fragen ihr stellen und klären müsst, um Mira und ihrer Mutter zu erklären, wie das Problem entstanden sein könnte, und um ihnen zu helfen. Orientiert euch bei den Fragen an der bloomschen Taxonomie.
Nehmt euch alleine 15 Minuten Zeit, um mithilfe der einzelnen Ebenen relevante Fragen zu entwickeln. Vergleicht danach eure Ergebnisse mit den anderen Mitgliedern eurer Gruppe und identifiziert für jede Ebene max. 3 wichtige Fragen.

Hilfe: Die allgemeinen Leitfragen (s.u.) helfen euch, konkrete Fragen zu dem Fall zu stellen.

Allgemeine Leitfragen

Kennen	Was muss ich wissen, um das Problem zu verstehen/zu erklären?
Verstehen	Welche Zusammenhänge muss ich kennen, um das Problem zu verstehen?
Anwendung	Was kann ich tun, um Informationen zu dem Problem zu bekommen?
Analyse	Welche Faktoren muss ich mit Blick auf die Erklärung des Problems und die Lösungsfindung berücksichtigen?
Bewertung	Was muss ich bei der Einschätzung des Problems beachten? Welche Kriterien gibt es?
Synthese	Welche Ideen habe ich zur Lösung des Problems?

Bei der Besprechung der Ergebnisse stellt sich heraus, dass die Schülerinnen und Schüler eine Vielzahl relevanter Fragen gestellt haben, die es uns ermöglichen zu erarbeiten, wie wir jetzt weiter vorgehen müssen, um uns der Klärung des Falls zu nähern. Im Sinne des Advance Organizing haben die Schülerinnen und Schüler jetzt einen Überblick über das anstehende Lernpensum entwickelt. Gleichzeitig werden sie auf Schritte wissenschaftlichen Arbeitens vorbereitet. Auf meine Frage hin, wie sie das Generieren von Fragen erlebt haben, stelle ich fest, dass es unterschiedliche Zugangsweisen gab. Einige haben im Sinne eines Brainstormings alle Fragen aufgeschrieben, die ihnen einfielen, und diese dann – soweit es ging – den Denkebenen zugeordnet. Andere haben sich Ebene für Ebene vorangearbeitet. Alle erklärten, dass sie ab der Ebene der Analyse weniger Fragen gefunden hatten. Einige gaben auch an, zu einigen Ebenen selbst keine Fragen gefunden zu haben, bei der Zusammenarbeit jedoch Ideen erhalten zu haben.

Während also einige von uns Erfahrungen damit sammeln, ihren Schülerinnen und Schülern die Denkebenen und deren Bedeutung zu vermitteln, experimentieren andere mit der Idee der **differenzierten Aufgabenstellung** auf den einzelnen Ebenen.
Kollege Pierre möchte sehen, wie seine Schülerinnen und Schüler auf die unterschiedlichen Fragen bzw. Aufgaben reagieren. Er behandelt in Geschichte gerade das „Römische Reich". Da die Klasse bisher wenig Gruppenarbeit gemacht hat, beginnt er mit aufgabendifferenzierter Einzelarbeit. Er gibt aus allen sechs Lernzielebenen leichte und anspruchsvolle Aufgaben vor, anhand derer sie in fachgebundener Freiarbeit das Thema bearbeiten sollen. Die benötigten Materialien hält er bereit. Im Rahmen der Differenzierung können sie bei jeder Aufgabe immer zwischen a (anspruchsvoll) und b (leicht) wählen.

B

Umsetzungsbeispiel
Geschichte: Differenzierte Aufgaben bearbeiten

Kennen:

1a) Lies die 10 Seiten in deinem Geschichtsbuch zum Leben im Römischen Reich.
1b) Lies die 5 Textblätter zum Leben im Römischen Reich. (Text mit Lesehilfen)

Verstehen:

2a) Beschreibe mit eigenen Worten, welches Verhältnis die Römer zu ihren Sklaven hatten.
2b) Beschreibe mit eigenen Worten die Rituale der alten Römer nach der Bestattung ihrer Toten.

Anwenden:

3a) Hol dir das Arbeitsblatt „Römische Soldaten" (AB 1). Schreibe neben die einzelnen Rüstungsbestandteile deren Funktion im Kampf.

3b) Die Soldaten des alten Roms werden als geschickte Kämpfer bezeichnet. Hol dir das Arbeitsblatt (AB2) mit einem typischen römischen Soldaten in seiner Rüstung. Beschrifte die Teile seiner Bekleidung, so wie es auf Textblatt 4 beschrieben wird.

Analyse:

4a) Stelle die Lebensbedingungen und Wohnverhältnisse von Patriziern und Plebejern im alten Rom gegenüber.

4b) Hole dir Arbeitsblatt 3. In dem Text über den Handel im alten Rom sind 5 Fehler. Finde die Fehler und schreibe die richtigen Lösungen unter den Text.

Bewertung:

5a) Wurden alle Klassen der Menschen im alten Rom deiner Ansicht nach von den Regierenden gleich behandelt? Führe bei deiner Antwort Belege an, die deine Ansichten unterstützen.

5b) Hättest du gerne im alten Rom gelebt? Warum? Warum nicht?

Synthese:

6a) Erstelle eine Nachrichtenseite, die in Rom am Tag des Ausbruchs des Vesuvs im Jahr 79 AD hätte produziert werden können. Beziehe mindestens einen Augenzeugenbericht mit ein.

6b) Finde heraus, welche Gebäude aus dem alten Rom man heute noch in Rom besichtigen kann, und stelle eine kleine Besichtigungstour für Besuche zusammen (5 Stationen). Stelle mit eigenen Worten dar, was es dort Besonderes zu sehen gibt.

Anhand der gewählten Fragen der Einzelnen erhält Pierre Einblick in Lernverhalten, Lernvermögen und Leistungsbereitschaft seiner Schülerinnen und Schüler.
In der 5a hat Kollegin Delia in Biologie mit kleinen Experimenten begonnen. Nachdem die Schülerinnen und Schüler gelernt haben, ihre Rollen beim Experimentieren einzunehmen und über die notwendigen sozialen und kommunikativen Kompetenzen verfügen, bekommen sie nun differenzierte Aufgaben zur Auswertung und Fortführung der Ergebnisse des Experiments entsprechend der bloomschen Taxonomie.

B

Umsetzungsbeispiel

Biologie: Ein Experiment

Die Schülerinnen und Schüler arbeiten anfangs in Paaren. Sie haben Bohnen in 2 kleine Töpfe mit Erde gesteckt. Ein Töpfchen versorgen sie gut mit Wasser und es hat genügend Licht, das andere steht in einem Raum mit wenig Licht und wird nur jedes dritte Mal gegossen. Sie hat die Paare so zusammengesetzt, dass immer leistungsstärkere Lernende mit -schwächeren arbeiten. Nach Abschluss des Experiments arbeiten die Schülerinnen und Schüler alleine weiter an Aufgaben zur Auswertung des Experiments.

Aufgabenbeispiel:
Anspruchsniveau und Komplexität

Komplexität

	Analyse	Synthese
einfach	Gib mindestens zwei Gründe an, warum die Pflanzen von Gruppe A kleiner geblieben sind als die von Gruppe B.	Wiederhole den Versuch und überprüfe, ob du mit anderen Samen dieselben Ergebnisse erzielst. Halte die Ergebnisse fest (Text, Foto).
schwierig	Erkläre mithilfe des Experiments, wie sich Umweltfaktoren auf das Pflanzenwachstum auswirken.	Stell dir vor, die Menschen wollten den Mars besiedeln: Überlege, welche Bedeutung deine Erkenntnisse für die Überlebensbedingungen der Menschen haben.

Die *arbeitsteilige* Partnerarbeit (Pflanzenpflege/Protokoll) nutzt sie diesmal nur auf der Ebene der **Anwendung** und des **Verstehens** (Beschreibung des Prozesses mit eigenen Worten). Auch wenn die Schülerinnen und Schüler zuvor das Experiment gemeinsam durchgeführt und beschrieben haben, bearbeiten sie die Aufgaben zur Auswertung des Experiments individuell. Sie können dabei zwischen einfachen oder schwierigen Aufgaben wählen. So kann sie feststellen, ob die differenzierten Fragen bei der Bearbeitung helfen und mehr Schülerinnen und Schüler auch alleine zu angemessenen Ergebnissen gelangen können.

13.2 Höher hinaus

Nachdem wir sicherer im Umgang mit Fragestellungen geworden sind, beginnen wir das Potenzial von Methoden mit gezielt formulierten Aufgabenstellungen auszutesten.
Eine Methode, bei der unseres Erachtens die sechs Lernzielebenen genutzt werden können, ist das **Teams-Game-Tournament** (Gruppenturnier). Ich benutze es diesmal in der Oberstufe, um im Englischunterricht „Romeo and Juliet" zu wiederholen. Die Schülerinnen bzw. Schüler arbeiten in ihren Basisteams, wobei nach Möglichkeit zwei leistungsstärkere und zwei weniger leistungsstarke Schülerinnen und Schüler als Paar zusammensitzen. Jedes Team wiederholt zwei Unterrichtsstunden lang gemeinsam die wesentlichen Aspekte der Lektüre anhand von vorgegebenen Aufgaben. Alle wissen, dass sie in dem nachfolgenden Turnier Punkte für ihr Team sammeln müssen und sich daher so gut wie möglich vorbereiten müssen.

Basisteams

A1	A2
A3	A4

B1	B2
B3	B4

C1	C2
C3	C4

B

Umsetzungsbeispiel

Englisch: Gruppenturnier zu Romeo and Juliet

Für das Gruppenturnier entwerfe ich neue Fragen. Die Fragen für das Turnier werden auf vier Blätter verteilt und die einzelnen Seiten jeweils mit Herz, Karo, Pik, Kreuz gekennzeichnet. Diese Kennzeichnung befindet sich auch auf den dazu passenden Antwortbögen. Bei neun Fragen pro Blatt formuliere ich 36 Fragen auf unterschiedlichen Lernzielebenen. Auf den Antwortbögen stehen die entsprechenden Antworten. Grundsätzlich können es auch weniger Fragen sein. Alle sechs Lernzielebenen abzudecken, ist manchmal schwierig.

Question sheet

1	Who is it? – Friend of Romeo and Mercutio, nephew of Montague.
2	Where did this take place? – Balthasar tells Romeo that Juliet is dead.
3	True or false? – The Nurse compliments Paris by saying that he is made of wax and is like a flower.
4	Give the meaning in modern English – We'll keep no great ado…
5	Briefly explain why the character said those words – ABRAM: Do you bite your thumb at us sir?
6	What is the problem faced by this character in this situation? – ESCALUS: He comes across a street fight between followers of Capulet and Montague.
7	What are the motives behind the words and actions? – Juliet seems overcome at the news of Romeo's banishment.
8	Explain what this utterance means. – ROMEO: Why then, is my pump well-flowered.
9	Explain the issue and discuss the point of view expressed. – What is the place of fate in the play? Are the characters truly fated to die together, or do events unfold because of a series of unlucky chances?

Nach der Wiederholungsphase in den Basisgruppen bilde ich Turnierteams, indem ich die Schülerinnen und Schüler als Turnierpaare neu auf die Tische verteile.

Turnierteams

A1	A2
B3	B4

B1	B2
C3	C4

C1	C2
A3	A4

Den Turnierteams gebe ich ein Kartenspiel und lasse sie für jede Farbe mit dem Ass (= 1) beginnend 9 Karten aufwärts herausnehmen (insgesamt 36 Karten). Die Anzahl der 9 Karten pro Farbe entspricht der Anzahl der Fragen und ihr Wert repräsentiert gleichzeitig den Punktwert bei richtiger Beantwortung der Frage. Die restlichen Karten werden zur Seite gelegt. Die verbleibenden 36 Karten werden gemischt und in die Mitte gelegt. Nun erhalten die Teams die Fragen- und Antwortseiten und pro Paar einen Protokollstreifen. Ein Paar bekommt die Fragenseite, das andere die Antwortseite. Nach jeder Frage tauschen die Paare Fragen- und Antwortseite. Der jeweilige Protokollstreifen wird immer im Wechsel vom gegnerischen Paar ausgefüllt.
In einem Zeitrahmen von 20 Minuten führen die Schülerinnen und Schüler nun das Turnier durch. Paar 1 beginnt. Es zieht eine Karte (z. B. die Herz-Vier) und liest die Herz-Vier-Frage so laut vor, dass alle Gruppenmitglieder sie hören können. Paar 1 bespricht die mögliche Antwort (pro Paar max. 1 Minute lang) und eine Person gibt dann die Antwort. Die Partnerinnen bzw. Partner wechseln sich beim Antworten ab. Paar 2 überprüft anhand des Antwortbogens, ob die Frage angemessen beantwortet wurde, und trägt den Punktwert auf dem Protokollblatt von Paar 1 ein. Die gezogene Karte wird zur Seite gelegt. Nach jeder Frage tauschen die Paare die Bögen, so dass kein Paar 2 Fragen hintereinander beantwortet.

Beispiel:

Protokollstreifen Paar 1										
Frage	1	2	3	4	5	6	7	8	9	Summe
Punkte	1	2	3	0	5	0	0	4	5	20

Die Punktzahl, die ein Paar bekommt, wird durch den Wert der Karte festgelegt: Wenn es die Pik-Vier ist, bekommt das Paar 4 Punkte; wenn es das Karo-As ist, gibt es einen Punkt. Bei Bewertungsfragen oder Aufgaben mit kreativen Elementen entscheidet das „Antwortpaar" über die Punktvergabe. Eine Minderung der Punktzahl ist möglich. An dieser Stelle können Schülerinnen und Schüler auch in Streit geraten. In Absprache mit ihnen kann man auch die Halbierung der Punkte zulassen. Dies setzt allerdings voraus, dass die Schülerinnen und Schüler fair und respektvoll miteinander arbeiten können. Als weitere Option nutze ich manchmal zusätzlich die 4 Buben. Wenn ein Bube gezogen wird, ziehen die Schülerinnen und Schüler eine neue Karte, und wenn die richtige Antwort gegeben wurde, bekommen sie den doppelten Punktwert der Karte. Wenn es also eine Kreuz-Zwei ist, und sie richtig antworten, bekommen sie 4 Punkte. Wenn sie zwei Buben hintereinander ziehen, sind es 8 Punkte, bei drei Buben hintereinander 16 Punkte und bei 4 Buben 32 Punkte. Viele Schülerinnen und Schüler lieben den Einsatz der Buben, da so auch das Glück eine Rolle spielt und Erfolg nicht nur von Wissen abhängt. Manche Lerngruppen lieben allerdings den „reinen" Wettkampf und verzichten auf den Einsatz der Buben. Bei ungeübten Lerngruppen lasse ich die Buben weg, weil sie die Punkteberechnung komplizierter machen.
Das TGT ist vorbei, wenn die festgelegte Zeit vorbei ist oder ein Team alle Fragen beantwortet hat. Die Schülerinnen und Schüler gehen zu ihrer Basisgruppe zurück und addieren ihre erreichten Ergebnisse; sie geben ihr Gesamtergebnis mit ihrem Gruppennamen ab, die Siegergruppe kann ermittelt werden.

Wirkungsvoll kann es aus meiner Erfahrung auch sein, wenn die Schülerinnen und Schüler selbst Frage- und Antwortbögen für ein TGT erstellen. Auf diese Weise können sie sich gut auf Klassenarbeiten oder Klausuren vorbereiten, da sie den Lernstoff zweimal wiederholen.
Kollege Stefan benutzt im Deutschunterricht in der 6b die **Schneeballmethode**, um Kriterien für eine gute Geschichte von den Schülerinnen und Schülern entwickeln zu lassen. Bevor er die Schneeballmethode einsetzt, klärt er mit ihnen, dass gute Geschichten bestimmte Kriterien erfüllen müssen. Anhand einiger Beispiele überprüft er, dass sie verstanden haben, was unter „Kriterien" zu verstehen ist.

B

Umsetzungsbeispiel
Deutsch: Kriterien für das Schreiben einer guten Geschichte
Die Schülerinnen und Schüler entwickeln und sammeln im Think-Pair-Verfahren eigene Kriterien für eine gute Geschichte *(Erinnern, Verstehen, Anwendung)* und wählen gemeinsam 7 starke Kriterien aus *(Analyse und Bewertung)*, die sie in Form einer Rangleiter (oben = sehr wichtig) auf ein Blatt schreiben. Ihr Ergebnis übertragen sie auf ein zweites Blatt. Danach ballen sie ein Blatt zu einem Schneeball und werfen diesen in einen Korb. Als Nächstes entnimmt jedes Paar dem Korb einen neuen Schneeball. Zuerst betrachten die Partner die Ergebnisse auf dem gezogenen Schneeball und wählen daraus max. drei gute Vorschläge aus. Anschließend wählen sie aus den neuen und ihren eigenen Vorschlägen 6 Ideen aus, die ihnen am besten geeignet erscheinen *(Analyse, Bewertung und Synthese)*. Zuletzt tragen sich die Paare der Tischgruppen gegenseitig ihre Ergebnisse vor und einigen sich auf 5 starke Kriterien für eine gute Geschichte *(Analyse, Bewertung und Synthese)*.
Stefan sammelt die Ergebnisse ein und fertigt aus den Schülerantworten eine Kriterienliste zur Weiterarbeit an. Anhand der Liste können die Schülerinnen und Schüler zusätzlich noch Kriterien für unterschiedliche Arten von Geschichten (lustig, traurig, spannend etc.) herausarbeiten.

Durch die wiederholte Auseinandersetzung mit neuen Ideen erweitern die Schülerinnen und Schüler ihre Perspektiven. Lernschwächere erhalten Anregungen, Stille können ihre Ideen einbringen. Dadurch, dass die Lernenden die Kriterien selbst erarbeiten, werden sie sie im Folgenden beim Schreiben eigener Geschichten und bei der Bewertung von Geschichten eher berücksichtigen, als wenn diese einfach nur vorgegeben würden.
Wir alle wagen uns immer mehr an Concept Attainment und ähnliche kognitiv aktivierende Methoden (vgl. Concept Circles, Frayer Model) heran, auch wenn es sich dabei nicht um kooperative Methoden im engeren Sinne handelt. Sie fordern nicht von sich aus Zusammenarbeit ein. Wir können allerdings immer durch die Aufgabenstellung zusätzlich kooperative Settings herstellen, wenn es uns im Sinne einer sicheren Lernumgebung wichtig ist, dass die Lernenden ihre Ideen zuerst miteinander austauschen, bevor sie sie allen vorstellen.
Concept Attainments setzen auf der Analyseebene an, d.h., sie erfordern höherrangiges Denken. Trotzdem eignen sie sich für alle Altersstufen. Wichtig ist nur, dass die Beispiele das gesuchte Konzept deutlich machen und der Begriff dem Entwicklungsstand der Schü-

lerinnen und Schüler entspricht. Ich beschließe, das Concept Attainment in einer 5. Klasse für die Erarbeitung von Regeln der englischen Grammatik zu erproben.

B

Umsetzungsbeispiel

Englisch: Erarbeitung des Gebrauchs von Simple Past und Present Perfect

Das Simple Past ist als Form bereits bekannt, allerdings müssen die Schülerinnen und Schüler die Zeitangaben, die seinen Gebrauch anzeigen, noch identifizieren. Das Present Perfect ist die neu einzuführende Zeit. Die Seiten A und B des Concept Attainments werden gleichzeitig präsentiert. Durch den Hinweis auf eine neue Zeit können die Schülerinnen und Schüler erschließen, dass sie auf die Verbformen achten müssen, um Gleichheit und Unterschiede zu erkennen.

Aufgabe:

Today we get to know a new tense.
Look at the sentences on side A and B.
How are the sentences on side A the same?
How are the sentences on side B the same?
Think for yourself and do not talk to your partner.

Side A	Side B
I was in London last year.	I have never been to London.
He came here yesterday.	She has come here for ten minutes.
My computer crashed last week.	My computer hasn't crashed yet.
It is May. I met him in January.	I haven't met him since March.
When did you go to Paris?	Have you ever gone to Berlin?
I heard it an hour ago.	Tom has not heard it so far.

Think for yourself: What is your idea? Do not share your idea yet.

Testers:

Which sentences belong on Side B?

He has always found his way home.
At the school trip Lisa had no idea where she was.
Bob got his test back yesterday.
Look, he has done well in this test.
Do you know that John and Tina have written the best stories.

Share your thinking with your partner, please. You may do it in German.

Die Reflexion auf der Metaebene können Schülerinnen und Schüler in den Anfangsklassen in der Regel noch nicht in der zu erwerbenden Sprache leisten.
Bei der Auswertung zeigt sich, dass die Schülerinnen und Schüler sowohl die Bildungsform des Present Perfects erkannt haben als auch die Indikatoren für den Gebrauch beider Zeiten identifizieren und kontrastieren können. Anhand der Ergebnisse formulieren sie mit eigenen Worten Regeln.
Eine **visualisierte** Variante des Concept Attainments finden wir in **Concept Circles.** Kollegin Gaby benutzt sie in Mathematik. Sie füllt die Viertelkreise mit Brüchen und lässt die Schülerinnen und Schüler herausfinden, welche Rechenart sie benutzt hat. Anschließend baut sie in einen Viertelkreis einen Fehler ein.

B

Umsetzungsbeispiel
Mathematik: Bruchrechnung

Aufgabe:
Ein Bruch gehört nicht in den Kreis. Welcher? Benutze zur Überprüfung die vier Rechenarten. Ersetze die falsche Lösung durch einen Bruch, der passt.

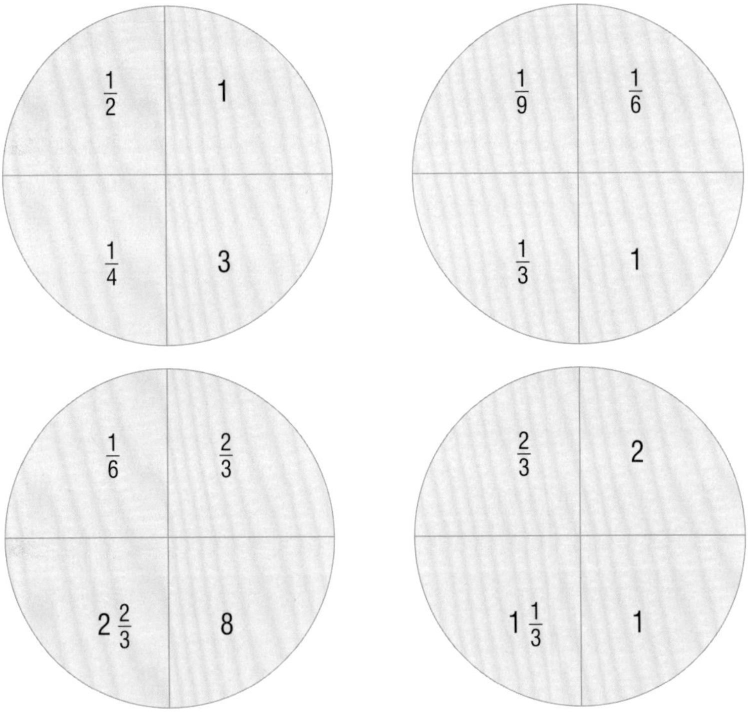

Bei „Finde den Fehler“ arbeiten die Schülerinnen und Schüler auf der Ebene der Analyse, d. h., sie müssen eine Regel oder ein Muster bereits kennen, verstehen und anwenden können.
Eine Variante der Concept Circles besteht darin, dass ein Feld frei bleibt und das letzte Feld entsprechend einer Regel ergänzt werden muss. Die Kreise können auch mehr als vier Felder enthalten.
Manchmal lässt Kollegin Gaby leistungsstarke Schülerinnen und Schüler Concept Circles für ihre Mitschülerinnen und -schüler herstellen. Dazu verteilt sie leere Vorlagen.

Ein deduktives grafisches Verfahren ist das **Frayer Model**. Es dient der Klärung von Begriffen. Die Lernenden werden aufgefordert, Informationen zu verdichten.

Kollege Thomas benutzt es im Fach Sozialwissenschaften, um den Begriff „Freie Marktwirtschaft“ zu klären. Anhand von Informationen aus einem Text arbeiten die Schülerinnen und Schüler die Merkmale und die Funktion von freier Marktwirtschaft heraus und finden eigene positive und negative Beispiele.
Verena hat die Idee, das Modell induktiv zu benutzen, um im Grammatikunterricht den Begriff und die Funktion von Adjektiven zu vermitteln. Sie gibt ihren Schülerinnen und Schülern Beispielsätze mit Adjektiven, die sie kursiv druckt, und Nicht-Beispiele, in denen sie Verben oder Substantive kursiv kennzeichnet. Sie integriert damit ein Concept Attainment. Anhand der Beispiele lässt sie dann Merkmale und Funktion von Adjektiven herausarbeiten und gibt zuletzt selbst den Begriff „Adjektiv“ vor.

13.3 Reisejournal 6 – Reflexion

Mit der Zeit gewöhnen wir uns an die präzise Form der Aufgabenstellung und auch das Entwickeln von leichten und schwierigen Aufgaben auf allen 6 Denkebenen fällt uns leichter. Wir sind auf einem guten Weg. Trotzdem suchen wir noch nach weiteren Möglichkeiten zur Differenzierung. Eines Tages kommt Margret mit einer Idee, von der sie gelesen hat – der Differenzierungsmatrix. Die sollten wir uns einmal anschauen. Delia hat weitere Anregungen zu differenzierten Aufgabenstellungen gefunden und Verena hat von weiteren Visualisierungsverfahren zur kognitiven Aktivierung gehört. Alles spannende Themen, mit denen wir uns demnächst beschäftigen sollten.
Da wir immer weniger Zeit für Treffen haben, vereinbaren wir, Beispiele für die Arbeit mit den bisherigen Methoden in einem Ordner zu sammeln. Da wir uns nicht entscheiden können, ob es günstiger ist, den Ordner fächerspezifisch oder entsprechend der Methoden zu organisieren, vertagen wir die Einteilung. Mal sehen, ob das mit dem Sammeln überhaupt etwas wird. Auch das kostet jeden von uns schließlich Zeit.

14 Kognitive Aktivierung durch Differenzierung

Ein Grund, weshalb Frontalunterricht meist unzureichend zu kognitiver Aktivierung führt, liegt darin, dass Lernende unterschiedliche Lernausgangslagen und Begabungen haben, die Aufgabenstellung jedoch für alle gleich ist. Aufgaben müssen den jeweiligen Lernvoraussetzungen angepasst sein und die Schülerinnen und Schüler gleichzeitig zum Denken herausfordern. Daher beginnt Differenzierung auch genau hier.

Beim Nachdenken über die Gestaltung von Differenzierung kann es hilfreich sein, Theorien der Intelligenz in den Blick zu nehmen. Entsprechend dieser Theorien haben Unterrichtswissenschaftler mit Praktikern Möglichkeiten der Nutzung in Unterrichtskontexten entwickelt. In diesem Kapitel werden Ergebnisse aus der Intelligenzforschung und daraus abgeleitete Gestaltungsmöglichkeiten für den Unterricht dargestellt.

14.1 Erfassung von Intelligenz

Es gibt viele Modelle zur Beschreibung und Erfassung von Intelligenz. Hierbei wurden lange Zeit nur kognitive Faktoren in Betracht gezogen. Erst mit **Daniel Golemans** Entwicklung sozialer und emotionaler Intelligenz (1996, 2017) und **Howard Gardners** Entwicklung multipler Intelligenzen (1986, 2011) kamen Modelle auf, bei denen auch andere Intelligenzbereiche in den Blick genommen wurden.

Howard Gardner erlangte für die heutige Unterrichtsforschung besondere Bedeutung, weil er für Intelligenzkonzepte steht, die Intelligenz nicht als ein eindimensionales und unveränderliches Konstrukt sehen. Mit dieser Sicht wendet er sich grundlegend gegen konventionelle Definitionen von Intelligenz.

Howard Gardner stellt in seiner **Theorie der multiplen Intelligenzen** die These auf, dass die von ihm identifizierten Intelligenzen sich relativ klar voneinander unterscheiden und dass jeder Mensch auch über jede dieser Intelligenzen bis zu einem bestimmten Grad verfügt.

Auch wenn die Theorie Gardners in der Intelligenzforschung nicht unumstritten ist, lenkt sie doch den Blick auf unterschiedliche Bereiche menschlichen Denkens und Handelns. Es lässt sich feststellen, dass Menschen unterschiedliche Stärken und Schwächen in den einzelnen Intelligenzbereichen haben. Geht man von der Neuroplastizität unseres Gehirns aus (vgl. Spitzer 2006), so hilft es Menschen bei der Ausbildung ihrer Gehirne, wenn die Stärken gefördert und die Schwächen gefordert werden. Lehrende können durch die Berücksichtigung aller Intelligenzen ihr Angebot für die Lernenden differenzierter und förderlicher gestalten. Auch bei uns in Deutschland finden Gardners Erkenntnisse im Kontext von Differenzierung mittlerweile Eingang in die Unterrichtsforschung.

Hier eine Übersicht über acht seiner Intelligenzformen:

Intelligenz	Beispiele	Merkmale
interpersonal	Verkäufer, Lehrer, Politiker, Therapeuten, Schauspieler	Fähigkeit, die Gefühle anderer zu erfassen und mit anderen in Kontakt zu treten
intrapersonal	Menschen, die zur Selbstreflexion fähig sind und ihre anderen Intelligenzen effektiv nutzen	Selbst-Bewusstsein: Fähigkeit, den eigenen Körper und Geist zu kennen
logisch-mathematisch	Mathematiker, Informatiker	Fähigkeit, höhere Mathematik zu lernen; Fähigkeit, komplexe logische Argumente zu bewältigen
musisch	Musiker, Komponisten, Dirigenten	Fähigkeit, Musik zu lernen, auszuführen und zu komponieren
naturalistisch	Förster, Biologen, Naturforscher	Fähigkeit, unterschiedliche Spezies zu verstehen, Muster in der Natur zu erkennen, Naturobjekte zu klassifizieren
physisch-kinästhetisch	Tänzer, Athleten, Chirurgen, Handwerker	Fähigkeit, den eigenen Körper gut zu nutzen
räumlich	Architekten, Seeleute, Bildhauer, Maler	Fähigkeit, sich räumlich zu orientieren und Aufgaben durchzuführen, die dreidimensionales Sehen erfordern
verbal	Autoren, Dichter, Redner, Moderatoren	Fähigkeit, gut schriftlich und mündlich zu kommunizieren, die Beherrschung von Sprachen

David Perkins (1995) analysierte unterschiedliche Unterrichtstheorien und -ansätze und folgte Gardners Vorstellungen hinsichtlich der Beeinflussbarkeit von Intelligenz. Seiner Ansicht nach kann sie durch Förderung von Transfer, Förderung höherrangiger Denkfertigkeiten und den gezielten Einsatz von förderlichen Methoden und Unterrichtsformen, z.B. von Projektarbeit erheblich intensiviert werden. Nach Analyse einer Vielzahl von Studien zur Intelligenz identifizierte er drei Hauptkomponenten:

1. **Neuronale Intelligenz:** Sie bezieht sich auf die Effizienz und Präzision des eigenen Gehirns und Nervensystems. Sie wird neben Umwelteinflüssen, z.B. Ernährung, Drogenkonsum, Lärm und im Wesentlichen

durch *Nutzung* beeinflusst. Das Wachstum von Nervenzellen erfolgt über Stimulation, Herausforderungen und intensiven Gebrauch.

2. **Erfahrungsintelligenz:** Sie bezieht sich auf das eigene, erworbene Wissen und Erfahrungen in unterschiedlichen Lebensbereichen. Man könnte sie als Ansammlung von Expertise bezeichnen. Sie basiert auf den über Jahre hinweg gemachten Erfahrungen in informellen und formellen Lernsituationen. Solche Erfahrungen können zu großer Expertise in einem oder mehreren Gebieten führen. Menschen, die in einer anregenden Umgebung leben, haben einen erheblichen Vorteil gegenüber Menschen, die in wenig stimulierenden Bedingungen aufwachsen. Erfahrungsintelligenz kann durch die Gestaltung der Umwelt verbessert werden.
3. **Reflexive Intelligenz:** Sie bezieht sich auf Strategien, Probleme anzugehen, zu lernen und sich mit intellektuellen Herausforderungen auseinanderzusetzen. Sie schließt Eigenschaften wie Ausdauer, Systematisierung und Vorstellungsgabe, Selbstbeobachtung und Selbstregulierung ein. Metakognition kann helfen, diese Komponenten zu verbessern. Man kann sich reflexive Intelligenz als Kontrollinstanz vorstellen, die hilft, neuronale und erfahrungsabhängige Intelligenz zu steuern und effektiv zu nutzen. Die notwendigen Kontrollstrategien und Denkgewohnheiten sind ebenfalls erlernbar.

Die Erkenntnisse von Gardner und Perkins enthalten entscheidende Hinweise für kognitive Aktivierung durch die Gestaltung von lernförderlichem Unterricht. Gemeinsam mit Praktikern setzten sie ihre Vorstellungen im Rahmen des „Project Zero" an der Harvard University, USA, um und entwickelten das sogenannte „Project Based Learning" (PBL). Die dort entwickelten Methoden wurden in einer Reihe von Ländern im Unterricht erprobt.

14.2 Konzepte zur kognitiven Aktivierung und Differenzierung im Unterricht

Im Unterricht kann man zwischen zwei Bereichen von Lernsituationen unterscheiden:

1. **Aneignungs- und Verarbeitungssituationen:** Die Lernenden erhalten komplexe Arbeitsaufträge mit unterschiedlichen Lernwegen und Bearbeitungsmöglichkeiten. Kooperatives Arbeiten wird zielgerichtet eingesetzt. Die erfolgreiche Bearbeitung sollte angestrebt werden, jedoch sind Fehler erlaubt. Die Lernprodukte können vielfältig sein. Der Kompetenzstand oder -zuwachs wird individuell, sozial und kriterial diagnostiziert. Die Rückmeldungen erfolgen formativ durch Feedback.

2. **Leistungssituationen:** Die Arbeitsaufträge sind klar umrissen und die Bearbeitung erfolgt in der Regel schriftlich und individuell. Es werden erfolgreiche und möglichst fehlerfreie Ergebnisse erwartet. Das Anforderungsniveau ist kriterial festgelegt. Die Rückmeldung erfolgt summativ.

Annemarie von der Groeben (2011) entwickelte als Planungshilfe für die Gestaltung von Aufgaben in der Aneignungs- und Verarbeitungssituation die sogenannte AEIOU-Formel.

- **A**rgumentieren
- **E**rkunden
- **I**maginieren
- **O**rdnen
- **U**rteilen

Diese Formel hilft, vielfältige Aufgaben zu erstellen, die individuelle Lernwege zulassen und auch mit kooperativen Settings verbunden werden können, um die Verarbeitungstiefe zu erhöhen.

Arbeitsformen	individuell	kooperativ
Argumentieren	Argumente notieren Belege für Thesen suchen	Argumente abgleichen, ergänzen, hinterfragen
Imaginieren	Ideen entwickeln, bewerten	Ideen austauschen, anreichern, bewerten
Ordnen	Ideen und Informationen kategorisieren	Kategorien abgleichen, ändern, erweitern
Erkunden	Recherche in Printmedien und digitalen Medien beobachten experimentieren	befragen Informationen abgleichen Erkundungsbereiche und -formen aufteilen
Urteilen	Ideen und Argumente bewerten	Bewertungskriterien entwickeln und berücksichtigen, Urteile hinterfragen, modifizieren

In den einzelnen Arbeitsformen lassen sich sowohl Elemente der bloomschen Taxonomie als auch Aspekte zur Nutzung unterschiedlicher Intelligenzformen nach Gardner erkennen.

Zur Gestaltung differenzierender Aufgaben bietet die von **Ada Sasse** (2013) entwickelte **Differenzierungsmatrix** eine Möglichkeit für Lehrkräfte, alleine oder im Team Themenfelder für Lernende zu erschließen.

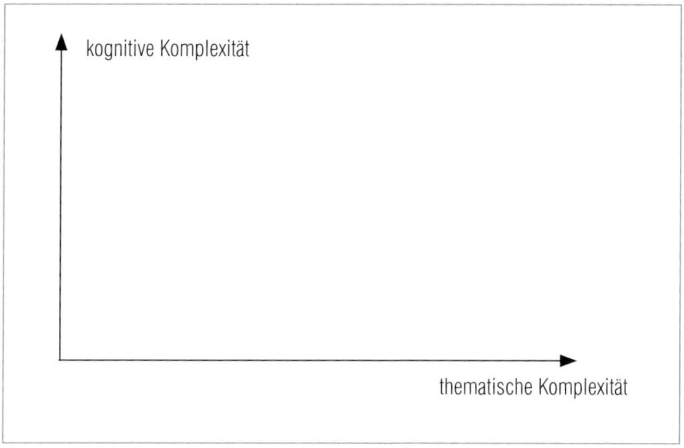

Abbildung 8: Differenzierungsmatrix zur Konstruktion von Aufgabenstellungen nach A. Sasse

Eine Dimension dieser Matrix ist die **kognitive Komplexität**, eine andere die **thematische Komplexität**. Entlang der beiden Achsen können nun Aufgaben formuliert werden, die die Lernenden **alleine** oder **kooperativ** bearbeiten. Die gestellten Aufgaben sind entweder **enge** Arbeitsanweisungen oder **weite** Arbeitsaufträge. Je nach Ausrichtung des Unterrichts kann die Matrix auch **Pflicht-** und **Wahlaufgaben** enthalten. Eine Matrix kann fachbezogen oder **fächerübergreifend** entwickelt werden, wobei Lehrkräfte aus zwei oder mehr Fächern Aufgabenstellungen zu einem gemeinsamen Oberthema entwickeln. Wie die kognitive Komplexität definiert wird, wird durch die Lehrkräfte bestimmt. Sasse und die Lehrkräfte des Schulversuchs in Thüringen orientieren sich an der Unterteilung des Modells von Kutzner (vgl. Sasse 2013). Man kann jedoch auch die Bloomsche Taxonomie zur Konstruktion von Aufgaben heranziehen (vgl. Kapitel 12).

Hier ein Beispiel zur bloomschen Taxonomie mit enger und weiter Aufgabenstellung auf den Ebenen des *Wissens* und des *Verstehens zum Thema „Wölfe"*.

Anwenden	…	…
Verstehen	Beschreibe, warum die Dorfbewohner in der Geschichte beschlossen, den Wolf zu töten.	Beschreibe und erkläre die Reaktionen der Menschen auf das Erscheinen der Wölfe.
Wissen	Lies die Geschichte „Als der Wolf kam".	Liste Gegenden in Deutschland auf, in denen Wölfe gesichtet wurden. Informationen findest du auf AB 1 und im Internet.
Ebene des Denkens	**enge Aufgabe**	**weite Aufgabe**

In der nachfolgenden Matrix repräsentiert die y-Achse alle 6 Lernzielebenen nach Bloom. Auf der x-Achse wird ein Oberthema, z. B. „Der Wolf" in mehrere Unterthemen unterteilt, die von links nach rechts anspruchsvoller werden.

B

Beispiel: Biologie – Der Wolf

6 Bewertung	Würdest du gerne in einem Gebiet leben, in dem es auch frei lebende Wölfe gibt? Warum?/ Warum nicht?	Die Wölfe in Deutschland müssen wieder ausgerottet werden? – Nimm Stellung.	Der Mensch hat das Recht, Tiere auszurotten oder aus seinem Lebensbereich zu vertreiben. – Nimm Stellung.
5 Synthese	Du bist ein Wolf und erklärst, weshalb du dich mit deinem Rudel auf einem Truppenübungsplatz in Sachsen angesiedelt hast.	Du bist Schafzüchter. Schreibe einen Brief an die Landwirtschaftsministerin, in dem du ihr deine Probleme mit den Wölfen darstellst.	Welche Auswirkungen haben Klimawandel und Industrialisierung auf die Verbreitung von Wölfen?
4 Analyse	Betrachte die Statistik mit der Größe der Wolfsrudel und der Anzahl der Beutetiere. Was fällt dir auf? Was bedeutet das für die Ansiedlung von Wölfen?	Lies den Artikel über die Wölfe in Spanien und Frankreich und arbeite die Sichtweise der Umweltschützer und die der Schafzüchter heraus.	Welche Gründe sprechen für eine dauerhafte Ansiedlung des Wolfes in Deutschland, welche dagegen?
3 Anwenden	Fertige eine Karte an, wo Wölfe wieder in Deutschland anzutreffen sind.	Suche nach Beispielen, in denen Wölfe Menschen angreifen.	Wodurch werden Wölfe aus ihren Jagdgebieten vertrieben? Erstelle eine Liste.
2 Verstehen	Warum leben sie gerade in diesen Gebieten?	Welche Voraussetzungen muss es geben, damit sich Wölfe in einem Gebiet ansiedeln?	Warum fürchten sich Menschen vor Wölfen?
1 Wissen	Wo siedeln sich Wölfe neu an?	Zu welcher Tierfamilie gehören die Wölfe?	In welchen Märchen begegnen sich Wölfe und Menschen?
	Lebensraum der Wölfe	**Wölfe sind Raubtiere**	**Wölfe und Menschen**

Das oben angeführte Beispiel ist für Einzelarbeit gedacht. Die Lernenden entscheiden sich für ein Thema, das sie dann entsprechend der Fragen bearbeiten.

B

Beispiel: Mathematik – Bruchrechnen

Synthese	Wir wollen ein Quiz durchführen. Entwirf 5 Aufgaben zur Addition von gleichnamigen Brüchen. Du darfst auch mit gemischten Zahlen arbeiten.	Wir wollen ein Quiz durchführen. Entwirf 5 Aufgaben zur Multiplikation von gleichnamigen Brüchen. Du darfst auch mit gemischten Zahlen arbeiten.
Problemlösung	Hole dir das Arbeitsblatt A-Text und löse mindestens 2 der Aufgaben.	Hole dir das Arbeitsblatt M-Text und löse mindestens 2 der Aufgaben.
Analyse	Martin hat seine Hausaufgaben gemacht. Hole dir sein Arbeitsblatt (A-Martin) und überprüfe, ob er alles richtig gemacht hat. Wenn du einen Fehler findest, schreibe die richtige Lösung daneben.	Martina hat ihre Hausaufgaben gemacht. Hole dir ihr Arbeitsblatt (M-Martina) und überprüfe, ob sie alles richtig gemacht hat. Wenn du einen Fehler findest, schreibe die richtige Lösung daneben.
Anwenden	Bearbeite die Aufgaben auf Arbeitsblatt A. Verwandle die unechten Brüche in gemischte Zahlen, wenn möglich.	Bearbeite die Aufgaben auf Arbeitsblatt M. Verwandle die unechten Brüche in gemischte Zahlen, wenn möglich.
Verstehen	Erkläre mit eigenen Worten, was du tust, um gleichnamige Brüche zu addieren.	Erkläre mit eigenen Worten, was du tust, um gleichnamige Brüche zu multiplizieren.
Wissen	Sieh dir die Beispiele zur Addition von gleichnamigen Brüchen an und lies dir die Regel durch.	Sieh dir die Beispiele zur Multiplikation von gleichnamigen Brüchen an und lies dir die Regel durch.
	Addieren von Brüchen	**Multiplizieren von Brüchen**

In dem obigen Beispiel für Einzelarbeit müssen alle Aufgaben bearbeitet werden, wobei die Aufgaben zu „Problemlösung" und „Synthese" auch zur Auswahl gestellt werden können. Bei den Aufgabenblättern können unterschiedliche Schwierigkeitsgrade oder unterschiedlicher Umfang zu Differenzierung beitragen.

Es können auch Matrizen entwickelt werden, bei denen die Lernenden auf jeder Lernebene eine Aufgabenstellung aus einem anderen Themenbereich auswählen. Die Aufgaben können die Lernenden unter Zuhilfenahme von unterschiedlichen Arbeitsmaterialien (Arbeitsblätter, Bücher, Internet, Atlas) bearbeiten. Hierzu muss die Lehrkraft zusätzliche Hinweise geben. Die zur Verfügung gestellten Materialien können entweder als „verbindlich" gekennzeichnet werden oder als „optional" und sie können einfacher oder schwieriger gestaltet sein. Im Anschluss an die Einzelarbeit können sich Lernende entsprechend der bearbeiteten Aufgaben zusammenfinden und sich ihre Ergebnisse gegenseitig themengleich oder themendivergent vorstellen.

Zusätzlich zu der Art der zu verwendenden Materialien können Lehrkräfte in einer Matrix auch festlegen, welche Aufgaben **alleine** und welche **kooperativ** bearbeitet werden sollen. Darüber hinaus können sie im Sinne von **AEIOU** auch noch unterschiedliche Bearbeitungsformen einbeziehen.

Je mehr Aspekte berücksichtigt werden und je mehr Optionen die Lernenden haben, desto eingeübter müssen die einzelnen Verfahren sein. Es empfiehlt sich, die Lernenden allmählich an die Arbeit mit einer Matrix heranzuführen. Da das Erstellen solcher Matrizen am Anfang Einarbeitung und einigen Aufwand erfordert, macht es Sinn, wenn sich Lehrkräfte aus den einzelnen Fachbereichen gemeinsam dieser Aufgabe stellen.

Wenn Lernende und Lehrkräfte sicher mit dem Verfahren umgehen können, stellt es eine gute Möglichkeit dar, die Lernenden differenziert an *selbstständiges* Arbeiten heranzuführen. Lernende sollten am Ende ihrer Schulzeit in der Lage sein, selbst Themen zu erschließen und alleine oder mit anderen gemeinsam zu bearbeiten.

Bei der Untersuchung der Wirkung kooperativer Verfahren auf die kognitive Entwicklung fand man heraus, dass strukturierte kooperative Verfahren zwar *herkömmlichen* Lernsettings überlegen seien, dass jedoch zu eng strukturierte Verfahren wie z. B. die Jig-Saw-Methode (vgl. Aronson *et al.* 1978), das Gruppenturnier (vgl. DeVries & Edwards, 1973), und Slavins „student team learning"-Ansatz (vgl. Slavin 1977) nicht geeignet seien, komplexe Denk- und Arbeitsprozesse auszulösen (vgl. Sharan 1980). Eine Reihe von Studien zeigte, dass insbesondere *lernstarke* Schülerinnen und Schüler stark strukturierte kooperative Verfahren ablehnen und auch nicht in gleichem Maße davon profitieren wie schwache oder mittelstarke Lernende. Lernstarke Lernende profitieren erst dann von Kooperativem Lernen, wenn die Aufgaben herausfordernd sind (vgl. Shachar 2004) und Kooperation notwendiger Bestandteil der Problembearbeitung ist, indem z. B. unterschiedliche Kompetenzen zur Lösung erforderlich sind.

Mit dem Verfahren der „Group Investigation", bei dem Lernende gemeinsam und selbstständig an Problemstellungen und deren Lösung arbeiten, entwickelte Sharan einen eigenen Strang des Kooperativen Lernens. In Deutschland findet man die Idee der „Group Investigation" am ehesten in

Projektarbeit wieder. Sie ist die am stärksten herausfordernde Form kooperativen Arbeitens und Lernens sowohl für Lernende als auch für Lehrkräfte. Häufig scheitert sie daran, dass den Lernenden Kompetenzen zum *selbstständigen* Erschließen und Bearbeiten von Themen fehlen.

Die Arbeiten von Howard Gardner und David Perkins können helfen, unterschiedliche Fähigkeiten der Lernenden zu nutzen und Lernsituationen bei aller Offenheit Struktur zu geben. Lehrkräfte, die sich mit Projektarbeit befassen wollen, können z. B. Gruppen mit Blick auf die unterschiedlichen Intelligenzen zusammensetzen und die Lernenden dazu ermutigen, ihre Aufgaben entsprechend dieser unterschiedlichen Talente aufzuteilen. Sollten sie andererseits schwächer entwickelte Intelligenzbereiche stärken wollen, können sie auch verhindern, dass die Aufgaben nach den Stärken der einzelnen Teammitglieder verteilt werden. Bei beiden Vorgehensweisen müssen Aufgaben so gestellt werden, dass unterschiedliche Intelligenzen angesprochen werden.

Die Teilnehmer am **Project Zero** waren bestrebt, Lernen und Denken in vielen Kontexten zu verstehen und zu verbessern. Hierbei setzten sie sich folgende Ziele:

- Herausfinden von *Wegen vertieften Verstehens* bei Lernenden, mit der Betonung auf Entwicklung von Problemlösungskompetenz gegenüber der Reproduktion von Faktenwissen
- Entdecken von *Strategien zur Entwicklung einer Denkkultur* im Unterricht, die Lernenden hilft, kritisch und kreativ zu denken
- Entwickeln von fortlaufenden *Möglichkeiten von Bewertung und Feedback*, die den Lernenden helfen, über ihre Arbeit nachzudenken
- Erstellen von *Bewertungskriterien und -verfahren bezogen auf die gesamte Bandbreite der Fähigkeiten* von Lernenden
- *Einbeziehen von neuen Technologien* zur Unterstützung von Lernen und Erschließung neuer Wissensgebiete

Projektarbeit, wie **John Dewey** (1966) sie verstand, ist **erfahrungsbasiertes Lernen**. **Erfahrungsbasiertes Lernen** ist ein didaktisches Modell, das auf der Annahme beruht, dass erst eine unmittelbare, praktische Auseinandersetzung mit einem Lerngegenstand einem Lernenden effektives, sinnstiftendes Lernen ermöglicht. In dieser Form des Arbeitens findet das entdecken lassende Lernen nach Bruner seine wirkungsvollste Anwendung. In schulischen Kontexten findet erfahrungsbasiertes Lernen bisher allerdings nur sehr eingegrenzt Umsetzung. Lediglich in alternativen Schulformen (vgl. Montessorischulen oder Waldorfschulen) ist diese Form des Lernens konzeptioneller Bestandteil der Unterrichtsgestaltung.

15 Auf zu neuen Ufern

Das Thema Differenzierung beschäftigt uns nach wie vor. Nachdem wir Näheres über Differenzierungsmatrizen und projektbasiertes Arbeiten erfahren haben, beschließen wir, beides im Unterricht auszuprobieren, um Lernen noch vielfältiger und herausfordernder zu machen. Viele Schülerinnen und Schüler unserer Lerngruppen können jetzt dank unserer Beharrlichkeit, individuell **und** kooperativ arbeiten. Wir haben uns darin geübt, Aufgaben differenziert unter Berücksichtigung der 6 Denkebenen zu stellen und auf den einzelnen Denkebenen einfache und schwierige Aufgaben zu entwickeln. Zahlreiche Methoden haben uns geholfen, die Lernprozesse zu lenken und durch Kombination der Methoden gelingt es uns, Unterricht abwechslungsreich zu gestalten und Schülerinnen und Schüler zu aktivieren.
Nun wollen wir uns an weniger gelenkte und kreative Unterrichtsverfahren heranwagen, ohne aber völlig auf Strukturen zu verzichten. Wir wissen, dass wir auch das nur gemeinsam schaffen. Daher sind wir froh, dass wir mittlerweile aus den meisten Fächern zwei oder drei Vertreter haben, so dass wir bei der Erstellung von Aufgabenmatrizen und der Auswahl von Materialien zur Differenzierung kooperieren können.

15.1 Auf unbekannten Pfaden

Delia und Simone möchten in ihren 5. Klassen das Thema „Heimische Tiere und ihr Lebensraum" mithilfe der Differenzierungsmatrix erarbeiten lassen. Die Schülerinnen und Schüler haben bisher nicht mit der Matrix gearbeitet. Daher wollen sie diese anfangs noch hinsichtlich Aufgabenstellung, Arbeitsform und Themenauswahl eng führen, selbst jedoch so wenig wie möglich in die aktiven Arbeitsprozesse der Lernenden eingreifen. Sie nutzen dazu die Partnerarbeit, die in beiden Klassen bereits gut funktioniert.
Sie wollen insgesamt 8 Tiere bearbeiten lassen. Als Erstes entwickeln sie gemeinsam zu den einzelnen Tieren Aufgaben für die Aufgabenmatrizen und stellen Arbeitsmaterialien in Boxen zusammen, die sowohl leichte und kurze als auch anspruchsvollere Texte zu den einzelnen Tieren enthalten. Außerdem suchen sie Links für Onlinerecherchen der Schülerinnen und Schüler heraus.
Zu Beginn ziehen die Paare Kärtchen, auf denen zwei Tiere stehen. In den Aufgabenmatrizen für die Paare sind zwei Tiere immer wieder neu kombiniert. So bearbeiten dann 3 bis 4 Kinder in der Klasse zwar dasselbe Tier mit den gleichen Aufgaben, die Paare finden jedoch unterschiedliche Tierkombinationen vor (z. B. Igel/Maus; Eichhörnchen/Kaninchen; Igel/Eichhörnchen; Maus/Kaninchen etc.). Die Aufgabenstellung für Feld 5 haben Delia und Simone in den jeweiligen Matrizen zusätzlich so variiert, dass in der gesamten Lerngruppe zu dem gleichen Tier sowohl Steckbriefe als auch Geschichten erstellt werden. Nach der Zuweisung einigen sich die Paare, welche Partnerin bzw. welcher Partner welches Tier bearbeiten wird.

TIMO	Eichhörnchen
MAX	Igel

Den gezogenen Tierpaaren entsprechend erhalten die Schülerinnen und Schüler dann ihre Aufgabenmatrizen.

B

Umsetzungsbeispiel
Biologie: Heimische Tiere (Igel und Eichhörnchen)

Differenzierungsmatrix und Arbeitsanweisung:

5	**Tiersteckbriefe** zu beiden Tieren erstellen: Merkmale, Ernährung, Verteidigung, Überwinterung	Eine kleine Geschichte schreiben: „Mein Leben als **Igel**" (10 Sätze)
4	Tiere mit ähnlichen Eigenschaften aus einer vorgegebenen Serie heraussuchen und vorstellen	Tiere mit ähnlichen Eigenschaften aus einer vorgegebenen Serie heraussuchen und vorstellen
3	Einen Text zum Igel schreiben, der drei Fehler enthält	Ein Quiz zum Eichhörnchen erstellen
2	Den Igel beschreiben: „Merkmale", „Ernährung", „Verteidigung", „Überwinterung" beschreiben	Das Eichhörnchen beschreiben: „Merkmale", „Ernährung", „Verteidigung", „Überwinterung" des Eichhörnchens mit eigenen Worten beschreiben
1	Informationen zum Igel lesen. s. Materialbox „Igel"	Informationen zum Eichhörnchen lesen; s. Materialbox „Eichhörnchen"
	Partner A: Heimische Tiere (Igel)	**Partner B: Heimische Tiere (Eichhörnchen)**

Arbeitsanweisung:

Einzelarbeit
Bearbeite die Aufgaben **1 bis 4**. Das notwendige Material (Bücher, Arbeitsblätter) findest du mit genauen Aufgabenanweisungen auf dem Materialtisch. (Arbeitszeit 45 Minuten)
Wenn du früher fertig bist, schau, ob du ein anderes Kind findest, das das gleiche Tier wie du bearbeitet hat, und vergleiche mit ihm die Ergebnisse.

Arbeit mit dem Lernpartner/der Lernpartnerin
Stellt euch gegenseitig eure Ergebnisse zu eurem Tier vor. **Hört euch** dabei gegenseitig **gut zu**, denn ihr müsst nachher in Aufgabe 5 das Tier *eures Partners/eurer Partnerin* bearbeiten. (Arbeitszeit 10 +10 Minuten)

Einzelarbeit
Bearbeite Aufgabe 5. (Arbeitszeit 15 Minuten)

Partnerarbeit
Stellt euch gegenseitig euer Ergebnis vor. Achtet darauf, ob euer Partner/eure Partnerin euer Tier zutreffend darstellt. Gebt euch gegenseitig Anregungen für Verbesserungen. (Arbeitszeit 15 Minuten)

Für den Unterricht in einer „Inklusionsklasse" arbeitet Delia an der Entwicklung einer breiter angelegten Aufgaben-/Themenmatrix. Zum Thema „Tiere im Winter" gibt es mehrere Unterthemen (s. Beispiel). Die Schülerinnen und Schüler bekommen die Anweisung, insgesamt 5 Felder zu bearbeiten. Dabei sind unterschiedliche Vorgehensweisen möglich. Ein Schüler (*) bearbeitet **ein** Unterthema durch alle 5 Anforderungsebenen hindurch. Eine Schülerin mit Sprachproblemen (●) bleibt auf Ebene 1 und 2., sucht sich aber auf Ebene 5 die Aufgabe zur praktischen Arbeit aus. Sie erwirbt damit Wissen aus 3 Themenbereichen und zeigt in 2 Themen, dass sie das Gelesene verstanden hat. Ein leistungsstarker Schüler (+), der bereits viel über heimische Tierarten weiß, bearbeitet Aufgaben aus 3 Themenfeldern und sucht sich Aufgaben mit höherem Anforderungsniveau aus.

Einen Tiersteckbrief oder eine Mind Map zum Tier erstellen. (*) (+)	Das Modell einer Überwinterungskiste für Igel bauen. (●)	Einen eigenen Text zu Ernährung im Winter erstellen, der sechs sachliche Fehler enthält. (+)
Aus Beschreibungen von Überwinterungsformen die für das gewählte Tier passende Form auswählen und die Auswahl begründen. (*)	In einem Text zu Überwinterungsformen von Tieren eingebaute Fehler identifizieren und korrigieren. (+)	Aus einer Liste von Nahrungsmitteln Zutaten für die Herstellung eines Meisentopfes auswählen und die Auswahl begründen. (+)
Informationen zur Ernährung des Tieres geben. (*)	Überwinterungsformen unterschiedlicher Tiere mit eigenen Worten darstellen. (+)	Winterfutterstellen für unterschiedliche Tiergattungen (Vögel, Nager, Wild) beschreiben.
Einer Darstellung des Tieres vorgegebene Merkmale zuordnen. (●) (*)	Aus einer Liste Tiere den im Text beschriebenen Überwinterungsformen zuordnen.	Winterfutter für <u>eine</u> Tiergattung (Vögel, Nager, Wild) mit eigenen Worten darstellen.
Ein Tier aus einer vorgegebenen Liste aussuchen und Kurzinformationen dazu lesen. (●) (*)	Informationen zu Überwinterungsformen von Tieren lesen. (●)	Einen Text zur Ernährung von Tieren im Sommer und im Winter lesen. (●)
Informationen zu einem Tier	**Überwinterungsformen**	**Ernährung im Winter**

Nach der Bearbeitung und Arbeit mit den Partnerinnen/Partnern kommen die Schülerinnen und Schüler zusammen und tauschen ihre Informationen aus. Vor dem Hintergrund ihres Austauschs gestalten sie dann in ihren Gruppen zu *einem* Tier Plakate und stellen im Anschluss ihre Arbeit der gesamten Lerngruppe bei einem Galeriegang vor.

15.2 Unsichtbares sichtbar machen

Wir haben die Erfahrung gemacht, dass unsere Lernenden nicht selten nur zusammengesuchte Fakten als Erkenntnisse präsentieren, ohne sie mit ihrem eigenen Erleben oder Leben in Verbindung zu bringen oder nach widersprechenden Fakten zu suchen und diese auch zu benennen und gegebenenfalls begründet abzulehnen.
Bei unseren Überlegungen, wie wir das kritische Denken unserer Schülerinnen und Schüler stärker fördern und vertiefen könnten, stoßen wir auf das Buch **Making Thinking Visible** von R. Ritchhart, M. Church, K. Morrison (2011). Die Autoren sind Mitglieder des **Project Zero** um Howard Gardner und David Perkins und erproben vor dem Hintergrund wissenschaftlicher Erkenntnisse Unterrichtsmethoden, die zur Entwicklung einer Denkkultur führen sollen. Sie wollen Schülerinnen und Schülern helfen, Denkroutinen auszubilden, die sich zu Denkhaltungen entwickeln, indem die Lernenden ihre Fragen, Ideen und Denkprozesse visualisieren und verbalisieren und sich darin üben, genau hinzuschauen oder zuzuhören, bedeutsame Fragen zu stellen, nach Informationen zu suchen, Ergebnisse zu dokumentieren und zu präsentieren. Visualisierungen unterstützen Denken und Verstehen auch, weil sie einen anderen Teil unseres Gehirns aktivieren. Bilder transportieren Botschaften stärker als Worte und unterstützen Behalten und Erinnern. Außerdem lösen sie Emotionen aus, die weitere Lösungen ermöglichen.
Wir haben festgestellt, dass wir oft nur wenig oder auch gar nicht wissen, welche Vorstellungen, Denkprozesse oder auch Denkfehler hinter den Ergebnissen unserer Schülerinnen und Schüler stehen. So kann z. B. der Denkprozess einer Schülerin sehr differenziert gewesen sein, was dann aber als Schlussfolgerung zutage tritt, basiert auf einem Fehlschluss. Wir kritisieren dann das Ergebnis, aber nur selten fragen wir nach, wie das Ergebnis zustande kam, da uns dazu im Unterricht die Zeit fehlt. Wenn wir Wege nutzen, die Denkprozesse der Lernenden während des Arbeitsprozesses sichtbar zu machen, indem wir ihnen zeigen, wie Denkvorgänge durch Visualisierungen dargestellt und unterstützt werden können, wird ihre Gedankenwelt für alle sichtbar und nachvollziehbar. Wir möchten Schülerinnen und Schüler auf diese Weise gezielt anhalten, ihr Denken zu steuern und dadurch vertieftes Denken als Routine zu erwerben. Wenn wir sie anhalten, den Weg, den sie zu ihrem Ergebnis gegangen sind, sichtbar zu machen, wissen wir, an welchen Stellen Informationen fehlen, und können darauf aufmerksam machen. Über Visualisierungen wollen wir Schülerinnen und Schülern helfen, metakognitive Fähigkeiten zu erwerben.
Nachfolgend werden einige Visualisierungsmethoden vorgestellt, die wir im Laufe der Zeit neben Mind Maps und Concept Maps erprobten.

Im Erdkundeunterricht benutzt Kollegin Margret gerne die K-W-L-Methode, um ein Thema einzuführen und daraus mit den Schülerinnen und Schülern eine Art „Fahrplan“ für die weitere Bearbeitung zu entwickeln. K-W-L steht für „**K**enne“ – „**W**ill (mehr) erfahren“ – „Mein **L**ernergebnis“.
Zur Bearbeitung steht das Thema „Regenwälder“ an. Als Erstes erinnert sie die Schülerinnen und Schüler daran, dass sie bereits andere Klimazonen (z. B. Wüstengebiete) bearbeitet haben und wiederholt mit ihnen, aus welchen Blickwinkeln sie diese Gebiete betrachtet haben. Durch diese Art des Advance Organizing knüpft sie am Vorwissen der Schülerinnen und Schüler an und schafft ein fachlich relevantes **Begriffsgerüst**, das sie weiter nutzen können, um ihr Wissen zu Regenwäldern einzubringen. Sie dämmt damit auch ein rein assoziatives Aneinanderreihen von Begriffen ein, lässt aber genügend Spielraum für eigene Ideen der Schülerinnen und Schüler.

Die Schülerinnen und Schüler fertigen nun zunächst eine zweispaltige Tabelle an.

Kenne	Will wissen

Sie bittet die Schülerinnen und Schüler dann unter **K** alles stichwortartig anzuführen, was sie bereits über Regenwälder wissen und unter **W**, worüber sie gerne etwas oder mehr erfahren würden, wozu sie mehr Informationen brauchen. Nachdem die Schülerinnen und Schüler beide Spalten in Einzelarbeit ausgefüllt haben, vergleichen sie die Ergebnisse mit ihren Sitznachbarinnen bzw. Sitznachbarn. Hierbei können sie ihre W-Spalte ergänzen, wenn ihnen ein Aspekt des Partners bzw. der Partnerin wichtig oder interessant erscheint. Im Anschluss an die Austauschphase suchen sie in Einzelarbeit die 6 wichtigsten Aspekte heraus, bringen diese auch noch einmal in eine Rangfolge und schreiben sie auf ein neues Blatt. Die Weiterarbeit kann Margret nun auf unterschiedliche Weise gestalten.

- **Variante 1:** Sie sammelt alle Tabellen und die ausgewählten Fragen/Themen ein und verschafft sich einen Überblick über das Vorwissen und die Interessen der Lernenden. Auf dieser Grundlage kann sie nun ihren Unterricht planen, indem sie die Fragen/Themen in ihrem Unterricht aufgreift oder eine Themenmatrix entwirft, in die sie die Fragen der Schülerinnen und Schüler integriert. Sie kann in dieser Themenmatrix auch Pflicht und Wahlaufgaben kennzeichnen und Arbeitsformen und Materialien vorgeben. Falls die Lernenden relevante Aspekte übersehen haben, fügt Margret diese noch hinzu.
- **Variante 2:** Die Paare vergleichen ihre Fragen mit einem anderen Paar und markieren die Fragen, die beide Paare gemeinsam haben, mit einem Strich und notieren zusätzlich die Fragen, die das andere Paar hatte. Diesen Austausch führt sie 2- bis 3-mal durch. Im Anschluss suchen die Paare aus den gesammelten Fragen bis zu 8 für sie wichtige Fragen aus und markieren diese. Diese Arbeitsergebnisse werden dann abgegeben und zur weiteren Planung genutzt.

- **Variante 3:** (Projektarbeit für geübte Lerngruppen) Die Teammitglieder vergleichen in ihren Tischgruppen ihre Ergebnisse und einigen sich auf Fragen, die sie in den nächsten Stunden gemeinsam oder arbeitsteilig bearbeiten wollen. Sie entwickeln daraus einen Themen- und Arbeitsplan, den sie Margret abgeben. Margret kann sich diese Planungen ansehen und den Gruppen ggf. Anregungen und Ergänzungen geben oder Änderungen vorschlagen oder anordnen.

Nachdem die Schülerinnen und Schüler dann ihre Aufgaben (individuell) bearbeitet haben, halten sie unter **L** ihre wesentlichen Erkenntnisse als Lernergebnis fest. In ihren Gruppen tauschen sie die Ergebnisse ihrer individuellen Arbeit aus und erstellen eine gemeinsame Präsentation. Sie können zwischen unterschiedlichen Präsentationsformen auswählen (Plakat, PowerPoint-Präsentation, Interviews, Talk Show, Zeitungsartikel, Mind Maps, Concept Maps, Tagebucheinträge etc.). Abschließend präsentieren die Schülerinnen und Schüler ihre Ergebnisse gruppenweise vor der gesamten Lerngruppe.
In einer anderen Lerngruppe nutzt Kollegin Margret statt der K-W-L-Methode das Mindmapping. Anhand der Kriterien zur Erschließung einer Klimazone entwerfen die Schülerinnen und Schüler eine vorläufige Mind Map, in die sie ihr Vorwissen einbringen. Anschließend entwickeln sie zu den Kategorien Fragen, denen sie nachgehen wollen. Auf diese Weise lernen sie, ein Thema eigenständig zu erschließen. Hierbei ist es wichtig, dass Margret darauf hinweist, dass auch vorhandenes Wissen einer Überprüfung unterzogen werden muss und Belege für seine Richtigkeit eingeholt werden müssen, wodurch die Schülerinnen und Schüler lernen, ihr subjektives Wissen infrage zu stellen und ggf. zu korrigieren.

Kollege Pierre wendet **K-W-L** im Politikunterricht ebenfalls gerne an, stellt jedoch fest, dass das Wissen der Schülerinnen und Schüler häufig fehlerhaft ist und die Fragen, die sie zu einem Thema entwickeln, überwiegend an Fakten orientiert sind. Das möchte er ändern. Er nimmt daher eine Anregung aus **Making Thinking Visible** (2011) auf. Jetzt heißt die erste Spalte bei ihm: „Ich **glaube** zu wissen". Damit macht er deutlich, dass die Schülerinnen und Schüler Annahmen formulieren, die überprüft werden müssen. Bezogen auf die Fragen erklärt er ihnen, dass es beim Lernen (auch) um Staunen, Sich**wundern (W)**, Verwirrtsein etc. geht. Im dritten Schritt hält er sie an, Wege zu **finden**, ihre Fragen oder Unklarheiten zu beantworten oder zu beheben (Lernweg). Damit die Schülerinnen und Schüler dies leisten können, hat er im Vorfeld Möglichkeiten der Informationsbeschaffung mit den Schülerinnen und Schülern besprochen und lässt sie jetzt gemeinsam in ihren Gruppen nach Lösungen suchen. Im Anschluss an die Bearbeitungsphase reflektiert er gemeinsam mit den Schülerinnen und Schülern, an welchen Stellen sie sich geirrt haben und welche Lösungen sie für Aspekte, die sie verwirrten, gefunden haben.

Im Englischunterricht benutze ich diese Vorgehensweise bei der Behandlung von Lektüren. Am Ende eines Kapitels halten die Schülerinnen und Schüler fest, was sie über die Handlung und die Personen bereits wissen. Danach überlegen sie, was ihnen noch unklar ist, wozu ihnen Informationen fehlen, woran sie zweifeln oder was sie als Nächstes erwar-

ten. Sie erkennen auf diese Weise, wie Autoren einen Spannungsbogen aufbauen oder Leser bewusst in die Irre führen. Das funktioniert besonders gut, wenn die Schülerinnen und Schüler die Lektüre nur kapitelweise erhalten.
Eine weitere Visualisierungsmethode ist die **P-M-I-Methode. P** steht für Plus oder Pro, **M** bedeutet Minus oder Kontra und **I** steht für Interesse. Diese Spalte kann aber auch genutzt werden, um Zweifel oder Unklarheiten festzuhalten. Kollegin Margret nutzt P-M-I, um Schülerinnen und Schüler nach positiven und negativen Aspekten eines Themas suchen zu lassen und Fragen oder interessante Aspekte festzuhalten.
Im Kontext des Themas „Regenwälder“ haben die Schülerinnen und Schüler 3 Texte erhalten. In dem ersten geht es um die Lebensweise der Ureinwohner, in dem zweiten wird die ökologische und wissenschaftliche Bedeutung des Regenwaldes beschrieben und in dem dritten die Nutzung des Regenwaldes durch die weiße Bevölkerung. Unter der Fragestellung „Sollten die Regenwälder unter besonderen Schutz gestellt werden?“ arbeiten die Schülerinnen und Schüler in Einzelarbeit aus den Texten die Informationen in einer **P-M-I-Tabelle** heraus. Die Textarbeit und der anschließende Austausch dienen der Vorbereitung einer Akademischen Kontroverse.

Viele von uns benutzen Bilder in ihrem Unterricht. Mit Bildern, Fotos, Video Clips, Cartoons, Tabellen, Anschauungsobjekten versuchen wir, die Schülerinnen und Schüler an den Unterrichtsgegenstand heranzuführen, Wissen anwenden zu lassen oder Aspekte zu problematisieren. Wir sind dabei nicht immer zufrieden mit den Antworten der Schülerinnen und Schüler. Wenn wir sie bitten, das Gesehene zu beschreiben, erfolgt dies oft oberflächlich und vermischt sich mit Interpretationen, die z.T. bedingt durch flüchtiges Hinschauen falsch oder voreilig sind oder den Blickwinkel stark verengen. Das wollen wir verbessern. Wir haben gelernt, dass genaues Hinschauen Voraussetzung für vertieftes Denken ist. Es geht also darum, Schülerinnen und Schüler zu genauem Hinsehen anzuhalten, um größere Einsicht in ein Thema, begründete Interpretationen, beweisgestützte Theorienbildung und weitreichende Neugier zu erzeugen. Wir halten unsere Schülerinnen und Schüler dazu an, möglichst jedes Detail zu benennen.
Anfangs müssen wir stark darauf achten, dass die Schülerinnen und Schüler nur sagen, was sie sehen. Erst im nächsten Schritt werden sie aufgefordert, sich Gedanken über das zu machen, was sie sehen. Sie sollen das Wahrgenommene interpretieren. Vielfach hilft es, bestimmte sprachliche Wendungen vorzugeben, wie: **Ich sehe** z. B. einen Mann, der lächelt. (Beschreibung) **Ich denke** z. B., er freut sich. (Schlussfolgerung, Interpretation) Als Nächstes werden die Schülerinnen und Schüler angehalten, Fragen zu stellen oder Hypothesen zu bilden, z. B., „Ich **vermute**, er freut sich, **weil** er die Frau auf der anderen Straßenseite sieht.“ Oder: „Er freut sich vielleicht, **weil** die Sonne scheint.“ Für ihre Vermutungen müssen die Schülerinnen und Schüler Belege geben, die ihre Interpretationen stützen.
Im Englischunterricht setze ich diese Methode z. B. ein, wenn wir mit einer Lektüre beginnen. Ich nutze das Bild auf dem Cover der Lektüre, damit die Schülerinnen und Schüler Ideen entwickeln, worum es in dem Buch gehen könnte. Die Ideen werden gesammelt und im Verlaufe der Geschichte wird überprüft, welche Ideen zutreffen und welche nicht. Zu manchen Lektüren gibt es auch zwei unterschiedliche Ausgaben. Dann ist es interessant zu sehen, ob die Abbildungen auf

dem Deckblatt unterschiedliche Erwartungen hervorrufen oder unterschiedliche Aspekte beleuchten. Während die Schülerinnen und Schüler ein Bild betrachten oder einen Text lesen, denken sie über das Gesehene/Gelesene nach, gelangen zu Interpretationen vor dem Hintergrund ihres Wissens. Ein strukturiertes Vorgehen kann verhindern, dass sie zu voreiligen Schlussfolgerungen und Interpretationen gelangen. Durch den Einsatz einer Visualisierung können die drei Prozesse Hinschauen – Nachdenken – Vermuten oder Fragen stellen noch deutlicher voneinander abgegrenzt werden. Dazu eignet sich **P-W-I-M**, das **Picture Word Inductive Model**.

B

Umsetzungsbeispiel
Pädagogik: Lebenswelten von Kindern

Im Pädagogikkurs soll zu Lebenswelten von Kindern gearbeitet werden. Zur Einstimmung benutze ich P-W-I-M. Ich teile die Schülerinnen und Schüler in Dreiergruppen ein und ordne jeder Person in den Gruppen einen Buchstaben zu (A, B, C). Jede Gruppe erhält einen großen Bogen Papier, drei Stifte (blau, grün, rot) und eine Kopie eines Bildes.

Ich bitte die Schülerinnen und Schüler, das Bild in der Mitte des Bogens aufzukleben. Danach erkläre ich, dass es darum geht, die Dinge und Personen zu benennen, die auf dem Bild zu sehen sind. Person A erhält die Aufgabe, mit dem blauen Stift diejenigen Begriffe an den Rand des Bildes zu schreiben, die die Gruppenmitglieder benennen, und mit einem Strich mit dem Dargestellten zu verbinden (z. B. große Hacke, kleiner Junge, ernstes Gesicht, Geröll). Sobald die Schülerinnen und Schüler damit fertig sind, nimmt Person B den grünen Stift und notiert die Vorstellungen, die die Schülerinnen und Schüler mit dem Dargestellten verbinden (z. B. die Kinder arbeiten schwer, die Kinder spielen und imitieren Erwachsene, die Kinder sind arm). In einem letzten Schritt formulieren die Schülerinnen und Schüler Fragen. Ich ermutige sie, auch solche Fragen zu entwickeln, die ausgehend vom Bild über das Bild hinausgehen. Diese Fragen hält Person C mit dem roten Stift unterhalb des Bildes fest: Beispiele der Schülerfragen: Warum müssen die Kinder (in Indien) arbeiten? Was ist mit Kinder- und Jugendschutz (in Indien)? Was passiert, wenn Kinder in Ländern wie Indien nicht mehr arbeiten? Seit wann gibt es bei uns Kinder- und Jugendschutz? Was kann man gegen Kinderarbeit tun? Wie beeinflusst Kinderarbeit die Entwicklung von Kindern? Wie schädlich ist es für Kinder zu arbeiten? Was wird bei uns als Kinderarbeit bezeichnet? In welchen Ländern gibt es noch Kinderarbeit? Warum beschäftigen wir uns mit Kinderarbeit im Pädagogikunterricht?

Während einige Fragen im Kontext von Indien bzw. Entwicklungsländern bleiben, haben andere Fragen entweder einen Bezug zur eigenen Lebenswelt oder zu pädagogischen Fragestellungen. Vor dem Hintergrund dieser Einordnung der Fragen erkennen die Schülerinnen und Schüler, dass pädagogisch relevante Themen immer mit konkreten Lebensbedingungen und gesellschaftlichen Verhältnissen und Regeln (hier z. B. Rechtssystem, soziokulturelle Übereinkünfte, sozioökonomische Bedingungen) verbunden sind, Erkenntnisse aus unterschiedlichen Forschungsgebieten benötigt werden (hier z. B. Entwicklungspsychologie, Medizin, Erziehungswissenschaft), um Fragen zu klären, und dass sie einen Bezug zu ihrem eigenen Leben haben.

Aus diesen Fragestellungen heraus können wir gemeinsam einen Plan entwickeln, das Thema zu bearbeiten. Es bilden sich Arbeitsgruppen, die die bisher noch grob formulierten Fragen ausdifferenzieren und anhand von Mind Maps Themenfelder erschließen, die sie bearbeiten wollen. Alle Gruppen müssen folgende Aspekte bei ihrer Arbeit berücksichtigen: Sie formulieren ausgehend von ihrem Vorwissen Annahmen/Erwartungen zu ihrem Themenbereich. Ihre Ausführungen/Darstellungen weisen Belege auf, die ihre Aussagen stützen, und sie zeigen auf, welchen Zusammenhang sie zwischen ihren Erkenntnissen und ihrer eigenen Lebenswelt sehen und welche Bedeutung die Ergebnisse für pädagogisches Denken und Handeln haben. Wir definieren damit über das konkrete Thema hinaus eine zukünftige Arbeitsweise und -haltung, die den Schülerinnen und Schülern zur Routine werden soll.

Im Deutschunterricht benutzt Kollegin Verena P-W-I-M, um Wortarten zu definieren. Sie zeigt ein Bild und bittet die Schülerinnen und Schüler, ihr zu sagen, was sie in dem Bild sehen. Diese Worte notiert sie am Rand. Im Anschluss daran umrandet sie z. B. Verben blau, Adjektive grün und Substantive rot. Als Nächstes bittet sie die Schülerinnen und Schüler zu überlegen, welche Gemeinsamkeiten die blau/grün/ rot umrandeten Worte jeweils haben. Sie verbindet also P-W-I-M mit einem Concept Attainment.
Kollege Stefan versucht, P-W-I-M auf Textarbeit zu übertragen. Bei Charakterisierungen von Romanfiguren lässt er die Schülerinnen und Schüler reine Beschreibungen mit Blau unterstreichen und am Rand des Textes vermerken, die Interpretation wird in Grün festgehalten und in Rot werden Hypothesen oder Voraussagen notiert.
Einige von uns haben festgestellt, dass leistungsschwächere Lernende oder Schülerinnen und Schüler mit Sprachproblemen sich häufig nicht am Unterricht beteiligen, weil ihnen die Möglichkeit fehlt, ihre Gedanken sprachlich präzise zu äußern. Wir beschließen daher, ihnen die Möglichkeit zu geben, nicht-verbale Mittel einzusetzen. Über die sprachliche Entlastung hinaus hoffen wir so auch mehr emotionale Beteiligung und Empathie zu erzeugen und dadurch die Sicht der Schülerinnen und Schüler auf Sachverhalte zu erweitern. Wir wählen dazu die Methode **Farbe-Symbol-Bild** (vgl. Making Thinking Visible 2011). Hierbei bitten wir die Schülerinnen und Schüler, die Kernaussage eines Textes, Bildes oder Video Clips zu identifizieren, indem sie eine **Farbe** aussuchen, die ihnen passend erscheint, ein **Symbol** erstellen, das diese Idee ausdrückt, und ein **Bild** malen, das diese Aussage vermittelt. Auf diese Weise halten wir die Schülerinnen und Schüler an, in Metaphern zu denken. Die Bildung von Metaphern ist ein komplexer kognitiver Prozess, da Bekanntes mit etwas Neuem verbunden wird.

B

Umsetzungsbeispiel
Pädagogik: Einfluss von Medien auf das Leben von Kindern und Jugendlichen
Im Pädagogikunterricht geht es um das Thema „Einfluss von Medien“. Da es in der Schule gerade auch Hinweise auf Cybermobbing gibt, zeigt Kollegin Verena ihren Schülerinnen und Schülern ein Video einer 16-Jährigen, das nach deren Freitod im Internet erschien.

Das Mädchen begründet darin, wie es dazu kam, dass sie diesen Schritt für sich als einzige Lösung sah. Nachdem die Schülerinnen und Schüler das Video gesehen haben, bittet Verena sie zu notieren, was sie für die **Kernbotschaft** dieses Videos halten. Da die Schülerinnen und Schüler noch unerfahren mit der Methode sind, sammelt sie die Ideen und hält sie für alle sichtbar fest. In geübten Gruppen lässt sie solchen Ideenaustausch in Tischgruppen durchführen oder bleibt bei der Einzelarbeit.
Als Nächstes wählen die Schülerinnen und Schüler nun diejenige Aussage, die sie für besonders bedeutsam halten. Dabei können sie ihre eigene Idee beibehalten oder zu einer anderen wechseln und ordnen dieser Aussage eine **Farbe** zu. Die Auswahl ist individuell und erfordert die Erläuterung durch die Einzelnen. Diesen Schritt führen die Tischgruppenmitglieder untereinander durch. Hierbei werden die Schülerinnen und Schüler daran erinnert, dass jeder seine eigene Sicht darstellen darf und diese Sicht mit Respekt behandelt wird. *Beispiele:* Ich habe Schwarz gewählt, weil alles so sinnlos ist und der Tod dunkel ist. / Meine Farbe ist Rot. Sie steht für die Wut und den Schmerz. Die Farbe der Hölle. / Gelb ist meine gewählte Farbe. Das bedeutet für mich Erlösung, eine bessere Daseinsform, Licht.
Die unterschiedlichen Farben machen bereits unterschiedliche Perspektiven und Zugänge zu dem Thema deutlich. Die Schülerinnen und Schüler werden daran erinnert, dass alle ihre eigene Sicht darstellen dürfen. Die anderen dürfen nachfragen, aber nicht interpretieren oder negativ kommentieren oder diskutieren.
Im nächsten Schritt bittet Verena die Schülerinnen und Schüler zu überlegen, welches **Symbol** sie mit ihrer ausgewählten Kernaussage verbinden, es aufzuzeichnen und in ihren Gruppen vorzustellen. *Beispiele:* Ein Gitter: Sie ist eine Gefangene in der Situation, sie kann nicht entkommen. / Mehrere Pfeile: Das sind die Angriffe, denen sie ausgesetzt ist. / Eine durchgestrichene Hand: Keine Hilfe in Sicht.
Verena stellt fest, dass es nicht allen Schülerinnen und Schülern leichtfällt, ein eigenes Symbol zu finden, und einige auch relativ schnell auf etablierte Symbole wie Totenköpfe oder Kreuze zurückgreifen. Sie nimmt sich vor, später bei diesen Symbolen nachzufragen, wofür genau sie stehen, um zu sehen, ob die Schülerinnen und Schüler nicht unreflektiert zur offensichtlichsten Lösung gegriffen haben.
Da sie weiß, dass das eigene Erstellen von **Bildern** für viele Schülerinnen und Schüler ungewöhnlich oder fremd ist, verlagert sie diesen Schritt in die Hausaufgabe. Sie stellt den Schülerinnen und Schülern frei, etwas zu zeichnen, eine kleine Collage anzufertigen oder passende Bilder im Internet zu suchen. Je nach der eingangs herausgefilterten Kernbotschaft erstellen die Schülerinnen und Schüler sehr unterschiedliche Bilder. Eines stellt ein verzweifeltes und weinendes Mädchen dar; ein anderes ein Mädchen, das vor einem PC-Monitor sitzt, Sprechblasen verdeutlichen ihre Reaktionen auf das, was sie sieht; eine Schülerin zeichnete einen Sarg, der bedrohlich über einer Gruppe von Menschen schwebt.
Verena bittet die Tischgruppen in der folgenden Stunde, sich über ihre Bilder auszutauschen und ihre individuellen Ergebnisse (Aussage, Farbe, Symbol und Bild) auf einem gemeinsamen Plakat zusammenzustellen und sicherzustellen, dass jedes Mitglied der Gruppe das Dargestellte erklären kann.

Danach führt sie einen **strukturierten Galeriegang** durch. Dazu nummeriert sie die Schülerinnen und Schüler der Tischgruppen durch (Nr. 1, Nr. 2 etc.) und erteilt einen **Beobachtungsauftrag**: Die Schülerinnen und Schüler sollen die unterschiedlichen Aspekte/Auswirkungen von Cybermobbing notieren, die in den Plakaten deutlich werden. Danach bittet sie die Schülerinnen und Schüler, ihre Plakate über den Raum verteilt aufzuhängen. Ihren Nummern entsprechend bilden sich nun vier Großgruppen mit 6 Personen (Gruppe 1, Gruppe 2 etc.) In jeder Großgruppe befindet sich jetzt **ein** Vertreter der aufgehängten Plakate. Die Gruppen gehen von Plakat zu Plakat und die jeweiligen Vertreter des Tischgruppenplakats stellen die Ergebnisse vor.

Nach dem Galeriegang tauschen sich die Tischgruppenmitglieder in ihren Gruppen über die identifizierten Aspekte aus und halten sie auf einem Protokollblatt fest. Dieses Blatt sammelt Verena ein. Aus den Schülerantworten stellt sie eine Liste zusammen.

Die nächste Stunde beginnt damit, dass die Schülerinnen und Schüler mithilfe der Liste Fragestellungen zur Weiterarbeit entwickeln. Es zeigt sich, dass eine große Bandbreite von Fragen entstanden ist. Diese werden gebündelt und im folgenden Unterricht bearbeitet, wobei Verena darauf achtet, dass das Thema der Reihe und der Zusammenhang zum Pädagogikunterricht nicht aus dem Blick gerät.

B

Umsetzungsbeispiel
Kunst: Arbeit mit Bildausschnitten

Eine Lehramtsanwärterin experimentiert im Fach Kunst mit **Bildausschnitten**. Dabei möchte sie die Schülerinnen und Schüler zu höherrangigem Denken anregen und kreatives Gestalten fördern. Sie gibt Schülerinnen und Schülern Ausschnitte aus Bildern und bittet sie zuerst darum, das, was sie sehen, zu benennen und zu beschreiben (Kennen, Verstehen). Danach bittet sie sie, den Bildausschnitt hinsichtlich der Gestaltungsmittel (Farbwahl, Textur, Linienführung, Material etc.) zu betrachten (Anwendung und Analyse). Im Anschluss daran ergänzen die Schülerinnen und Schüler das Bild. Sie versuchen dabei, entweder die Idee des Künstlers zu erfassen und fortzusetzen, oder nutzen ihre eigene Kreativität, um den Ausschnitt zu ergänzen (Synthese). Nachdem sie ihre Bilder fertiggestellt haben, stellen sie sie ihren Tischgruppenmitgliedern vor. Sie erklären, weshalb sie ihr Bild in dieser Form gestaltet haben. Die Gruppe wählt danach ein Bild aus, das der gesamten Lerngruppe vorgestellt werden soll. Gemeinsam formulieren sie auch eine Begründung, weshalb sie ausgerechnet dieses Bild ausgewählt haben (Bewertung). Nach der Vorstellung der Ergebnisse durch die Gruppen zeigt die Kollegin das Originalbild und die Schülerinnen und Schüler vergleichen die vorgestellten Produkte der Gruppen mit dem Original (Analyse). Die Lehramtsanwärterin hat in diesem Verfahren alle Lernebenen genutzt.

Kollegin Verena greift die Idee auf, um im Deutschunterricht Gedichte der Romantik mit ihren Schülerinnen und Schülern zu behandeln. Statt der Bildausschnitte nimmt sie einige Zeilen aus einem Gedicht. Nachdem die Schülerinnen und Schüler die Zeilen gelesen haben, stellen sie in Gruppen Vermutungen darüber an, worum es in dem Gedicht gehen könnte. Sie halten ihre möglichen Hypothesen fest. Danach bekommen sie den Auftrag, das Gedicht in Einzelarbeit unter Berücksichtigung des Reimschemas um vier bis sechs Verse zu ergänzen. Als Nächstes tragen die Schülerinnen und Schüler sich gegenseitig ihre Gedichtergänzungen vor, wählen die gelungenste aus und präsentieren sie vor der Lerngruppe. Die gesamte Lerngruppe beurteilt dann das Ergebnis anhand von zuvor gemeinsam erarbeiteten Kriterien für Gedichte der Romantik. Nach dem anschließenden Vergleich mit dem Original erhalten die Schülerinnen und Schüler den Auftrag, eigene Gedichte zu schreiben.

15.3 Reisejournal 7 – Reflexion

Die neuen Lernformen haben uns wieder in Schwung gebracht. Wir haben Freude daran, dass unsere Schülerinnen und Schüler allmählich selbstständiger zu arbeiten beginnen. Wir stellen aber auch fest, dass selbstreguliertes Arbeiten, egal ob individuell oder in Gruppen, vielen Schülerinnen und Schülern schwerfällt. Wir sind froh, dass wir durch die Methoden und deren systematische Nutzung einen Weg gefunden haben, sie immer mehr an offene Arbeitsformen heranzuführen. Wir haben aber auch feststellen müssen, dass es trotz unserer Bemühungen Schülerinnen und Schüler gibt, die nicht mit freien Arbeitsformen oder Teamarbeit klarkommen. Auch wenn wir glauben und erleben, dass Zusammenarbeit eine wichtige Funktion bei individueller Förderung spielt, sind wir auch zu dem Schluss gekommen, dass es für manche Schülerinnen und Schüler nicht nur einfachere und gebundenere Aufgabenformate geben muss, sondern einigen auch für kurze oder längere Zeit Einzelarbeit erlaubt oder zugewiesen werden kann. Wir haben gelernt, das eine zu tun, ohne das andere zu lassen.
Und nun schauen wir auf die nächste Herausforderung: **Digitalisierung**. Durch Digitalisierung scheinen Individualisierung und Differenzierung vielen erreichbar. So mancher glaubt oder hofft, dass die Ausstattung von Schulen mit ausreichend vielen Tablets für alle und die Verfügbarkeit von entsprechenden Programmen, die den Lehrerinnen und Lehrern maßgeschneiderte Aufgaben liefern, die Lösung von Lehr- und Lernproblemen bedeutet. Das Ganze bietet auf den ersten Blick für unsere Gruppe ein eher beängstigendes Szenario: eine Schule, in der Schülerinnen und Schüler zunehmend für sich alleine ohne direkte soziale Kommunikation leben? Das widerspricht allem, was wir über Lernen erfahren haben. Unsere Kooperation und der veränderte Unterricht mit aktiveren Schülerinnen und Schülern waren und sind für uns wertvolle und hart erarbeitete Geschenke. Werden Schülerinnen und Schüler noch aktiver, wenn sie erst einen Computer benutzen dürfen? Wir wissen natürlich, dass wir in einer Welt leben, die zunehmend digitalisiert ist, und dass unsere Schülerinnen und Schüler auch auf diese Welt vorbereitet werden müssen. Können wir einen Weg finden, auch hier das eine zu tun, ohne das andere zu lassen? Wir beschließen, nach einem Weg zu suchen, unsere Vorstellung von Kooperativem Lernen und Arbeiten mit digitalen Möglichkeiten des Arbeitens zu verbinden und an unserem Ziel der kognitiven Aktivierung festzuhalten.

16 Digitalisierung – das Ende des Kooperativen Lernens?

Wenn Schule Kinder und Jugendliche auf das Leben in unserer Gesellschaft vorbereiten will, kommt sie nicht umhin, auch die Digitalisierung von Unterricht in den Blick zu nehmen. Wie die internationale ICLIS-2018-Studie (vgl. Eickelmann et al. 2019) zeigt, hat Schule in Deutschland in dieser Hinsicht bisher noch nicht den Anschluss an aktuelle gesellschaftliche Entwicklungen und Erfordernisse gefunden.

Einem Großteil der Lehrkräfte und der Lernenden fehlt Wissen und Erfahrung mit der digitalen Welt. Mittlerweile nutzen zwar viele Lehrkräfte den PC, um Texte zu erstellen, im Internet zu recherchieren oder sich in sozialen Medien zu bewegen, haben aber kaum Erfahrung mit dem Erstellen von kreativen Aufgaben, die über die Textverarbeitungsebene hinausgehen. Die Nutzung von Lernplattformen ist vielen noch eher fremd. Bildungsstudien und Schulpolitik fordern mehr Digitalisierung von Unterricht und geben entsprechende Lernziele vor (vgl. z. B. Medienkompetenzrahmen NRW), jedoch gibt es bisher nur wenige überzeugende Konzepte für die Umsetzung.

Digitalisierung von Unterricht kann zweierlei bedeuten:

1. Im Präsenzunterricht werden digitale Medien wie PC, Tablet oder Smartphone eingesetzt, um Unterrichtsinhalte bestmöglich zu vermitteln. Sie ergänzen oder ersetzen damit die bisher genutzten Printmedien oder audiovisuellen Medien wie Bild- und Tonträger. Die Nutzung der entsprechenden Medien wird vom Lehrer durch die *Aufgabenstellung* gesteuert oder den Lernenden freigestellt.
2. Unterricht erfolgt auf digitalem Wege, d. h. in Form von Distanzunterricht oder über Lernprogramme, die von den Lernenden individuell im Klassenraum oder außerhalb bearbeitet werden. Beim Distanzunterricht kommunizieren Lehrkräfte und Lernende und die Lernenden untereinander über Plattformen (z. B. Skype, Zoom, WhatsApp) miteinander. Über das Nutzen entsprechender Anwendungen, wie z. B. oncoo oder ZUMpad können Kommunikation und Unterricht organisiert werden. Voraussetzung für das Gelingen von Unterricht ist dabei, dass Lehrkräfte und Lernende diese digitalen Kommunikationsformen nutzen können und auch in der Lage sind, Aufgaben und Aufgabenbearbeitungen digital zu erstellen und zu übermitteln.

Nachfolgend wird der Versuch unternommen die Bedeutung Kooperativen Lernens und die Möglichkeit kognitiver Aktivierung im Kontext digitalen Lernens auszuloten. Da es zurzeit kaum wissenschaftliche Untersuchungen zu diesem Thema gibt, werden die in diesem Buch vermittelten Ansprüche an Lernen, guten Unterricht und Konstruktion kooperativer Lernsettings als Prüfkriterium herangezogen.

16.1 Lernen im sozialen Kontext – auch digital?

Solange unser Gehirn ein Sozialorgan ist und nach archaischen Mustern funktioniert, werden Gefühle beim Lernen eine bedeutsame Rolle spielen. Es stellt sich also die Frage, ob Begeisterung, Freude, Zugewandtheit und Beziehung auch auf digitalem Weg hervorgerufen werden können.

Wie wir aus dem Bereich der Gamification wissen, können bei Erreichen von Aufgabenlevels positive Gefühle ausgelöst werden und auch das Messen mit Anderen in virtuellen Räumen kann zu einem Gefühl der Befriedigung bei den Spielenden führen. Im Kontext schulischen Lernens rufen allerdings nicht alle Arten von Programmen Begeisterung und positive Lernergebnisse hervor. Es gibt zwar Lerntools, die auch wie Spiele aufgebaut sind (vgl. z. B. Classcroft), jedoch hat sich der Einsatz von nicht-adaptiven Übungsprogrammen bisher als wenig effektiv erwiesen (vgl. Hillmayr et al. 2017). Erst durch den Einsatz von Partnerarbeit bei der Verwendung von Lernprogrammen entstanden in den Untersuchungen positive Effekte. Programme können also Unterricht ergänzen, der zwischenmenschliche Kontakt darf darüber jedoch nicht vernachlässigt werden.

Als soziale Wesen brauchen wir soziale Kontakte, die über Treffen in digitalen Begegnungsräumen hinausgehen. Die Reduktion auf audiovisuelle Signale reicht auf Dauer nicht aus, um die sozialen Bedürfnisse von Menschen zu befriedigen. Die Covid-19-Pandemie im Jahr 2020 zeigte allzu deutlich, dass soziale Isolierung sich auf Dauer schädlich auf die Entwicklung von Kindern und Jugendlichen auswirkt. Die Kontaktbeschränkungen haben eindeutig erwiesen, dass Menschen die direkte Begegnung mit Anderen brauchen. Selbst wenn Videokonferenzen und gemeinsame Aktionen auf digitalem Wege möglich waren, fehlte doch das unmittelbare gemeinsame Erleben. Echte Kommunikation geht über das Miteinanderreden oder Handeln via Bildschirm hinaus. Lehrkräfte beobachteten, dass die soziale Isolierung insbesondere bei Schülerinnen und Schülern mit Migrationshintergrund zu einem merklichen Rückgang ihrer sprachlichen Kompetenzen führte. Es erwies sich, dass sie zwar die von Lehrkräften vorgegebenen Texte bearbeiteten, ansonsten jedoch in dem nunmehr konstanten familialen

Umfeld nur noch ihre Familiensprache benutzten. Ähnliches dürfte auch für Kinder und Jugendliche aus schwierigen sozialen Verhältnissen gelten, die wenig oder keine Ansprache in dieser Zeit hatten.

Für die Schule der Zukunft bedeutet das, dass Lehrkräfte und Mitschülerinnen und -schüler als soziale und reale Ansprechpartnerinnen und -partner auch weiterhin zur Verfügung stehen müssen und nicht durch Programme ersetzt werden können. Da Kinder und Jugendliche in der analogen Welt Menschen begegnen und in der Lage sein sollen, mit ihnen zu kommunizieren und zu arbeiten, müssen sie die gesamte Bandbreite menschlicher Interaktion kennen und beherrschen. Hierzu müssen sie auch die entsprechenden Kompetenzen in der realen Welt durch reale Begegnungen erwerben. Das nicht zuletzt auch, um die Auswirkungen digitalen Handelns auf Menschen in der analogen Welt richtig einschätzen zu können.

Wie Vertreter unterschiedlicher psychologischer Theorien aufzeigen, brauchen Menschen zur Befriedigung ihrer Bedürfnisse andere Menschen (vgl. Kapitel 2). Zugehörigkeit, Kompetenz und Autonomie (vgl. Deci & Ryan 2000) können nicht alleine dadurch hergestellt werden, dass Einzelne an ihren PCs sitzen. Zur Förderung der psychosozialen Entwicklung bedarf es der konstruktiven Unterstützung in Form von positiven realen Beziehungen, des wertschätzenden Umgangs und der Berücksichtigung individueller emotionaler und kognitiver Bedürfnisse und Interessen. Ein realistisches Selbstkonzept kann nur im sozialen Kontext entstehen, wo Selbst- und Fremdwahrnehmung sich begegnen.

Schulpflicht ist die „Pflicht, Schule als Lern- und Lebensraum zu nutzen, am Leben der Schule teilzunehmen und sich gemeinsam mit anderen Schüler*innen bestimmte Lerninhalte anzueignen" Klieme (2020, S. 118). Unterricht ist ein „sozialer Prozess", der nicht durch Einzelarbeit oder Medien alleine gesteuert werden kann. Es darf auch nicht vergessen werden, dass Schule für eine Reihe von Kindern und Jugendlichen ein zuverlässiger und sicherer Zufluchtsort ist und damit in vielen Fällen mehr Schutz bietet als die eigene Familie. Lehrkräfte sind nicht selten die einzigen Personen, die aufgrund des unmittelbaren Kontakts mit Kindern und Jugendlichen feststellen können, ob Kinder vernachlässigt oder misshandelt werden oder andere Probleme haben. Die Schutzfunktion von Schule könnte im digital organisierten Unterricht nicht aufrechterhalten bleiben.

Distanzunterricht ist also hoffentlich nur eine Notlösung für Krisenzeiten. Wenn eine solche Situation jedoch entsteht, werden digitale Formen Kooperativen Lernens geradezu notwendig, um die völlige soziale Isolierung der Lernenden zu verhindern. Schulen müssen also überlegen, wie sie soziale Erfordernisse und digitales Arbeiten sinnvoll miteinander verbinden können, um für den Krisenfall gerüstet zu sein. Was im Präsenzunterricht eingeübt wird, kann dann im Falle von Distanzunterricht genutzt werden. Wer über kein Methodenrepertoire im Präsenzunterricht verfügt, wird auch keine Ideen für digitales Unterrichten haben.

16.2 Digitaler Unterricht und Kooperatives Lernen – vereinbare Konzepte?

Wenn der Zweck von Kooperation im Erreichen eines gemeinsamen Ziels mit vereinten Kräften durch Einbringen individueller Kompetenzen und Anstrengungen besteht, kann dieser Zweck zweifellos aufgrund der heute zur Verfügung stehenden medialen Unterstützungssysteme auch im Distanzunterricht erfüllt werden. Lehrkräfte und Lernende treffen sich auf Plattformen in virtuellen Klassenräumen. Lehrkräfte organisieren ihren Unterricht in beiden Unterrichtsvarianten durch Eingabe von Materialien und kooperativ zu lösenden Aufgaben, wobei Lehrkräfte die vielfältigen Möglichkeiten von Medien nutzen können. Unter Einbeziehen digitaler Medien können sie z. B. ihre Schülerinnen und Schüler auffordern, in Kleingruppen Erklärvideos zu erstellen, die dann mit der gesamten Lerngruppe betrachtet und bewertet werden, sie können Rechercheaufgaben erteilen oder eigene Produkte erstellen lassen. Die Lernenden müssen den dazu notwendigen Lernstoff individuell bearbeiten, was sowohl im Distanz- als auch im Präsenzunterricht geschehen kann. Danach entwickeln sie miteinander Ideen und Wege, der gesamten Lerngruppe ihre Ergebnisse zu vermitteln. Hierzu können z. B. „Breakout-Sessions" bei ZOOM genutzt werden.

Durch Einsatz des Blended Learning im Präsenzunterricht erwerben Lernende die notwendigen vielfältigen medialen Kompetenzen. In dieser Hinsicht kann es hilfreich sein, wenn Lehrkräfte unterschiedlicher Fächer kooperieren, z. B. Informatiklehrkräfte mit Lehrerinnen und Lehrern anderer Fächer.

Helmke et al. (2008) stellten fest, dass das Hörverstehen von Lernenden im Englischunterricht davon abhängt, welche Redeanteile die Schülerinnen und Schüler im Unterricht haben und wie mit sprachlichen Fehlern verfahren wird. Im Präsenzunterricht sind die Redeanteile der Einzelnen in der Regel gering. Selbst wenn die Lernenden angehalten werden, in Kleingruppen miteinander in der Fremdsprache zu kommunizieren oder Produkte ihrer gemeinsamen Arbeit zu präsentieren, bleiben danach die Rückmeldungen der Lehrkraft im Falle vieler sprachlicher Verstöße unzureichend. Darüber hinaus ist Sprechen ein flüchtiges Geschehen und es ist nicht immer möglich, alle sprachlichen und ggf. auch inhaltlichen Fehler gleichzeitig festzuhalten, um eine passgenaue Rückmeldung zu geben. Wenn Schülerinnen und

Schüler jedoch kurze Videos erstellen, in denen Szenen dar- oder nachgestellt werden oder Interviews simuliert oder in vivo durchgeführt werden, hat die Lehrkraft die Möglichkeit, in die Arbeit der Gruppen hineinzuhören oder die Ergebnisse noch einmal in Ruhe anzusehen, um gezielte Rückmeldung und Unterstützung zu geben. Im Kontext individueller Förderung und Beratung können Lehrkräfte solche Videos auch gemeinsam mit allen oder einzelnen Schülerinnen und Schülern ansehen. Die Verpflichtung, dass jede Kleingruppe ein Video abgibt, wenn auch nicht unbedingt vor der gesamten Lerngruppe vorführt, erhöht die Verpflichtung zur Teilnahme und macht diese überprüfbar. Lehrkräfte haben damit einen besseren Einblick in die Leistungsfähigkeit der einzelnen Lernenden.

16.3 Grunddimensionen guten Unterrichts – auch im Distanzunterricht?

Zu den Grunddimensionen guten Unterrichts zählen *Klassenführung*, *konstruktive Unterstützung* und *kognitive Aktivierung*. Wie in den vorangehenden Kapiteln aufgeführt, können kooperative Lernformen helfen, diese Bedingungen herzustellen. Gilt dies auch für das virtuelle Klassenzimmer?

Gute *Klassenführung* zeichnet sich dadurch aus, dass die zur Verfügung stehende Lernzeit maximal genutzt wird, indem die Lernenden sich aktiv am Unterricht beteiligen, ihre Aufmerksamkeit auf den Lernstoff lenken und Störungen vermieden werden. In dem Moment, in dem im virtuellen Unterricht mehr Verantwortung an die Schülerinnen und Schüler abgegeben wird, spielen feste Lernzeiten meist nur noch dann eine Rolle, wenn sich die Gesamtgruppe im virtuellen Raum oder im Präsenzunterricht trifft. Und auch dann ist nicht gewährleistet, dass alle Schülerinnen und Schüler der Lerngruppe an dem Unterricht teilnehmen. Es ist also wichtig, dass sie lernen, Verantwortung zu übernehmen, ihre eigene Lernzeit zu organisieren und im Falle von Kooperation die Arbeit mit Anderen zu koordinieren und verbindliche Absprachen zu treffen.

Viele Kolleginnen und Kollegen berichteten, dass sie die ungewohnte Arbeit mit digitalen Medien zwar herausfordernd und anstrengend fanden, dass sie es jedoch genossen haben, einen weitgehend störungsfreien Unterricht durchführen zu können. Das mag daran gelegen haben, dass sich diejenigen Schülerinnen und Schüler, die sonst aktiv im Unterricht gestört hatten, dem digitalen Unterricht entzogen haben. Eine Lösung, die dauerhaft sicherlich nicht befriedigen kann.

Es gibt auch Lehrkräfte, die im Kontext der Corona-Krise beobachtet haben, dass die Kommunikation mit ihren Schülerinnen und Schülern eine andere, eine positivere Qualität angenommen hat. So wird z. B. berichtet, dass sich plötzlich mehr Schülerinnen und Schüler als zuvor in Diskussionen einbrachten oder Aufgaben ablieferten. Manche Lernende suchten stärker den Kontakt zur Lehrkraft als in realen Kontexten. Offenbar wurden gerade zurückhaltende Lernende ermutigt, ihre Ergebnisse offenzulegen oder sich Hilfe suchend an Lehrkräfte zu wenden. Dies geschah möglicherweise, weil der Kontakt zur Lehrperson unbemerkt von den anderen Schülerinnen und Schülern erfolgen konnte und keine negativen Reaktionen von diesen zu befürchten waren. Solange die Interaktion zwischen Lehrkraft und Lernender bzw. Lernendem also „verdeckt" erfolgte, stieg die Beteiligung an. Diese Beobachtung kann man zur Stärkung der Forderung nach vermehrt individualisiertem Unterricht nutzen, man kann sie aber auch als Beleg dafür sehen, dass soziale Erziehung an unseren Schulen zu wenig betrieben wird und von daher verstärkte Aufmerksamkeit und Übung in realen Kontexten verlangt.

Unterrichtsstörungen in Form von negativen Kommentaren können in virtuellen Klassenzimmern sicherlich reduziert werden, allerdings wird es kaum möglich sein, sie völlig auszuschließen, sobald die gesamte Lerngruppe sich auf einer Plattform trifft. Cybermobbing spielt im Hintergrund bereits in realen Lerngruppen eine Rolle. Also ist auch im virtuellen Raum zu erwarten, dass solche Phänomene – vielleicht von der Lehrkraft noch weniger bemerkt – auftreten. Dem muss Unterricht, egal ob in Präsenz oder virtuell, entgegentreten. Auch virtuelle Kommunikation erfordert soziale Kompetenzen und Haltungen zur angemessenen Interaktion von Menschen untereinander. Auch im digitalen Raum müssen sich die einzelnen Personen sicher und akzeptiert fühlen.

Zur sozialen Sensibilisierung können Kennenlern- und Kontaktübungen mit Einschränkungen auch virtuell durchgeführt werden, indem die Schülerinnen und Schüler untereinander „Steckbriefe" austauschen, auf digitalem Wege ein gemeinsames Logo oder Motto für ihre Gruppe entwerfen oder ein Wappen erstellen und das Produkt abschließend fotografieren und präsentieren. Allerdings werden solche Übungen kaum das Erleben realer Begegnungen ersetzen können.

Während Kooperatives Lernen in realen Begegnungen viele Möglichkeiten bietet, soziale Kompetenzen von Schülerinnen und Schülern in Arbeitszusammenhängen zu fördern, stellt sich also die Frage, ob dies auch in virtuellen Arbeitszusammenhängen möglich oder notwendig ist.

Hierzu kann es hilfreich sein, noch einmal die Liste mit Fertigkeiten von Bennett in den Blick zu nehmen, um zu überlegen, welche der dort angeführten Fertigkeiten bedeutsam und notwendig für die Interaktion im virtuellen Klassenzimmer sind:

Soziale Fertigkeiten
1. sich abwechseln
2. leise sprechen
3. für gleiche Beteiligung sorgen
4. die Anstrengungen Anderer unterstützen
5. Material austauschen
6. geduldig sein
7. empathisch sein
8. aktiv teilnehmen

Kommunikative Fertigkeiten
1. vorschnelles Urteilen vermeiden
2. angemessen widersprechen
3. aufmerksam zuhören
4. auf Unklarheiten befragen
5. eine Idee ablehnen, nicht aber die Person
6. die Ideen von Anderen annehmen und darauf aufbauen
7. sich auf Andere beziehen
8. Verständnis überprüfen
9. paraphrasieren

Fertigkeiten zum kritischen Denken
1. beide Seiten eines Arguments untersuchen
2. Vorhersagen machen
3. alle Faktoren in Betracht ziehen
4. die Zielsetzungen, Ziele und Lernziele Anderer klären
5. Schlussfolgerungen ziehen
6. Kritik nicht persönlich nehmen

All diese Schlüsselfertigkeiten sind zentral für die Entwicklung demokratischen Denkens und Handelns. Egal ob in realen oder virtuellen Kontexten stellen soziale und kommunikative Fertigkeiten die Voraussetzung für kritisches Denken dar. Die angeführten Fertigkeiten zum kritischen Denken erzeugen die Fähigkeit zur Analyse und Durchdringung von Fakten und fördern somit vertieftes Denken.

Eine herausfordernde Aufgabe für Lehrkräfte besteht nun darin herauszufinden, wie und wann sie all die notwendigen Fertigkeiten auch in digitalen Kontexten vermitteln und ob die Indikatoren für diese Verhaltensweisen im Netz andere sind als im Präsenzunterricht, wobei Fertigkeiten zum kritischen Denken noch am ehesten digital vermittelt werden können, da sie größtenteils auch in Einzelarbeit erworben werden können, wenn auch weniger reich an Perspektiven.

Konstruktive Unterstützung als zweite Grunddimension guten Unterrichts bedeutet, dass den Lernenden klare Strukturen gegeben werden. Klieme (2020) formuliert in diesem Zusammenhang für Distanzunterricht folgende Notwendigkeiten: klare Absprachen in Form von Tages- und Wochenplänen, regelmäßige virtuelle Treffen der Lehrkräfte mit der Lerngruppe, virtuelle Gruppentreffs, Chats zur Klärung von Fragen und Problemen, Sprechzeiten der Lehrkraft und klare Kommunikation von Zielen, Erwartungen und Regeln. Darüber hinaus sind regelmäßige Überprüfung der Ergebnisse und Entwicklung einer neuen Feedback-Kultur notwendig. Er unterstreicht jedoch auch die Notwendigkeit von Präsenzphasen, in denen Raum und Zeit für den *Austausch* von Erlebnissen, Gefühlen und Bedürfnissen gegeben wird. Insbesondere schwächere Schülerinnen und Schüler benötigen solche verlässlichen Rahmenbedingungen und klare Strukturen, während lernstarke Schülerinnen und Schüler gut mit offenen Lernsituationen klarkommen.

Da Kooperatives Lernen nach klaren Prinzipien abläuft und über hoch strukturierte Verfahren verfügt, können einige der Verfahren sicherlich im Kontext von Distanzunterricht helfen, Zusammenarbeit zu organisieren und so die notwendige Unterstützung zu geben. Es bleibt allerdings zu überprüfen, ob grundlegende Vorgehensweisen und Kompetenzen des Kooperativen Lernens nicht im Präsenzunterricht eingeübt werden müssen. Das bedeutet, dass gerade in Präsenzphasen darauf geachtet werden sollte, möglichst viele strukturierte soziale Kontakte in inhaltliche Arbeit einzubeziehen.

Große Bedeutung kommt in virtuellen Kontexten der präzisen Aufgabenstellung zu. Wie im Präsenzunterricht müssen Lehrkräfte bei *kooperativen* Aufgaben sicherstellen, dass zumindest zwei der fünf *Basiselemente* (vgl. Kapitel 4) bereits in den Aufgabenstellungen eingefordert werden. Aufgaben müssen den Einsatz der Einzelnen (*individuelle Verantwortungsübernahme*) und deren Kooperation sowie ein gemeinsam erstelltes Ergebnis (*gegenseitige positive Abhängigkeit*) verlangen. Die Aufgaben müssen zu *direkter Interaktion* auffordern, die dann allerdings nicht in der unmittelbaren sozialen Begegnung der Einzelnen besteht, sondern medial vermittelt erfolgt und nicht immer von der Lehrperson begleitet wird.

Zur Steuerung und Förderung von Zusammenarbeit kann die Lehrkraft Gruppen auch im Distanzunterricht unter Einsatz entsprechender Medien per Zufall oder direkter Zuweisung bilden. Die Überlegungen zur *Zusammensetzung von Gruppen* bleiben dabei im Wesentlichen dieselben wie im wie im Präsenzunterricht auch (siehe dazu die Ausführungen im Kapitel 7). Zur Strukturierung von Gruppenarbeit im Präsenzunterricht ist die Vergabe von *Rollen* wichtiger Bestandteil der Organisation. Auch in digitalen Kontexten können Rollen Arbeitsprozesse unterstützen. So kann eine Person pro Gruppe bestimmt werden, die bei Fragen Kontakt mit der Lehrkraft aufnimmt. Eine Person kann verantwortlich für die Übermittlung der Arbeitsergebnisse an die Lehrkraft sein. Denkbar wäre auch, dass die Schülerinnen und Schüler angehalten werden, ihre virtuellen Teamsitzungen durch Protokolle, Reflexionsbögen oder Videografien zu dokumentieren. Eine Person des Teams könnte dann, auch im Wechsel mit anderen, verantwortlich für Erstellung und Übersendung sein. Weitere Rollen können sich über Notwendigkeiten zur Aufgabenbearbeitung ergeben (eine Person, die ein Video schneidet, eine Person, die eine Programmierung vornimmt, eine Person, die bei Recherchen Kontakt mit Anderen aufnimmt etc.). Rollen können auch in virtuellen Kontexten je nach unterrichtlicher Zielsetzung oder Selbstständigkeit der Gruppen durch die Lehrkraft bestimmt und zugewiesen werden oder von den Lernenden selbst bestimmt werden.

Das Erreichen eines gemeinsamen Ziels ist auch digital durch den Einsatz *strukturierender kooperativer Methoden* ebenfalls möglich. Zu nennen wären dabei neben Think-Pair-Share-Methoden wie Place Mat, Schneeball, Graffiti, Gruppenanalyse, Expertenpuzzle, Teams-Games-Tournament, Strukturierte Kontroverse. Je nach Lernstand der Lernenden und Beherrschung der Methoden können einige Methoden ohne Intervention der Lehrkraft erfolgen (T-P-S, Gruppenanalyse, C-S-I, K-W-L und P-M-I, vgl. Kapitel 16), andere (z. B. Akademische Kontroverse, Schneeball, Graffiti, T-G-T) sollten von der Lehrkraft moderiert und beobachtet werden, solange die Lernenden nicht hinreichend im Präsenzunterricht darin eingeübt wurden.

Selbst wenn die Schülerinnen und Schüler weitgehend selbstständig arbeiten, z. B. an der Erstellung eines Place Mats, können Lehrkräfte überlegen, wie sie Zwischenstände der Arbeitsprozesse einfordern, um die Arbeit der Schülerinnen und Schüler im Blick zu behalten. Die Begleitung der Arbeit der Teams durch die Lehrkraft trägt zur *individuellen Förderung* bei. Durch den Einblick in Arbeitsergebnisse, Projektpläne und begleitende Reflexionen der Teams kann die Lehrkraft feststellen, welchen Arbeitsfortschritte Einzelne oder die Gruppen machen, welche Schülerinnen und Schüler selbstständig arbeiten können und welche Unterstützung benötigen, und sie kann entsprechende Rückmeldungen geben. Diese Art der formativen Rückmeldung hilft Schülerinnen und Schülern, ihre Lernprozesse einzuschätzen und zu verbessern.

Kognitive Aktivierung ist „als hoch einzuschätzen, wenn der Unterricht auf Verstehen und schlussfolgerndes Denken ausgerichtet ist, wenn die Lernenden mit sie überfordernden Inhalten konfrontiert werden, zugleich aber an ihr Vorwissen und ihre Erfahrungswelt angeknüpft wird" (Klieme 2020, S. 127). Während Klieme allerdings glaubt, dass sich kognitive Aktivierung im Fernunterricht nur schwer herstellen lässt (vgl. Klieme, 2020), zeigen Beiträge in Lehrerforen, dass Lehrkräfte durchaus kreative und herausfordernde Aufgabenstellungen entwickeln, die sich unter anderem dadurch auszeichnen, dass sie vertieftes Denken verlangen und die Lernenden zur selbstständigen Exploration herausfordern. Es bleibt z. B. zu überlegen, ob Differenzierungsmatrizen (vgl. Kapitel 14) nicht dazu dienen können, die selbsttätige Arbeit der Lernenden, ob alleine oder in Gruppen, digital zu organisieren. Solche Aufgabenmatrizen könnten dann sowohl kognitiv herausfordernde Aufgaben enthalten als auch weniger komplexe Aufgabenstellungen für Lernende, die mehr Unterstützung benötigen.

Vertieftes Lernen entsteht auch dann, wenn Schülerinnen und Schüler aufgefordert werden, Lernstoff für Andere aufzubereiten (vgl. Hattie, 2012). Um anderen etwas beizubringen, müssen die Lernenden selbst den Lernstoff durchdringen und Ideen entwickeln, wie sie den Lernstoff präsentieren *und* überprüfen. So können sie z. B. selbst Concept Attainments oder Concept Circles entwerfen, die sie dann zur Bearbeitung durch die anderen Schülerinnen und Schüler im Netz einstellen, Aufgaben zu selbst erstellten oder ausgewählten Beiträgen entwickeln oder zur Überprüfung Quizfragen oder Multiple-Choice-Tests mithilfe von „quizlet", „kahoot" oder „Learningsnacks" erarbeiten.

Zur Förderung von Interessen können Schülerinnen und Schüler auch die Gelegenheit bekommen, je nach Unterrichtsfach ein Buch, einen Film oder ein Thema auszusuchen und der Lerngruppe mithilfe eines Podcasts oder eines Erklärvideos in einem gemeinsamen Forum vorzustellen. Durch solche Aufgaben werden das selbstständige Arbeiten und in der Regel auch die Lernmotivation von Schülerinnen und Schülern gefördert.

Im Präsenzunterricht, noch mehr aber im Distanzunterricht stellen offene und herausfordernde Aufgabenstellungen eine hohe Anforderung an die Fähigkeit der Lernenden zur Selbstregulierung. Fatal wäre es, diese Kompetenzen einfach vorauszusetzen. Insbesondere Leistungsschwächere würden dadurch abgehängt und im Distanzunterricht die Arbeit vermeiden. Daher ist es notwendig, dass Lehrkräfte einen Weg finden, ihren Lernenden die dazu notwendigen Kompetenzen zu vermitteln. Am besten geschähe dies selbstverständlich in Phasen von Präsenzunterricht, wobei kognitive, *metakognitive und ressourcenorientierte Strategien* vermittelt und im Unterricht eingeübt würden. Gerade hierbei können sich Lernende gegenseitig unterstützen.

17 Die Karawane zieht weiter

Für unser erstes Treffen zum Thema „Kooperatives Lernen im virtuellen Klassenzimmer" haben wir uns vorgenommen, zum einen zu überlegen, welche Bedingungen wir herstellen müssen, um auch im digitalen Raum Kooperatives Lernen durchzuführen, und zum anderen Ideen zu entwickeln, wie wir dann in unseren Fächern Verfahren des Kooperativen Lernens nutzen können. Neben technischen Hürden sehen wir auch organisatorische und pädagogische Herausforderungen auf uns zukommen, wie z. B. Gruppenzusammensetzung, Arbeitsanweisungen, Unterstützung der selbsttätigen und kooperativen Arbeit, Reflexion von Arbeitsprozessen und -ergebnissen.

17.1 Mit digitalen Tools in die Zukunft

Verena hat sich kundig gemacht, welche mediale Unterstützung wir für die Durchführung bekommen können. Für Videokonferenzen bieten sich Tools wie **ZOOM** oder **Yitsi** an. **Oncoo** oder **Mentimeter** eignen sich für Feedback, Umfragen, Brainstorming oder Einschätzungen. So bietet Oncoo z. B. eine Zielscheibe zur Bewertung von Aussagen. Lehrkräfte benötigen für den Zugang Accounts, für die Schülerinnen und Schüler sind beide Tools über QR-Code oder per Link erreichbar. Über die digitale Pinnwand **Padlet** können Schülerarbeiten gesammelt und Aufgaben organisiert werden. Für den Austausch zwischen den Schülerinnen und Schülern kann man **ZUMpad** verwenden. Der Verein Zentrale für Unterrichtsmedien e.V. bietet das Tool an und Lehrkräfte können es ohne Registrierung etc. durch das Aufrufen der entsprechenden Seite nutzen. Das ZUMpad ermöglicht, dass die Lernenden Ergebnisse gemeinsam schriftlich festhalten und überarbeiten können. Über einen Messenger können sich die Lernenden untereinander austauschen. Das Etherpad macht Änderungen in Echtzeit sichtbar, verschiedene Versionen können über eine Timeline abgerufen werden.

Delia findet besonders interessant, dass die Nutzung des Messengers auch im Präsenzunterricht sehr zur Reduzierung der Lautstärke beitragen könnte und lärmempfindliche Lernende so mehr Ruhe zum Nachdenken bekämen. Gaby sieht die Chance, auch in kleinen Räumen oder in anderen Situationen, in denen Gruppenarbeit bisher kaum möglich war, Schülerinnen und Schüler auf diesem Weg zusammenarbeiten zu lassen. Pierre gibt allerdings zu bedenken, dass der Messenger kein Ersatz für direkte verbale Kommunikation sein könne, da es auch Lernende gäbe, die sich ungern schriftlich äußern. Wir einigen uns darauf, dass beide Formen ihre Vorteile haben und je nach situativen Gegebenheiten genutzt werden sollten. Uns gefallen auch die kollaborativen Whiteboards für Schülerpräsentationen (vgl. cryptpad whiteboard). Stefan arbeitet sich da gerne ein, weil sich jetzt Schülerergebnisse, z. B. Mind Maps oder verfasste Texte, für alle sichtbar machen lassen.

Es gibt also durchaus eine Reihe von Möglichkeiten. Jetzt müssen wir nur lernen, diese Tools zu bedienen. Aber das müssen nicht nur wir. Auch wenn man häufig annimmt, dass mittlerweile alle jungen Menschen mit Smartphones und PCs aufwachsen und mit deren

Nutzung vertraut sind, zeigt die Realität, dass ein großer Anteil unserer Lernenden nicht über die notwendigen Kompetenzen verfügt. Auch das wird eine Aufgabe für *alle* Kolleginnen und Kollegen unserer Schule werden.

17.2 Reisebegleitung gesucht

Auch digital wollen wir Zusammenarbeit weiter aufrechterhalten. Die schlechteste Lösung zur Gruppenbildung scheint uns weiterhin die durch die Lernenden selbst. Wir haben den Anspruch, dass sie alle am Distanzunterricht teilnehmen. Bei der Bildung von freiwilligen Gruppen kann es jedoch passieren, dass Schülerinnen und Schüler entweder keine Lernpartnerinnen und -partner finden oder sich der Zusammenarbeit entziehen. Verena erklärt uns, dass ZUMpad uns Einblick gibt, ob alle Schülerinnen und Schüler Gruppen zugeordnet sind. Trotzdem halten wir zuerst an der Idee der gezielten Zuweisung durch die Lehrkraft fest, da wir glauben, dass im Distanzunterricht einige Aspekte stärker der Beachtung bedürfen als im Präsenzunterricht. Das sind z. B.: Zugang zu Medien wie PC, Tablet, Smartphone; Kompetenz im Umgang mit Medien; Geschlecht; Leistungsstand; Leistungsbereitschaft; Sozialkompetenz. Ähnlich wie im Präsenzunterricht werden sich nicht alle Kriterien immer und in allen Gruppen realisieren lassen, jedoch liefern sie uns einen Hintergrund, vor dem wir planen und handeln können. Nicht alle Schülerinnen und Schüler verfügen gleichermaßen über die notwendigen technischen Mittel. Nicht alle haben ein Smartphone und jederzeit oder überhaupt Zugriff auf einen PC. Daher wäre es z. B. eine Option zu schauen, welche Schülerinnen und Schüler nah beieinanderwohnen, und sie denselben Gruppen zuzuweisen, damit sie sich bei den Teammitgliedern treffen können, die über Technik und Know-how verfügen. Vorbehaltlich der Tatsache, dass es keine amtlich verordneten Kontaktverbote gibt.

Die Berücksichtigung der Geschlechtsvariablen könnte im Distanzunterricht eine größere Rolle spielen als im Präsenzunterricht, da die Schülerinnen und Schüler ihre Arbeit stärker selbst und miteinander organisieren müssen und mögliche geschlechtsspezifische Merkmale sich förderlich oder hemmend auf die Arbeit auswirken könnten. Pia hat beobachtet, dass in ihren Lerngruppen Jungen bezogen auf technische Fragen und Programme häufig kompetenter im Umgang mit dem Medium sind, während die Mädchen die Medien im Wesentlichen zur Herstellung und Aufrechterhaltung sozialer Kontakte und zu Recherchen nutzen. Diese Beobachtung wird auch durch Ergebnisse der PISA-Studie 2015 gestützt: Mädchen bevorzugen Gruppenarbeit wegen der sozialen Nähe, Jungen liegt an der Erreichung von Zielen durch Kooperation. Wir finden, dass die Berücksichtigung beider Sichtweisen das Gelingen von Zusammenarbeit stärken könnte. Außerdem hat sich herausgestellt, dass Mädchen in der Regel konsequenter an Aufgaben arbeiten und z. B. Abgabetermine eher beachten. Wir sind aber nicht sicher, ob das nicht auch von Variablen wie Interessen und Kompetenzen in den Fächern abhängt.

Die Überlegungen zu Leistungsstand und -bereitschaft und Lerntypen entsprechen im Wesentlichen denen des Präsenzunterrichts, aber auch hier können wir besondere Sorgfalt

auf die Auswahl der Gruppenmitglieder verwenden, wenn offene und anspruchsvolle Aufgaben gestellt werden und wir nicht direkt eingreifen können.
Im Bereich der Sozialkompetenz erscheint es uns gerade im Kontext anspruchsvoller Aufgabenstellungen wichtig, dass in jeder Gruppe Schülerinnen und Schüler sind, die in der Lage sind, Kontakte mit den Gruppenmitgliedern aufrechtzuhalten, Arbeitsprozesse zu organisieren, zu moderieren und zu vermitteln und durch Fertigkeiten zum kritischen Denken die Qualität der Arbeitsergebnisse voranzubringen.

17.3 Wege ins Ungewisse

Wer in unbekannte Gefilde kommt, sucht zuerst einmal sein Heil in allem, das dem Bekannten ähnlich ist. Wir nehmen also als Erstes die Aufgabenstellung in den Blick, weil sie die Grundlage für die gemeinsame Arbeit mit den Schülerinnen und Schülern bietet. Die Arbeitsanweisungen, die wir bisher entwickelt haben, erscheinen uns auch erfreulich tauglich für den Distanzunterricht. Die Anweisungen müssen vielleicht noch präziser und ausführlicher erfolgen, um den Schülerinnen und Schülern die selbstständige Arbeit zu ermöglichen. Sie sollten dabei neben der eigentlichen Aufgabenstellung, z. B. „Findet eine Lösung für folgendes Problem ...“, auch Informationen enthalten, welche *Hilfsmittel* sie nutzen sollen oder können, *was genau* sie tun sollen oder können, was sie *alleine* tun sollen und was *zusammen*. Außerdem sollte es eine Information zum *erwarteten Ergebnis (Qualität und Quantität)* geben. Je selbstständiger die Schülerinnen und Schüler arbeiten sollen, desto umfangreicher werden vermutlich die Anweisungen im Vorfeld sein müssen. In Präsenz- und Distanzunterricht ist es gleichermaßen notwendig, dass wir deutlich machen, wodurch gegenseitige positive Abhängigkeit und individuelle Verantwortung bei der Zusammenarbeit hergestellt und eingefordert werden. Auch im Distanzunterricht wollen wir uns nicht gänzlich von der Gewohnheit trennen, dass wir nach einer Phase des Austauschs bestimmen, wer die Antwort gibt.
Verena bringt uns ein Beispiel aus dem Unterricht mit. Sie hat im Deutschunterricht Kurzgeschichten mit ihren Schülerinnen und Schülern bearbeitet. Das Beispiel zeigt, welche Instruktionen man Schülerinnen und Schülern für die Arbeit geben kann und wie Zusammenarbeit im Distanzunterricht arrangiert werden kann (siehe Beispiel im Download ⬇).
Wie im Präsenzunterricht bestimmt auch die Art des Feedbacks durch uns, was und ob Schülerinnen und Schüler aus den Antworten der Vortragenden etwas lernen können. Unterrichtsbeiträge sinnvoll und für die Einzelnen informativ auszuwerten, indem wir deutlich machen, was genau einen Beitrag gut oder weniger gut gemacht hat, bleibt ein wichtiger Fokus unserer Arbeit. Auch in Bezug auf den Einsatz von kooperativen Methoden erkennen wir Verwendbares wieder. So ist für uns digitale Anfänger zunächst der Gedanke tröstlich, dass Think-Pair-Share sowohl im Präsenzunterricht als auch im Distanzunterricht eingesetzt werden kann. Digitale Partnerarbeit lässt sich mit relativ wenig technischem Aufwand organisieren und viele Methoden können auch in reduzierter Form in Partnerarbeit durchgeführt werden (vgl. Place Mat, Expertenpuzzle, Partnerinterview, Schneeball, T-G-T, K-W-L, C-I-S etc.) Verena hat bereits di-

gitale Place Mats gefunden, die die Partnerarbeit unterstützen und helfen, das Zustandekommen von Ergebnissen für sie und die Schülerinnen und Schüler zu visualisieren.
Wir wissen, dass der Weg steinig sein wird und wir uns allmählich an die Arbeitsformen herantasten müssen und sicher nicht alles glatt laufen wird. Aber einige von uns haben bereits klare Ideen für Möglichkeiten des Arbeitens. Allerdings nehmen wir uns vor, uns nicht zu überfordern: Think BIG – Start small – jetzt wird unser alter Leitsatz wieder wichtig.
Gaby stellt sich vor, dass sie den Schülerinnen und Schülern zu anstehenden Themen im Mathematikunterricht Links zu Erklärvideos vorgibt und sie eigenständig Aufgaben entwickeln lässt, die sie sich dann gegenseitig in einem digitalen T-G-T (vgl. Kapitel 13) stellen. Falls es technisch nicht möglich sein sollte, Viererteams zeitgleich miteinander arbeiten zu lassen, könnten die Fragen in einem ersten Schritt von Paaren erstellt werden und mit einem zweiten Paar ausgetauscht werden. Diese vier Personen würden daraus dann Turnierfragen zusammenstellen und als Vertreter des Teams mit einem Partner eines anderen Teams in das Turnier gehen. Für jedes Team würden dann 2 Partner individuell Punkte sammeln. Über das Problem ungerader Gruppen wäre dabei allerdings noch nachzudenken. – Nun, Ideen müssen ja nicht gleich perfekt sein! Sie hat auch die Idee das von ihr praktizierte Format des Graffitis (vgl. Kapitel 11) in digitaler Form durchzuführen, indem die Aufgaben von Gruppe zu Gruppe (Paar zu Paar) geschickt werden.
Mir gefällt die Idee, dass Schülerinnen und Schüler im Pädagogikunterricht selbst kleine Erklärvideos entwickeln, um Lerngesetze oder Theorien zu veranschaulichen. Hierzu könnten sie grafische Darstellungen wie Rangleitern, Venn-Diagramme, Fischgrät-Diagramme, Mind Maps oder Concept Maps erstellen, verschicken oder zentral visualisieren und erläutern.
Delia glaubt, dass Experimente im Biologieunterricht, wie ihr Beispiel zu den Bohnen (vgl. Kapitel 13), auch zu Hause von Schülerinnen und Schülern durchgeführt werden und der Lerngruppe oder ihr in Form von Erklärvideos zugesandt werden können. Sie nimmt sich vor, darauf zu achten, Anweisungen zum Einsatz notwendiger Strategien zum Vorgehen mitzuliefern und bestenfalls in die Arbeitsanweisungen einzubauen. Sie kann sich auch vorstellen, den Schülerinnen und Schülern (Selbst-)Beobachtungsaufgaben zu geben, die in einem digitalen Reflexionsjournal festgehalten werden.
Thomas und Pierre arbeiten an Möglichkeiten des Einsatzes von Expertenpuzzles. Sie überlegen, ob die Möglichkeit der lehrergesteuerten Gruppenzuweisung ihnen nicht eine gute Möglichkeit gibt, Schülerinnen und Schülern Informationen zuzuweisen, die deren Fähigkeiten und Neigungen entspricht. So könnten z. B. Paare oder Dreiergruppen gebildet werden, die einen Themenkomplex anhand unterschiedlicher, sich ergänzender Materialien bearbeiten und anschließend ihre Ergebnisse der Gesamtgruppe vorstellen. Voraussetzungen wären dabei z. B. das Auffinden geeigneter Materialien, das Erstellen von Hilfen (z. B. Links), das Vorhandensein von Fertigkeiten zum selbstregulierten und gemeinsamen Arbeiten auf ein gemeinsames Ergebnis hin, das von jedem Gruppenmitglied vermittelt werden kann. „Hm, im Grunde ja nichts Neues", meint Thomas. Stimmt eigentlich. Beide sehen in digitalen Kontexten auch die Möglichkeit, Schülerinnen und Schülern, die aus bestimmten Gründen (noch) nicht in Gruppenarbeit eingebunden werden können, eine andere Arbeitsform zuzuordnen.

17.4 Welten öffnen

Wir glauben auch, dass die digitalen Medien uns die Möglichkeit geben werden, Unterricht herausfordernder zu gestalten, sind uns aber auch einig, dass wir dies sorgfältig vorbereiten müssen, wenn wir nicht allzu viele Schülerinnen und Schüler aus dem Lernprozess ausschließen wollen.
Uns stehen Unterrichtsformen vor Augen, die weniger die Schritt-für-Schritt-Begleitung unserer Schülerinnen und Schüler durch uns beinhalten, sondern den Schülerinnen und Schülern die Möglichkeit geben, sich selbst die benötigten Informationen zu besorgen oder gegenseitig zu geben und hinreichend zu durchdringen, indem sie die dazu notwendigen Fertigkeiten zum kritischen Denken einsetzen. Dabei gelangen wir zu der Ansicht, dass uns das Methodenrepertoire, das wir im Präsenzunterricht – gemeinsam mit unseren Schülerinnen und Schülern – erworben haben, helfen wird, förderlichen und herausfordernden Distanzunterricht zu kreieren. Wichtig ist dabei, genau einzuschätzen, welche Denkebenen in der Aufgabenstellung und mit der gewählten Methode angesprochen werden.
Pierre nimmt sich vor, „Glauben-Wundern-Herausfinden" (vgl. Kapitel 13) auch im Distanzunterricht einzusetzen. Wir sind noch unsicher, ob das auch mit jüngeren Schülerinnen und Schülern geht. Aber vielleicht unterschätzen wir diese wieder? Möglicherweise hängt alles davon ab, wie gründlich wir mit ihnen im Präsenzunterricht selbstständiges und kognitiv herausforderndes Arbeiten einüben können.
Eine Kollegin berichtet über ihre Erfahrungen aus dem Englischunterricht. Zur Förderung von Hörverstehen und Diskursfähigkeit hat sie Schülerinnen und Schüler im Englischunterricht aufgefordert, sich zum Thema „Environmental Problems" Beiträge aus TED-Talks zu suchen, den Inhalt wiederzugeben und ihre eigenen Ansichten zu dem Vorgetragenen zu formulieren. Durch die Aufforderung sich selbst einen Beitrag auszusuchen, konnten zum einen die Interessen der Einzelnen besser zum Ausdruck kommen. Zum anderen sahen sich die Schülerinnen und Schüler auf der Suche nach „ihrem" Vortrag meist mehr als einen Beitrag an. Neben der Stellungnahme zu den Inhalten des Vortrags selbst mussten sie auch begründen, weshalb sie sich gerade für diesen Beitrag entschieden hatten. In Präsenzphasen stellten sich die Schülerinnen und Schüler ihre Ergebnisse in Kleingruppen gegenseitig vor und diskutierten miteinander den Inhalt des Beitrags und die Kommentare der Vortragenden. Die Gruppensitzungen wurden aufgezeichnet und an die Kollegin geschickt. Sie war insgesamt zufrieden mit den Ergebnissen, gab aber den Rat, dass die Vortragszeiten und Diskussionszeiten zeitlich begrenzt werden sollten, da der Aufwand für sie sehr hoch gewesen war. Einige Gruppen hatten sehr lange Sitzungen abgehalten. Abschließend hielt sie alle Schülerinnen und Schüler an, in wenigen Sätzen darzustellen, worum es in ihrem TED-Beitrag gegangen war und was sie daran interessant, erschreckend, ermutigend oder bemerkenswert fanden. Durch Angabe des Links zu jedem TED-Beitrag bekamen alle Schülerinnen und Schüler die Gelegenheit, sich die TED-Beiträge selbst noch einmal anzusehen. Als freiwillige Lernaufgabe konnten sie dann einen weiteren Bei-

trag auswählen und diesen kommentieren. Dieser Beitrag musste allerdings ein Vortrag sein, der nicht zuvor in der Gruppe besprochen worden war. Da es im Internet (vgl. YouTube) auch Filmbeiträge zu dem Thema gab, stellte sie den Schülerinnen und Schülern auch frei, statt eines Vortrags einen Film auszusuchen.
Zur Förderung selbstständigen Arbeitens scheint uns auch die Fortsetzung der Arbeit an Aufgabenmatrizen eine interessante Perspektive zu sein. Da die Arbeit mit den Matrizen sowohl individuell als auch kooperativ erfolgen kann, sehen wir hier positive Ansätze.

17.5 Boldly go where no man has gone before

Trotz der positiven und ermutigenden Beispiele sind wir skeptisch, ob allzu freies und unstrukturiertes Arbeiten der richtige Weg für all unsere Schülerinnen und Schüler ist. Wenn es die Lernvoraussetzungen der Schülerinnen und Schüler nicht erlauben, müssen wir auf strukturierende Verfahren zurückgreifen. An viele andere Verfahren werden wir uns herantasten müssen. Gut, dass es unsere Gruppe gibt und wir jetzt auch einige medienkompetente junge Lehrkräfte gewinnen konnten. Wir sind optimistisch – wie immer. Eines ist für uns aber gewiss: Präsenzunterricht, der reale Begegnungen und Beziehungen bietet und in dem Lernen miteinander erlebt wird, darf nicht ersetzt werden. Lernen erfolgt mit allen Sinnen und braucht die zwischenmenschliche Komponente.

17.6 Reisejournal 8 – Reflexion

Ein Bild, das uns Norm Green zu Unterrichtsentwicklung zeigte, haben wir immer wieder vor Augen gehabt. Vor einen Wagen mit eckigen Rädern ist ein Mensch gespannt, der sich abmüht, ihn vorwärtszuziehen. Die Fracht des Wagens besteht aus vielen runden Rädern. Wir haben unsere Reise auf eckigen Rädern begonnen. Es war beschwerlich, aber wir waren entschlossen, Unterricht voranzubringen. Im Verlauf dieser Reise haben wir entdeckt, dass wir bereits über eine Menge runder Räder verfügten, diese aber nicht richtig genutzt hatten. Durch Modifikationen, Übung und verbesserten Einsatz gelangten wir zu aktivierendem Unterricht. Wir haben Vorhandenes allmählich mit Neuem kombiniert und es wurde tatsächlich leichter. Aber es war ein langer Weg. Nicht alle haben durchgehalten, manche verließen uns. Wir saßen viele Male fest, bekamen aber immer wieder von unterschiedlichen Seiten Unterstützung.
In Bezug auf die neuen Herausforderungen sind wir optimistisch, dass wir unsere Ideale bezüglich kooperativen Arbeitens und Lernens nicht aufgeben müssen, sondern glauben, dass sie wichtiger denn je sind. Auch hier vertrauen wir auf runde Räder in unserem Gepäck. Die Ansprüche an guten Unterricht gelten für jede Art von Unterricht. Wir haben uns auf grundlegende Aspekte geeinigt, die wir berücksichtigen wollen, und auch schon Beispiele für positive Ansätze gefunden. Die Zukunft kann also kommen.

18 Kooperative Unterrichts- und Schulentwicklung heute und in der Zukunft

Kooperatives Lernen wird umso wirkungsvoller, wenn es auf der Basis einer gemeinsam vereinbarten *Schulentwicklung* steht. Wirksame Veränderung von Unterricht an Schulen kann nicht alleine durch die Umgestaltung des Unterrichts einzelner Lehrer erfolgen (vgl. Druyen & Kremers, 2015), sondern erfordert ein *gemeinsames Ziel* aller an Schule Beteiligter. An Schulen, an denen Kooperatives Lernen auf breiter Basis etabliert ist, werden Lehrkräfte weniger Widerstand und mehr Unterstützung erfahren als an Schulen, an denen nur einzelne Personen unabhängig voneinander Kooperatives Lernen praktizieren (vgl. Gräsel, Fußangel & Pröbstel, 2006; Richter & Pant, 2016).

Das *pädagogische Leitbild* von Schulen und die damit verbundene Einstellung von Lehrern können Einfluss darauf nehmen, ob Lehrkräfte bereit sind, Kooperatives Lernen zu praktizieren, und Eltern und Lernende kooperative Lernarrangements akzeptieren, und darin einen Vorteil für Lernen erkennen. Schulentwicklung hin zu mehr Kooperation bedeutet dann nicht nur Unterrichtsentwicklung, sondern weitet sich auf die Entwicklung von Haltungen und Arbeitsformen in unterschiedlichen Kontexten des Schullebens aus, z. B. in der Schülermitwirkung, bei Konferenzen, in Besprechungen und Gremien.

Wenn sich eine Schulgemeinschaft, oder auch nur ein Teil dieser Gemeinschaft, entschieden hat, Unterricht oder Organisationsformen zu ändern, muss sie sich auf einen langwierigen Prozess einstellen, der viel Engagement und Energie verlangt. Häufig geben die Beteiligten zu früh auf. Im folgenden Kapitel wird kurz dargestellt, was bezogen auf Veränderung und Implementation von Neuerungen in den Blick genommen werden muss, um Unterrichts- und Schulentwicklung angemessen verstehen und begleiten zu können.

18.1 Unterrichtsentwicklung durch Lehrertrainings

Unterrichtsentwicklung kann durch Lehrertrainings initiiert und auch begleitet werden. Durch Trainings werden nicht nur beobachtbare Verhaltensweisen, sondern auch Einstellungen und kognitive Verarbeitungsstrategien (z.B. Selbstwirksamkeit) beeinflusst und verändert (vgl. Krause & Jürgens

2005). Lehrertrainings können dazu beitragen, dass Neues eher implementiert wird (Fagan & Mihalic 2003). Im Bereich von Einstellungen und Überzeugungen von berufserfahrenen Lehrkräften zeigte sich, dass Lehrerselbstwirksamkeit durch Trainings gestärkt werden kann (vgl. Stein & Wang 1988 und Ross & Bruce 1994). Studien weisen auch auf einen Zusammenhang zwischen einem Training zum Kooperativen Lernen und individueller Lehrerselbstwirksamkeit (personal teacher efficacy) hin (Ghaith & Yaghi 1997). In Deutschland wurden ebenfalls positive Auswirkungen von Trainings auf die berufsspezifischen Selbstwirksamkeitserwartungen von Lehrern nachgewiesen (vgl. Dresel 2004; Jerusalem et al. 2007; Jerusalem et al. 2009; Schmitz & Schwarzer 2000). Bei Lehramtsstudierenden und -anwärtern konnte nach *Trainings* zu *Kooperativem Lernen* ebenfalls der Anstieg der Lehrerselbstwirksamkeit nachgewiesen werden (Van Zee, Lay & Roberts 2003 und Druyen 2017).

Bei der Überprüfung der *Wirksamkeit* von Lehrerfortbildungen wurden Gelingensbedingungen ermittelt, die dazu beitragen, dass Lehrer die Fortbildungsinhalte in ihr Wissen, ihr Verhaltensrepertoire und in ihre Haltungen übernehmen (vgl. Garet et al. 2001, Guskey & Yoon 2009, Lipowsky & Rzejak 2012). Hierzu gehören: a) die Dauer einer Fortbildung und die zur Verfügung stehende Zeit, b) die Verschränkung von Input-, Erprobungs- und Reflexionsphasen, c) die Vertiefung des (fachdidaktischen und diagnostischen) Wissens der Teilnehmenden, d) die Erfahrbarkeit der Wirkung des eigenen Handelns, e) die Orientierung an Merkmalen lernwirksamen Unterrichts, f) das Feedback an die Teilnehmenden, g) professionelle Lerngemeinschaften, h) die Teilnahme von mehreren Lehrkräften einer Schule.

18.2 Unterrichtsentwicklung durch Veränderung der Lehrerrolle

Veränderung fängt bei jeder einzelnen Lehrkraft an. Die Person muss das gemeinsam vereinbarte Ziel teilen und nach Mitteln und Wegen suchen, dieses Ziel zu realisieren. Man kann drei Dimensionen der Veränderung mit unmittelbarem Einfluss auf Lehrkräfte und ihre Tätigkeit identifizieren (vgl. Fullan 2001):

1. den *möglichen Einsatz* neuer Materialien, z.B. Lehrpläne oder Unterrichtsmaterial,
2. die *Umsetzung* neuer Unterrichtsansätze, Strategien oder Methodologien und
3. die *mögliche Veränderung* von Überzeugungen.

Im Zusammenhang mit der Frage, welchen Beitrag Fortbildung zur Veränderung des Rollenverständnisses von Lehrern leisten kann und welche Faktoren dabei beachtet werden müssen, gibt das Schichtenmodell von Korthagen (2004) Anregungen. Er benennt fünf Schichten:
1. Verhalten (behavior),
2. Kompetenzen (competencies),
3. subjektive Überzeugungen und Werthaltungen (beliefs),
4. Selbstkonzept (identity),
5. Anliegen (mission).

Die äußere Schicht ist die für alle sichtbare **Verhaltensebene** (behavior). Sie ist leicht zugänglich für Veränderungen. Ihr folgt die **Kompetenzebene** (competencies), bei der es um vorhandene, aber nicht notwendigerweise gezeigte Fähigkeiten und Fertigkeiten geht. Auch diese Ebene ist noch relativ leicht beeinflussbar. Auf beiden Ebenen können kognitive und aktionale Qualifikationen angeregt, beobachtet und beeinflusst werden. Ob Veränderungen allerdings von Dauer sind, hängt davon ab, inwieweit sie auch in die tiefer verankerten Schichten der Persönlichkeit eindringen.

Die nächsttiefere Schicht ist die der Werthaltungen und **Überzeugungen** (beliefs). Sie beinhaltet Annahmen und Vorstellungen des Individuums über sich und die Welt. Bei Lehrkräften sind es die Annahmen über Schule, Lernende, Unterrichten und Erziehen (vgl. Korthagen 2004). Überzeugungen sind in der Regel tief in der Biografie der Einzelnen verankert und mit dem eigenen Erleben verbunden. Daher kann es schwierig sein, Überzeugungen nur durch punktuelle Fortbildungen zu verändern.

Die **Identität**, die der Einzelne im Laufe seiner persönlichen Entwicklung vor dem Hintergrund seiner Überzeugungen ausbildet, wird zum Bestandteil seines Selbstkonzepts und ist damit nach Ansicht einiger Autoren nur schwer oder langsam veränderbar (vgl. Korthagen 2004). Allerdings gibt es Hinweise auf eine wechselseitige Beziehung zwischen fähigkeitsbedingtem Selbstkonzept und beruflichem Erfolg (vgl. Lipowsky 2003). Das Selbstbild von Lehrkräften kann sich z. B. aufgrund von Notwendigkeit wandeln, was dann allerdings oft mit unangenehmen Gefühlen und Widerstand einhergeht (Saunders 2012).

Erfolgt Veränderung ohne die Mitwirkung der tieferen Schichten, ist sie meist nur vorübergehend und an externale Faktoren gebunden. Unterrichtsverhalten von Lehrkräften ist stark an subjektiven Glaubenssätzen und Werten orientiert und von Selbstwirksamkeitserleben und Sicht der eigenen professionellen Identität beeinflusst (Saunders 2012). Wenn die Lehrkraft die Bestandteile ihrer eigenen Identität dazu nutzt, um damit ihr Umfeld bewusst und aktiv zu beeinflussen, hat sie eine **Mission** entwickelt, die Veränderung gehört zu ihrem Selbstverständnis und steuert ihr Handeln nachhaltig und in vielen Bereichen.

Faktoren für nachhaltige Fortbildungen zum Kooperativen Lernen lassen sich mithilfe des „Modells der Veränderung“ (vgl. Korthagen 2004) identifizieren. Als Erstes werden kooperative Lernformen in Fortbildungen einem gesamten Kollegium oder aber einer interessierten Gruppe vermittelt. Die Umsetzung des Gelernten wird in der konkreten Ausgestaltung von Lernarrangements im Unterricht sichtbar. Hierzu rufen die Lehrkräfte die dazu notwendigen aktionalen und kognitiven Kompetenzen ab und erproben diese. Gelingen und Misslingen entscheiden in dieser Phase häufig darüber, ob die Fortbildungsinhalte weiterverfolgt werden.

Über diese Fertigkeiten und Kompetenzen hinaus beeinflussen Glaubenssätze der Einzelnen die Wahrscheinlichkeit, dass Kooperatives Lernen im Unterricht eingesetzt und etabliert wird. Lehrkräfte, die an den Wert von Kooperation, an den Wert des gemeinsamen Lernens, an die selbstbestimmte Lernfähigkeit von Schülerinnen und Schülern und an den Wert des Fehlers glauben, sind eher bereit, ihre Lehrerrolle entsprechend zu verändern, und sie werden versuchen, ihre Ideen und Maßnahmen an andere weiterzugeben und Gleichgesinnte suchen, die mit ihnen auf die Umsetzung einer aktivierenden Didaktik auf Schulebene hinarbeiten. Sie bleiben in dieser Rolle, auch wenn Schwierigkeiten auftreten, weil eine tiefere Überzeugung oder Mission sie veranlasst, an der Ausübung aktiven, selbstbestimmten Lernens festzuhalten.

Ebenen der Einflussnahme	Einfluss von Fortbildungen auf die Umsetzung von Kooperativem Lernen
Verhalten	Methoden und Arbeitsformen in konkreten Situationen einsetzen
Kompetenzen	Handlungskompetenz im Sinne einer Entwicklung von Strategien zur Verwendung der erworbenen Fähigkeiten und Fertigkeiten erwerben
Glaubenssätze	Einsichten in Glaubenssätze verwandeln, z. B.: • Kooperation hilft dem Individuum zu wachsen. • Lernen ist wichtiger als Lehren. • Schüler können lernen, selbstbestimmt zu lernen. • Fehler gehören zum gemeinsamen Lernprozess.
Identität	Entwickeln eines neuen Selbstverständnisses: Kooperatives Handeln zum Bestandteil von Lernen und Arbeiten machen
Mission	Schüler zur Demokratiefähigkeit erziehen und Kooperation auf breiter Ebene in das Schulleben einbeziehen

Abbildung 9: Auswirkung von Fortbildungen zum Kooperativen Lernen bezogen auf die Ebenen des Modells zur Veränderung nach Korthagen (2004)

Zieht man in Betracht, wie stark Einzelne ihr Rollenverständnis ggf. verändern müssen, damit es zu nachhaltiger Umsetzung von Maßnahmen kommt, wird deutlich, dass in einem Kollegium niemals alle gleichzeitig an einer Veränderung teilnehmen werden. Widerstand und Verweigerung sind zu erwarten. Auf Druck oder Anweisung hin verändern sich vielleicht einige anfangs oberflächlich, finden aber auch schnell Wege, die Anweisungen zu unterlaufen und zu ihren alten Verhaltensmustern zurückzukehren.

Menschen haben unterschiedliche Motive, sich einer Veränderung zu verschließen (vgl. Fullan 2001):

- Sie weigern sich, etwas zu tun, das sie nicht gewohnt sind.
- Sie denken zuerst an das, was sie verlieren, nicht an das, was sie gewinnen.
- Sie fühlen sich alleine, auch wenn andere die gleiche Veränderung erleben.
- Sie können nur ein gewisses Maß an Veränderung ertragen.
- Sie machen sich Sorgen, dass sie nicht hinreichend über Ressourcen verfügen könnten.

Die sachgerechte und souveräne Umsetzung kooperativer Lernformen verlangt Erfahrung und Ausdauer, d. h., Lehrkräfte und Schulen müssen sich auf einen länger dauernden Prozess einstellen. Während Johnson & Johnson (2008) sagen, dass der reflektierte und damit professionelle Einsatz von Kooperativem Lernen ca. 8 Jahre dauert, gehen Hall & Hord (2006) in ihrem Konzept CBAM (Concerns Based Adoption Model) von einem Zeitraum von 3 bis 5 Jahren für die souveräne Umsetzung von neuen Erkenntnissen und Methoden aus.

Hall & Hord (2006) benennen 8 Ebenen der Anwendung neuer Verfahren:

Ebene	Merkmale
Nichtnutzung	Verfahren sind zwar bekannt, werden jedoch nicht genutzt.
Orientierung	Es besteht Interesse und weitere Informationen werden nachgefragt.
Vorbereitung	Es besteht die Bereitschaft, ein Verfahren zum ersten Mal einzusetzen.
mechanische Verwendung	Das Verfahren wird noch unbeholfen und wenig flexibel eingesetzt.
Routine	Das Verfahren wurde oft genug eingesetzt, um in bestimmten Situationen glatt zu verlaufen.
Verfeinerung	Das Verfahren wird in neuen Situationen eingesetzt und erprobt.
Integration	Das Verfahren wird in neuen Situationen in Kombination mit anderen Verfahren eingesetzt.
neue Ausrichtung	Suche nach neuen und weiteren Verfahren

Abbildung 10: Ebenen des CBAM-Konzepts zur Nutzung von Verfahren

Die Autoren identifizieren außerdem in ihrem Konzept 7 Stadien („levels of concern"), die Menschen im Verlaufe von Veränderungen durchlaufen:

Stadium	Mögliche Verbalisierung
0. Bewusstsein/Kenntnis (awareness)	Ich mache mir keine oder nur wenige Gedanken.
1. Information (informational)	Ich brauche dazu mehr Informationen.
2. persönliche Ebene (personal)	Welchen Einfluss hat die Veränderung auf mich?
3. Management (management)	Ich verbringe meine ganze Zeit mit der Planung und Vorbereitung.
4. Konsequenzen (consequences)	Wie beeinflusst das meine Schüler? Wie kann ich das verbessern, um noch mehr zu erreichen.
5. Zusammenarbeit (collaboration)	Wie kann ich das, was ich tue, mit der Arbeit Anderer verbinden?
6. Neuorientierung (refocussing)	Ich hätte da ein paar Ideen, wie das besser funktionieren kann.

Abbildung 11: Sieben „levels of concern" und entsprechende Verbalisierungen nach Hall & Hord (2006) [Übers. durch die Verfasserin]

Menschen, die sich in Veränderungsprozessen befinden, interessieren sich in der Regel zuerst für den Nutzen für sich selbst und die Machbarkeit (Ebenen 0 bis 3) und ziehen danach erst den Einfluss der Maßnahme auf Andere und die Kooperation mit Anderen in Betracht (vgl. Hall & Hord 2006).

Die oben genannte Dauer für Implementation bezieht sich auf einzelne Personen. Denkt man auf Ebene der gesamten Schule, dauert Veränderung in der Regel mindestens 10 Jahre. Schulleiterwechsel oder Veränderungen von Forderungen aus der Schulpolitik verhindern allerdings nicht selten, dass sich Schulen derart lange und ungestört auf diesen Prozess konzentrieren.

Lehrkräfte müssen sich darauf einstellen, dass Veränderung nicht linear positiv verläuft. Gerade in der Anfangsphase kommt es zu Schwierigkeiten, da die Lehrkräfte noch unerfahren sind und die Schülerinnen und Schüler auch nicht immer positiv auf die Veränderungen reagieren. Es kommt zum sog. „Implementation Dip". Die Beteiligten müssen ihre Anstrengungen verstärken, um das Tief, in das sie nach anfänglicher Begeisterung gelangen, zu überwinden. Wenn sie in dieser Phase keine oder zu wenig Unterstützung erhalten oder spürbare Erfolge längere Zeit ausbleiben, geben viele auf und greifen auf alte Verhaltensmuster zurück.

18.3 Professionelle Teams

Unterstützung für Lehrkräfte kann aus unterschiedlichen Quellen kommen. Neben Fortbildungen durch externe Kräfte, materielle Ressourcen und Unterstützung durch Leitung hat kollegiale Kooperation eine wichtige Funktion. Sie zeigt sich in der Regel im Austausch von Erfahrungen und gegenseitiger Beratung.
Ab Mitte der Neunzigerjahre des vorigen Jahrhunderts entstand die Vorstellung, dass Schulen lernende Organisationen (Senge, Cambron-McCabe, Lucas et al. 2000) sein könnten, die durch das gemeinsame Anstreben eines miteinander vereinbarten Ziels die Einstellungen von Lehrkräften zu sich selbst und ihren Lernenden und deren Leistungen verbessern könnten.

Durch die Bildung von sogenannten professionellen Lerngemeinschaften, in denen Lehrkräfte sich über Unterricht austauschen und gemeinsam an der Überwindung von Problemen arbeiten sollten, in denen sie angehalten wurden, gemeinsame Werte zu diskutieren und Normen für das pädagogische Handeln zu entwickeln (vgl. Bonsen & Rolff 2006), sollte eine gemeinsame Basis und ein wirksames Unterstützungssystem geschaffen werden. Hierzu war es notwendig, dass Lehrkräfte sich trafen, austauschten, sich gegenseitig unterstützten und beobachteten.

Bei erfolgreicher kollegialer Kooperation ließen sich folgende Ergebnisse beobachten (vgl. Hord 1997):

- Reduktion der Isolation von Lehrerinnen und Lehrern
- verstärkte Verpflichtung gegenüber dem Auftrag und den Zielen der Schule und verstärkte Arbeitskraft, um den Auftrag zu stärken
- gemeinsame Verantwortung für die gesamte Entwicklung von Schülerinnen und Schülern und kollektive Verantwortung für deren Erfolg
- wirkungsvolle Lernprozesse, die gutes Unterrichten definieren und neues Wissen und Glauben an Lehren und Lernende schaffen
- verstärkte Bedeutsamkeit von und erhöhtes Verständnis gegenüber Unterrichtsinhalten und den Rollen, die Lehrkräfte dabei spielen, Schülerinnen und Schülern zu helfen, den Erwartungen zu entsprechen
- eine höhere Wahrscheinlichkeit, dass Lehrerinnen und Lehrer gut informiert sind, sich professionell weiterentwickeln und inspiriert sind, ihre Schülerinnen und Schüler zu inspirieren
- mehr Befriedigung, höhere Moral und geringere Abwesenheitsraten
- signifikante Fortschritte bei der Gewöhnung an das Unterrichten neuer Methoden oder Inhalte
- höhere Wahrscheinlichkeit, fundamentale Systemveränderungen herbeizuführen

In Bezug auf die Schülerinnen und Schüler ergaben die Ergebnisse:
- geringere Schulabgänge und weniger Schwänzen
- geringere Abwesenheitsraten
- vermehrtes Lernen
- größere Erfolge in Mathematik, Wissenschaft und beim Lesen
- geringere Leistungsunterschiede zwischen Schülerinnen und Schülern mit unterschiedlichem Hintergrund

Obwohl Kooperation vielfach als notwendig und von den Einzelnen auch als entlastend gesehen wird, tun sich viele Lehrkräfte dennoch mit der Ausbildung von Kooperationsstrukturen schwer. Ergebnisse aus der Schulforschung in Deutschland haben ergeben, dass Lehrkräfte eher individuelle Ziele als kooperative Ziele verfolgen (vgl. Lortie 1975; Schley 1989).

Forschungen haben einige Faktoren erbracht, durch die Kooperation von Lehrkräften gefördert werden kann. Von Bedeutung sind, neben vielen subjektiven Faktoren, z. B. die Art der Kooperation, Zielsetzungen, Rahmenbedingungen und bestehende Strukturen. Gräsel, Fußangel, Pröbstel (2006) ermittelten drei Niveaustufen der Lehrerkooperation: a) Austausch, b) arbeitsteilige Kooperation und c) Kokonstruktion. Die Ergebnisse von Richter & Pant (2016) zeigen, dass Formen des Austauschs häufiger berichtet werden (82 % Zustimmung) als Formen der Arbeitsteilung (77 %) und der Kokonstruktion (50 %). Die drei Arten der Kooperation erfordern einen unterschiedlich intensiven Einsatz von Ressourcen (Zeit, Energie, Vertrauen). Offenbar sinkt Kooperationsbereitschaft mit zunehmender Notwendigkeit zur Investition von Ressourcen.

Angesichts der neuen Anforderungen an Lehrkräfte hinsichtlich der Bewältigung von Inklusion, Integration und Differenzierung gilt auch heute noch die Aussage, dass „viele Anstrengungen zur Implementation eines schulischen Qualitätsmanagements und systematischer Verbesserungen des Unterrichts ohne koordiniertes Vorgehen der Lehrkräfte nicht möglich sind" (Steinert, Klieme, Maag Merki et al. 2006, S. 185).

Wenn Lehrer kooperieren, rückt Reflexion als weiterer Bestandteil von Professionalisierung in den Blick. Eine reflektierende Lehrkraft ist eine wirksamere Lehrkraft, da sie bewusst Handlungen und deren Wirkungen beobachtet, Schlüsse für weitere Handlungen zieht und dabei auch das eigene Handeln kontrolliert. Gemeinsame kollegiale Reflexion hilft, Schwierigkeiten zu überwinden und Lösungen schneller zu finden.

18.4 Überblick über einen möglichen Weg der Schulentwicklung

In der nachfolgenden Tabelle wird der Weg von Schul- und Unterrichtsentwicklung, wie er auch in diesem Buch abgebildet wurde, noch einmal in Orientierung an den „Stadien der Nutzung" nach Hall & Hord (2006) verdeutlicht.

Ebene der Nutzung	Beteiligte	Schulentwicklung durch Implementation von Maßnahmen
keine Nutzung bis mechanische Nutzung der Fortbildungsinhalte	externe Moderatoren, Kollegium, Teilgruppen oder einzelne Lehrkräfte	erster Kontakt durch Fortbildung oder Literatur; Kenntnis der Grundlagen und erster Einsatz einfacher Methoden in einfachen Unterrichtszusammenhängen
mechanische Nutzung bis Routine	einzelne Lehrkräfte	von ersten Versuchen hin zu sicherer Anwendung in einfachen Standardsituationen und Kontexten;
	interessierte Kolleginnen und Kollegen (Schulleitung)	kollegialer Austausch informell oder in Fachgruppen
Routine, Verfeinerung (und Integration)	einzelne Lehrkräfte, Teams	Einsatz von erprobten Methoden in immer mehr Zusammenhängen unter Hinzunahme neuer und komplexerer Methoden bis hin zu Kombination von Methoden mit anderen Methoden zur Herstellung komplexer Arbeitszusammenhänge
	schulinterne Multiplikatoren	schulinterne Fortbildung durch schulinterne Multiplikatoren: Einbeziehen neuer Kolleginnen und Kollegen
	Schulleitung	kollegialer Austausch: • informell • formell in Fachgruppen • formell in fächerübergreifenden Fachgruppen

Ebene der Nutzung	Beteiligte	Schulentwicklung durch Implementation von Maßnahmen
Integration	einzelne Lehrkräfte, Teams	differenzierter Einsatz von kooperativen Lernsettings im Unterricht der Fortgeschrittenen
	schulinterne Multiplikatoren	Einbeziehen neuer Kolleginnen und Kollegen
	externe Moderatoren	weitere Fortbildungen durch externe Trainer für neue Impulse und Auffrischung von Kenntnissen
	Kolleginnen und Kollegen	gegenseitige Hospitationen
	Schulleitung	Integration von Kooperativem Lernen in anderen schulischen Kontexten (Konferenzen, Elternabenden, Fachkonferenzen, Treffen von Gremien)
		Konsensfindung für die Entwicklung eines schulischen Konzepts zur Verankerung von kognitiver Aktivierung durch KL im Unterricht
Integration, Ergänzung und Erneuerung	individuelle Lehrkräfte	Evaluation und Überarbeitung der bisherigen Arbeit im Unterricht (und auf Schulebene) bezogen auf Lernwirksamkeit, Umsetzbarkeit und Rahmenbedingungen
	schulinterne Multiplikatoren	
	Schulleitung	Veränderung: Beibehalten von Bewährtem, Hinzunahme neuer Erkenntnisse (Unterichtsverfahren, Unterrichtsformen)
	externe Moderatoren	
	Kolleginnen und Kollegen	

18.5 Schul- und Unterrichtsentwicklung im Kontext digitalen Lernens und Arbeitens

Für die Lehrkräfte an Schulen ergibt sich jetzt die Herausforderung, Konzepte zu entwickeln, die die analoge und digitale Welt so miteinander verbinden, dass die Menschen weiterhin im Mittelpunkt stehen und die Persönlichkeit der Einzelnen in all ihren Facetten gefördert wird.

Es wäre allerdings fatal, die Lehrkräfte mit dieser Aufgabe alleine zu lassen und darauf zu vertrauen, dass sie es schon irgendwie schaffen werden. Auch wenn Lehrerforen hilfreich sein können und Ideen liefern, müssen Schulen jetzt Zeit und Raum für Fortbildungen und Kooperation der Kolleginnen und Kollegen bekommen und schaffen. Jede Schule ist gut beraten, ein für alle lebbares Medienkonzept zu entwickeln und in diesem Zusammenhang auch über die Werte nachzudenken, die alle gemeinsam realisieren wollen. Dazu gehört auch die Überlegung, welchen Stellenwert der Mensch als soziales Wesen in diesem Kontext hat. Es gilt, Bewährtes mit Neuem zu kombinieren, um Kinder und Jugendliche auf die Zukunft vorzubereiten. Wenn sich möglichst viele Personen gemeinsam auf den Weg machen, werden sicherlich neue und spannende Formen des Lernens entstehen.

19 Methodenübersicht

Kapitel	Methode	Seite
3	Denkzeit	21
	Numbered Heads	22
	Think-Pair-Share	32
5	Partner-Place-Mat	32
	Place Mat	33
	Numbered Heads	36
	Rollen	36
7	Namenkarte	49
	5-Finger-Methode	51
	Treffen der Geister	51
	Finde jemanden, der …	51
	Redesteine	52
	Gruppenname	57
	Gruppenlogo	57
	Expertenpuzzle	58
9	30-cm-Stimme	66
	T-Tabelle	68
	Concept Attainment	70
10	Think-Pair-Share	73
11	T-Tabelle	78
	Place Mat	78
	Drei gehen – einer bleibt	79
	Einer geht – drei bleiben	79
	Mini-Jig-Saw	80
	Akademische Kontroverse	81
	Schneeball	82
	Graffiti	83
Kapitel 12	Concept Formation	87
	Concept Attainment	88 ff.
	Mind Map	91
	Concept Map	92
Kapitel 13	Teams-Game-Tournament	102
	Schneeball	104
	Concept Attainment	97, 105
	Concept Circles	106
	Frayer Model	107
Kapitel 14	AEIOU-Methode	112
	Differenzierungsmatrizen	113 ff.

Kapitel	Methode	Seite
Kapitel 15	Differenzierungsmatrizen	119 ff.
	K-W-L	122
	P-M-I	124
	P-W-I-M	125 ff.
	F-S-B	126 ff.
	Sehen-Denken-Vermuten	124
	Ausschnitte weiterführen	128
	Strukturierter Galeriegang	128

Literatur

Adler, A. (1974). Theorie und Praxis der Individualpsychologie. Fischer TB
Anderson, L. W., Krathwohl, D. R. (Eds). (2001). A taxonomy for learning, teaching, and assessing: a revision of Bloom's taxonomy of educational objectives; abridged edition. NY: Addison Wesley Longman, Inc.
Aronson, E. & Patnoe, S. (1997). The Jigsaw classroom. New York: Addison-Wesley Longman
Ashman, A. F. & Gillies, R. M. (1997). Children's cooperative behavior and interactions in trained and untrained workgroups in regular classrooms. In: Journal of School Psychology, 7, 261–279
Ausubel, D. (1960). The use of advance organizers in the learning and retention of meaningful verbal material. Journal of Educational Psychology, 51, 267–272
Ausubel, D. (1963). The Psychology of Meaningful Verbal Learning. New York: Grune & Stratton
Ausubel, D. (1967). Learning Theory and classroom Practice. Ontario: The Ontario Institute For Studies In Education
Bandura, A. (1977). Self-Efficacy: Toward a Unifying Theory of Behavioral Change. In: Psychological Review, Vol. 84, No. 2, 191–215
Bellanca, J. (1990). The cooperative think tank: Graphic organizers to teach thinking in the cooperative classroom. Palatine, IL: Skylight Publishing.
Bellanca, J. (1992). The cooperative think tank II: Graphic organizers to teach thinking in the cooperative classroom. Palatine, IL: Skylight Publishing.
Bennett, B. (2006). Beyond Monet. Toronto
Bennett, B. (2019). Effective group work: Beyond cooperative learning. Perth, WA: State School Teachers' Union of Western Australia
Bloom et al., B. S., Engelhart, M. D., Furst, E. J., Hill, W. H. & Krathwohl, D. R. (1971). Taxonomy of educational objectives: The classification of educational goals. Handbook I: Cognitive domain. New York: David McKay Company
Bonsen, M., Rolff, H.-G. (2006). Professionelle Lerngemeinschaften von Lehrerinnen und Lehrern. Zeitschrift für Pädagogik 52 (2006) 2, 167–184
Borba, M. (1989). Esteem Builders. B.L. Winch and Associates/Jalmar Press)
Bowlby, J. (I980). Attachment and loss, Vol. 3: Loss, sadness and depression. New York: Basic Books
Brendtro Larry K., Brokenleg Martin, van Bockern Steve (1990 (2002), Reclaiming Youth at risk – Our Hope for the Future, Solution Tree Press
Bruner, J., Goodnow J., Austin, A. (1956). A Study of Thinking (Social Science Classical Series). New York: Wiley
Bruner, J. (1974). Entwurf einer Unterrichtstheorie („Toward a theory of instruction"). Berlin: Berlin-Verlag
Cohen, E. G. (1987). Designing groupwork: Strategies for the heterogenous classroom. 2nd print. New York: Teachers College Press
Cohen, E. G. (1994). Restructuring the classroom: Conditions for productive small groups. In: Review of Educational Research, 64, 1–35
Damon, W., & Phelps, E. (1989). Strategic uses of peer learning in children's education. In: T. Berndt. & G. Ladd (Eds.), Peer relationships in child development (pp. 135–157). New York: Wiley
Damasio, A. (2004). Decartes Irrtum. Berlin: List TB

Dansereau, D. F. (1988). Cooperative learning strategies. In: C. E. Weinstein, E. T. Goetz & P. A. Alexander (Eds.), Learning and study strategies: Issues in assessment, instruction, and evaluation (pp. 103–120). Orlando: Academic Press

De Bono, E. (1986). CoRT thinking. Toronto: Advanced Practical Thinking and Training Inc.

Deci, E. L. & Ryan, R. M. (1993). Die Selbstbestimmungstheorie der Motivation und ihre Bedeutung für die Pädagogik. In: Zeitschrift für Pädagogik, 39. Beiheft

DeVries, D. and Edwards, K. (1973). Learning games and student teams: their effects on classroom process, American Educational Research Journal, 10, 307–18

Dewey, J. (1966). Democracy and Education. New York: The Free Press

Dreikurs, R. (2013). Grundbegriffe der Individualpsychologie. Stuttgart: Klett-Cotta, 13. Aufl.

Dresel, M. (2004). Motivationsförderung im schulischen Kontext. Göttingen: Hogrefe

Druyen, C. & Kremers, T. (2015). Ein erfolgreicher Einstieg mit Kooperativem Lernen. In: Cool bleiben – Ratgeber für dein erstes Schuljahr als Lehrerin oder Lehrer. Neue Deutsche Schule: Essen, 2–9

Druyen, C. (2017). Veränderung berufsspezifischer Selbstwirksamkeitserwartungen von Studienreferendarinnen und -referendaren durch Trainings zum Kooperativen Lernen in der 2. Phase der Lehrerausbildung. Göttingen: TU Braunschweig

Eccles, J. S., Wigfield, A. (2002). Motivational beliefs, values, and goals. In: Annual Review of Psychology 53, H. 1, 109–132

Eickelmann, B., Bos, W., Gerick, J., Goldhammer, F., Schaumburg, H., Schwippert, K., Senkbeil, M., & Vahrenhold, J. (Hrsg.) (2019). ICILS 2018 Deutschland. Computer- und informationsbezogene Kompetenzen von Schülerinnen und Schülern im zweiten internationalen Vergleich und Kompetenzen im Bereich Computational Thinking. Münster & New York: Waxmann

Fagan, A. A. & Mihalic, S. F. (2003). Strategies for enhancing the adoption of school-based prevention programs: Lessons learned from the blueprints for violence prevention replications of the Life Skills Training program. In: Journal of Community Psychology, 31, 235–253

Flammer, A. (1990). Erfahrung der eigenen Wirksamkeit. Einführung in die Psychologie der Kontrollmeinung. Bern: Huber

Flammer, A. (1995). Developmental analysis of control beliefs. In: A. Bandura (Hrsg.). Self-efficacy in changing societies. New York: Cambridge University Press

Fullan, M. (2001). Leading in a Culture of Change, http://www.csus.edu/indiv/j/jelinekd/edte%20227/fullanleadinginacultureofchange.pdf (zuletzt aufgerufen 15.02.2017)

Fürstenau, S. (2009). Lernen und Lehren in heterogenen Gruppen. In: Fürstenau, S., Gomolla, M. (Hg.) (2009). Migration und schulischer Wandel: Unterricht. 1. Aufl. Wiesbaden: VS Verlag für Sozialwissenschaften / GWV Fachverlage GmbH Wiesbaden. Online verfügbar unter http://dx.doi.org/10.1007 /978-3-531-91724-5, zuletzt geprüft am 25.06.2016, 61–84

Garet, M. S., Porter, A. C., Desimone, L., Beatrice F. Birman, B. B. & and Yoon, K. S. (2001). What Makes Professional Development Effective? Results from a National Sample of Teachers. In: American Educational Research Journal, Vol. 38, No. 4, 915–945

Ghaith, G. & Yaghi, H. (1997). Relationships among experience, teacher efficacy, and attitudes toward the implementation of instructional innovation. In: Teaching and Teacher Education, 13, 451–458

Guskey, Th.R. & Yoon, K.S. (2009). What Works in Professional Development? In: The Leading Edge – Professional Learning. Phi Delta Kappa, Vol. 90, No. 07, March 2009, 495–500

Gardner, H. (1985). Multiple intelligences: The theory in practice. New York: Basic Books

Gardner, H. (2011). Frames of Mind: The Theory of Multiple Intelligences. New York: Basic Books

Gibbs, J. (1995). Tribes – A new way of learning and being together. Sausolito-Cal: Center Source Systems,

Gillies, R. M., & Ashman, A. F. (2004). Co-operative Learning. London & New York: Routledge Falmer

Ginsburg-Block, M. D., Rohrbeck, C. A. & Fantuzzo, J. W. (2006). A meta-analytic review of social, self-concept, and behavioral outcomes of peer-assisted learning. In: Journal of Educational Psychology, 98, 732–749

Goleman, D. (1996). Emotional Intelligence. London: Bloomsbury Publishing Plc

Goleman, D. (2017). Soziale Intelligenz. München: Droemer Verlag

Gräsel, C., Fußangel, K., Pröbstel, Ch. (2006). Lehrkräfte zur Kooperation anregen – eine Aufgabe für Sisyphos? Zeitschrift für Pädagogik 52 (2006) 2, 205–219

Green, N. & Green, K. (2005). Kooperatives Lernen im Klassenraum und im Kollegium. Das Trainingsbuch, Seelze-Velber: Friedrich Verlag

Groeben, von der, A. (2011). Herausfordern und Lernwege anbieten (1). In: PÄDAGOGIK (Heft 2)

Gut, J., Reinmann, G., Grob, A. (2012). Kognitive, sprachliche, mathematische und sozial-emotionale Kompetenzen als Prädikatoren späterer schulischer Leistungen: Können die Leistungen eines Kindes in den IDS dessen Schulleistungen drei Jahre später voraussagen? In: Zeitschrift für Pädagogische Psychologie, 210, 164–174

Hall, G. E. &. Hord, S. M. (2006). Implementing Change: Patterns, Principles and Potholes (2. Aufl.). Boston: Pearson Education

Hattie, J. A. C. (2012). Visible Learning for Teachers. New York: Routledge

Helmke, A. (2006). Was wissen wir über guten Unterricht? In: Pädagogik 58, 42–45

Helmke, T., Helmke, A., Schrader, F. W., Wagner, W., Nold, G., & Schröder, K. (2008). Die Videostudie des Englischunterrichts. In DESI-Konsortium (Hrsg.), Unterricht und Kompetenzerwerb in Deutsch und Englisch. Weinheim: Beltz, 345–363

Hillmayr, D., Reinhold, F., Ziernwald, L., & Reiss, K. (2017). Digitale Medien im mathematisch-naturwissenschaftlichen Unterricht der Sekundarstufe. Einsatzmöglichkeiten, Umsetzung und Wirksamkeit. Münster et al.: Waxmann

Hord, S. M. (1997). Professional learning communities: Communities of continuous inquiry and improvement. Austin: Southwest Educational Development Laboratory

Huber, A. (1999). Bedingungen effektiven Lernens in Kleingruppen unter besonderer Berücksichtigung der Rolle von Lernskripten. Schwangau: Verlag Ingeborg Huber

Huber; G. L. & Roth J. (1999). Lehren und Lernen in Zeiten der Ungewissheit. Schwangau: Huber

Johnson, D. W. & Johnson, R. T. (1987). Learning together and alone. Englewood Cliffs, NJ: Prentice Hall

Johnson D. W., Johnson, R. T. & Holubec, E. (1993). Cooperation in the classroom. Edina, MN: Interaction Book Company

Jerusalem, M., Drössler, S., Kleine, D., Klein-Heßling, J., Mittag, W. & Röder, B. (2007). Abschlussbericht des Forschungsprojekts Förderung von Selbstwirksamkeit und Selbstbestimmung im Unterricht. Berlin: Humboldt-Universität zu Berlin

Jerusalem, M., Drössler, S., Kleine, D., Klein-Heßling, J., Mittag W., Röder B. (2009). Förderung von Selbstwirksamkeit und Selbstbestimmung im Unterricht – Skalen zur Erfassung von Lehrerund Schülermerkmalen, Humboldt-Universität zu Berlin, Lehrstuhl für Pädagogische Psychologie und Gesundheitspsychologie, verfügbar unter: http://www.erziehungswissenschaften.hu-berlin.de/paedpsych/forschung/Skalenbuch_FoSS.pdf

Johnson D. W., Johnson, R. T. & Holubec, E. (1993). Cooperation in the classroom. Edina, MN: Interaction Book Company

Johnson, D. W. & Johnson, R. T. (1995). Positive interdependence: Key to effective cooperation. In: R. Hertz-Lazarowitz & N. Miller (Eds.), Interaction in cooperative groups: The theoretical anatomy of group learning. New York, NY: Cambridge University Press, 174–199

Johnson, D. W., Johnson, R. T. & Stanne, M. B. (2000). Cooperative learning methods: A metaanalysis..Verfügbar unter: http://www.co-operation.org/pages/cl-methods.html [27.12.2020]

Johnson D. W. & Johnson, R. T. (2002). Learning together and alone: Overview AND Meta-Analysis, In: Asia Pacific Journal of Education, 22, 95–105

Johnson, D. W., Johnson, R. T. & Holubec, E. (2005). Kooperatives Lernen – Kooperative Schule. Mülheim an der Ruhr. Verfügbar unter: https://www.jstor.org/action/showPublication?journalCode=educrese

Jordan, D. W. & Le Métais, J. (1997). Social skilling through cooperative learning. In: Educational Research, 39, 3–21

Jurkowski, S., Hänze, M. (2010). Soziale Kompetenzen und kooperative Gruppenarbeit. Eine korrelative Untersuchung des Zusammenhangs sozialer Kompetenzen mit dem Wissenserwerb in einem Hochschulseminar. In: Psychologie in Erziehung und Unterricht, 57, 223–238

Kagan, S. (1994, 2009). Cooperative Learning. San Clemente, CA: Kagan Publishing

Kanning, U. P. (2002). Soziale Kompetenz – Definition, Strukturen und Prozesse. In: Zeitschrift für Psychologie, 210, 154–163

Klieme, E., Leutner, D. (2006). Kompetenzmodelle zur Erfassung individueller Lernergebnisse und zur Bilanzierung von Bilanzierungsprozessen. Beschreibung eines neu eingerichteten Schwerpunktprogramms der DFG. In: Zeitschrift für Pädagogik 52, H. 6, 876–903

Klieme, E. (2006). Empirische Unterrichtsforschung. Aktuelle Entwicklungen, theoretische Grundlagen und fachspezifische Befunde. Einführung in den Thementeil. Zeitschrift für Pädagogik 52 (6), 765–773

Klieme, E. (2020). Guter Unterricht – auch und besonders unter Einschränkungen der Pandemie? In: Detlef Fickermann, Benjamin Edelstein (Hrsg.). Langsam vermisse ich die Schule ... Schule während und nach der Corona-Pandemie, DDS, 16. Beiheft

Korthagen, F. A. J. (2004). In search of the essence of a good teacher: towards a more holistic approach in teacher education. In: Teaching and Teacher Education 20, 77–97

Krause, G., Jürgens, B. (2005). Lehrertrainings in Deutschland – Entwicklung, Konzepte und Perspektiven. In: Beiträge zur Lehrerbildung, 23 (1), 2005, 62–70

Kunter, M., Brunner, M., Baumert, J., Klusmann, U., Krauss, S., Blum u. a. (2005). Der Mathematikunterricht der PISA-Schülerinnen und -Schüler. Schulformunterschiede in der Unterrichtsqualität. Zeitschrift für Erziehungswissenschaft 8 (4), S. 502–520

Kutzer, R. (1982). Anmerkungen zum Struktur- und Niveauorientierten Unterricht. In: Probst, H. Kritische Behindertenpädagogik in Theorie und Praxis. Beiträge zum gleichnamigen Studentenkongress der Fachgruppe Sonderpädagogik in Marburg 1978. Solms-Oberbiel: Jarik-Verlag, 29–62

Lazarowitz R. et al.: The effects of modified jigsaw on achievement, classroom social climateand self-esteem in high school science classes. In: Hertz-Lazarowitz, R. et al. (Eds.): Learning tocooperate, cooperating to learn. New York 1985, 231–253)

Lazarowitz R.: Learning biology cooperatively. In: Cooperative learning. 11 (1991) No. 3, April, 19–21

Lipowsky, F. (2003). Wege von der Hochschule in den Beruf – Eine empirische Studie zum beruflichen Erfolg von Lehramtsabsolventinnen in der Berufseinstiegsphase. Bad Heilbrunn: Klinkhardt

Lipowsky, F. (2006). Auf den Lehrer kommt es an. In: Allemann-Ghionda, C.,Terhart, E. (Hrsg.) Kompetenzen und Kompetenzentwicklung von Lehrerinnen und Lehrern. Ausbildung und Beruf. Zeitschrift für Pädagogik, Beiheft 51, 47–70

Lipowsky, F. (2015). Unterricht. In: Wild, Elke & Möller, Jens (Hrsg.): Pädagogische Psychologie. 2. überarb. Aufl. Heidelberg, 69–105

Lipowsky, F./Rzejak, D. (2012). Lehrerinnen und Lehrer als Lerner – Wann gelingt der Rollentausch? Merkmale und Wirkungen effektiver Lehrerfortbildungen. In D. Bosse/ L. Criblez/T. Hascher (Hrsg.), Reform der Lehrerbildung in Deutschland, Österreich und der Schweiz. Teil 1: Analysen, Perspektiven und Forschung (S. 235–253). Immenhausen b. Kassel: Prolog

Lipowsky, F. & Hess, M. (2019). Warum es manchmal hilfreich sein kann, das Lernen schwerer zu machen – Kognitive Aktivierung und die Kraft des Vergleichens. In K. Schöppe & F. Schulz (Hrsg.), Kreativität & Bildung – Nachhaltiges Lernen. München: kopaed, 77–132

Lortie, C.D. (1975). Schoolteacher: A sociological Study. Chicago: University Press

Lou, Y., Abrami, P., Spence, J., Poulsen, C., Chambers, B. & d'Apollonia, S. (1996). Within-class grouping: A meta-analysis. In: Review of Educational Research, 66, 423–458

Palincsar, A. S. & Brown, A. L. (1984). Reciprocal teaching of comprehension-fostering and comprehension-monitoring activities. In: Cognition and Instruction, 1, 117–175

Parry, T. & Gregory, G. (1998). Designing Brain Compatible Learning. Arlington Heights, IL: IRI/ SkyLight Training and Publishing

D. N. Perkins (1986), Knowledge As Design. Hillsdale, NJ: Lawrence Erlbaum Associates

D. N. Perkins (1995). Smart Schools. New York: Free Press

Piaget, J. (1932). The Language and Thought of the Child (2nd edn), London: Routledge & Kegan Paul

Pintrich, P. R. (2003). A motivational science perspective on the role of student motivation in learning and teaching contexts. In: Journal of Educational Psychology 95(4), 667–686

Renkl, A. (1995). Träges Wissen, Warum Erlerntes nicht genutzt wird. In: Psychologische Rundschau, 47 (2), 78–92

Renkl, A. (1997). Lernen durch Lehren: Zentrale Wirkmechanismen beim kooperativen Lernen. Wiesbaden: Deutscher Universitätsverlag

Reusser, Kurt; Pauli, Christine & Waldis, Monika (Hrsg.) (2009). Unterrichtsgestaltung und Unterrichtsqualität – Ergebnisse einer internationalen und schweizerischen Videostudie zum Mathematikunterricht. Münster: Waxmann

Richter, D., Pant, H.A. (2016). Lehrerkooperation in Deutschland – Eine Studie zu kooperativen Arbeitsbeziehungen bei Lehrkräften in der Sekundarstufe I, Bertelsmann Stiftung, Gütersloh, Robert Bosch Stiftung, Stuttgart, Stiftung Mercator, Essen, Deutsche Telekom Stiftung, Bonn

Ritchhart, R., Church, M., Morrisin, K. (2011). Making Thinking Visible – How to Promote Engagement, Understanding, and Independence for all Learners. San Francisco: Jossey-Bass

Ross, J. A., & Bruce, C. (2007). Professional development effects on teacher efficacy: Results of randomized field trial. The Journal of Educational Research, 101, 50–60

Saleh, M., Lazonder, A. W. & de Jong, T. (2005). Effects of within-class ability grouping on social interaction, achievement, and motivation. In: Instructional Science, 33 (2), 105–119

Sasse, A. & Schulzeck, U. (2013). Differenzierungsmatrizen als Modell der Planung und Reflexion inklusiven Unterrichts – zum Zwischenstand in einem Schulversuch. In: Andreas Jantowski (Hrsg.) (2013) – Gemeinsam leben. Miteinander lernen. Bad Berka, 13–22

Saunders, R. (2012). The role of teacher emotions in change: Experiences, patterns and implications for professional development. In: Journal of Educational Change 14(3)

Schermer, F. J.: Soziales Lernen. In: D. H. Rost (Hrsg.) (2006. In: Handwörterbuch Pädagogische Psychologie, Weinheim, Basel, Berlin: Beltz

Scheunpflug, A. (2001). Studium kompakt – Pädagogik: Biologische Grundlagen des Lernens: Studienbuch. Berlin: Cornelsen Scriptor

Schley, W. (1998). Teamkooperation und Teamentwicklung in der Schule. In: H. Altrichter, W. Schley & M. Schratz (Hrsg.), Handbuch zur Schulentwicklung. Innsbruck: Studien Verlag, 111–159

Schmitz, G. S. & Schwarzer, R. (2000). Selbstwirksamkeitserwartung von Lehrern: Längsschnittbefunde mit einem neuen Instrument. In: Zeitschrift für Pädagogische Psychologie 14, 12–25

Schunk, D.H. (1991). Self-efficacy and academic motivation. Educational Psychologist, 26, 207–231

Senge, P., Cambron-McCabe, N., Lucas, T., Smith, B., Dutton, J., Kleiner, A. (2000): Schools that Learn. London: Nicholas Brealey Publishing

Shachar, H. and Sharan, S. (1994). Talking relating and achieving: effects of cooperative learning and whole class instruction, Cognition and Instruction, 12, 313–53

Shachar, H. (2004). Who gains what from co-operative learning: an overview of eight studies. In: Gillies, R.M., & Ashman, A. F. (2004). Co-operative Learning. London & New York, Routledge Falmer, 103 –118

Sharan, S. (1980). Cooperative learning in small groups: Recent methods and effects on achievement, attitudes, and ethnic relations. In: Review of Educational Research, 50, 241–271

Sharan, S., Kussell, P., Hertz-Lazarowitz, R., Bejarano, Y., Ravis, S. & Sharan, Y. (1984). Cooperative learning in the classroom: Research in desegregated schools. Hillsdale, N J: Erlbaum.

Slavin, R. (1977). 'Classroom reward structure: an analytical and practical review', Review of Educational Research, 47, 633–50

Slavin, R. E. (1980). Cooperative learning in teams: State of the art. In: Educational Psychologist, 15, 93–111

Slavin, R. E. (1995). Cooperative learning: Theory, research, and practice. (2nd ed.). Boston: Allyn and Bacon

Slavin, R. E. (1996). Research on cooperative learning and achievement: What we know, what we need to know. In: Journal of Contemporary Educational Psychology, 21, 43–69

Slavin, R. E., Hurley, E.A. & Chamberlain, A. (2003). Cooperative learning and achievement: Theory and research. In: W. M. Reynolds & G. E. Miller (Eds.), Handbook of psychology: Educational psychology, Vol. 7. Hoboken, NJ: John Wiley, 177–198

Spitzer, M. (2006). Vorsicht Bildschirm- Elektronische Medien, Gehirnentwicklung, Gesundheit und Gesellschaft. Stuttgart, Ernst Klett Verlag

Steinert, B., Klieme, E., Maag-Merki, K., Döbrich, P., Halbheer, U., Kunz, A. (2006). Lehrerkooperation in der Schule: Konzeption, Erfassung, Ergebnisse. In: Zeitschrift für Pädagogik 52 (2006) 2, 185–204

Stein, M. & Wang, M. (1988). Teacher development and school improvement: The process of teacher change. Teaching and Teacher Education, 4, 171–187

Traub, S. (2004). Unterricht kooperativ gestalten, Baltmannsweiler: Schneider

Traub, S. (2010). Kooperativ lernen. In: A. Buholzer, A. Kummer-Wyss, Alle gleich – alle unterschiedlich! – Zum Umgang mit Heterogenität in Schule und Unterricht. Seelze: Kallmeyer, 138–150

Van Zee, E., Lay, D. & Roberts, D. (2003). Fostering collaborative inquiries by prospective and practicing elementary and middle school teachers. In: Science Education 87(4), 588–612

Vanier, D.H. (2013). Professionalisierung durch Trainings? In: Jürgens, B. & Krause, G. (Hrsg). Professionalisierung durch Trainings. Aachen: Shaker Verlag, 33–52

Vygotsky, L.S. (1978). Mind in Society: The Development of Higher Psychological Processes In: M. Cole, V. John-Steiner, S. Scribner and E. Souberman,Cambridge, MA: Harvard University Press

Webb, N.M. (1992). Testing a theoretical model of student interaction and learning in small groups. In R. Hertz-Lazarowitz & N. Miller (Eds.), Interaction in cooperative groups: The theoretical anatomy of group learning. New York: Cambridge University Press, 102–119

Unter **www.friedrich-verlag.de** finden Sie Materialien zum Buch als Download.
Bitte geben Sie den achtstelligen Download-Code in das Suchfeld ein.

DOWNLOAD-CODE: **d31484ds**

Hinweis:
Download-Material (PDF)

Das Download-Material enthält ein Unterrichtsbeispiel als Ergänzung zu Kapitel 17.3.

Haben Sie Fragen zum Download? Dann wenden Sie sich bitte an den Leserservice der Friedrich Verlags GmbH. Schreiben Sie uns oder rufen Sie uns an!

Sie erreichen unseren Leserservice
Montag bis Donnerstag von 8 – 18 Uhr
Freitag von 8 – 14 Uhr
Tel.: 05 11/4 00 04-150
Fax: 05 11/4 00 04-170
E-Mail: *leserservice@friedrich-verlag.de*

Wir freuen uns über Ihre Rückmeldungen und helfen Ihnen gern weiter!